农村土地制度改革历程与现状研究

黄善明 赵 华 汤 丽 甘 娜 张 瑞 著

科学出版社
北 京

内 容 简 介

本书以马克思主义经济学有关生产力与生产关系、经济基础与上层建筑的理论为指导,同时借鉴西方土地理论和制度经济学的合理观点,对我国农地制度的历史变革进行了系统回顾,对1949年以来我国土地制度变迁进行了系统梳理和深入分析,对农村土地制度演变的形式特征、决定因素以及功能定位,乡村振兴战略背景下农村土地制度改革的指导思想与基本任务,"三权分置"改革中的若干争议性问题等重要问题进行了较为系统的理论分析。

本书适合于农林经济管理、经济与管理等专业的师生与科研工作者参考阅读,也可供各类研究机构的理论研究者、各公共管理部门和相关事业单位从事"三农"政策工作的人员等参考,对"三农"问题有一定兴趣的普通读者,本书也具有一定的学习与借鉴价值。

图书在版编目(CIP)数据

农村土地制度改革历程与现状研究 / 黄善明等著. —北京:科学出版社,2021.3
ISBN 978-7-03-066304-7

Ⅰ. ①农… Ⅱ. ①黄… Ⅲ. ①农村-土地制度-经济体制改革-研究-中国 Ⅳ. ①F321.1

中国版本图书馆 CIP 数据核字(2020)第 191003 号

责任编辑:张 展 陈丽华 / 责任校对:彭 映
责任印制:罗 科 / 封面设计:墨创文化

科学出版社 出版
北京东黄城根北街16号
邮政编码:100717
http://www.sciencep.com

成都锦瑞印刷有限责任公司 印刷
科学出版社发行 各地新华书店经销

*

2021年3月第 一 版 开本:B5(720×1000)
2021年3月第一次印刷 印张:12 1/2
字数:252 000

定价:109.00 元
(如有印装质量问题,我社负责调换)

前　言

农村土地制度改革具有系统性、艰巨性和长期性的特点，在社会经济发展新常态背景下，必须采用问题导向、顶层设计、综合优化的基本思路，系统开展理论研究和应用研究，从理论上找出路、找依据，从应用上想办法、想对策。依托多项国家社科项目及四川省社科项目，受四川师范大学学科建设专项项目（2018）资助，本书着眼于农业现代化和新型城镇化进程中农村土地资源优化利用的重大需求，把握"四个全面"战略布局对农地制度改革的现实要求，在纵向上兼顾历史感与前瞻性，在横向上兼顾全局性与地域性，力求厘清新一轮农村土地改革试点中各相关利益主体的权、责、利关系，着力实现农村土地制度改革的整体效能提升。在具体研究对象上，本书以农民个体为对象，系统分析农民利益动机与行为选择等一系列问题；以农村集体经济组织为对象，系统分析集体经济组织在土地制度变革中的定位与功能，以及对农民权益实现的影响或制约；以农村基层民主组织为对象，系统分析基层组织在土地制度变革中的委托-代理行为；以地方政府为对象，系统分析地方政府的制度设计与改革实践如何在基本制度框架下取得公共利益与政府自利之间的平衡；等等。

本书在内容结构上分为6章。第1章介绍农村土地制度的基本概念以及研究的基础理论，重点就"三权分置"改革进行理论思考。"三权分置"的改革思路是在改革实践中逐步清晰的，与"两权分离"在精神实质上一脉相承，从产权结构的基本格局看，"三权"概念有助于明确三类主体之间权利与义务的各自边界，农地制度能坚持集体所有制的基本方向、符合社会主义制度的本质要求，也可以起到有效地优化资源配置、刺激效率提升、增加农户财产性收入与经营者规模收益的功能。就产权的主体逻辑、属性逻辑以及变迁的基本历程等方面看，目前"三权分置"框架中承包权和经营权的属性与权能在学术上存有争议，在法律解释上存在难题，在实践上不够成熟，使得对"三权分置"的制度设计做出法律规定还存在困难，这又将进一步影响"三权分置"制度改革的实践。"三权分置"改革的理论与实践难题不可能在短期内找到解决方案，究竟是在法律的原则下指导并规范实践，还是让法律应对实践变化并进行修订，也不能一概而论。

第2章对中国农村土地制度变迁进行历史回顾。中国数千年土地制度有内在的演变过程，封建时期的土地政策有一条基本主线贯穿始终：既承认土地私有，又抑制土地兼并，土地私有制度始终没有取得完整而独立的表现形态。封建王朝的"国家利益"始终凌驾于私人产权利益之上，而"抑制兼并"政策的无效，不仅源自封建中央政府作为集体行动主体的低效甚至无能，而且从根本上看，来自封建时代小农生产方式高度分散这一事实。在近代农村土地产权制度的变革中，代表性的小农土地所有制土地纲领、地主资产阶级改良主义土地思想或资产阶级革命派土地改革等，或未能实现，或归于失败。中国共产党的土地政策思想与具体实践路径也经历了一个不断摸索的过程。在相当长的一个历史时期内，中国的问题首先是农民问题，而农民问题首先是土地问题。中国农民对土地权利的渴望与争取，几乎贯穿中国历史；近代史上若干次的土地制度改革，唯有中国共产党领导的土地改革取得了成功，让农民得以成为土地的主人，并最终获得政治身份。从未来看，农民必将摆脱仅仅依靠土地维持生计的生产与生活模式，在富裕的基础上全面提高素质，成为中国社会中与其他群体一样的平等公民主体。

第3章主要讨论新中国成立之后农村土地产权制度的变迁。新中国成立后进行了土地改革，解放了中国农村农业生产力；其后，中国农村土地制度经历了较为曲折的发展阶段。1978年之后，土地产权制度改革进入一个新的探索时期，家庭联产承包责任制在事实上重建了农民的家庭财产权，也重塑了农民个体与农民集体之间的利益关系。2007年《中华人民共和国物权法》出台，标志着我国土地权利体系出现根本性变化，此后，党和政府制定了一系列重要的改革举措，逐步构建面向市场经济体系的土地制度框架，初步形成以土地所有权为基础、土地使用权为核心的土地权利体系，构建以土地所有权、土地承包经营权、建设用地使用权和宅基地使用权等为主要内容的土地物权体系。如今，中国农村土地制度正在进一步探索"三权分置"的新改革，从传统理论聚焦所有权进一步拓展到更加丰富的产权束探讨，改革要解决的将不仅是具体改革举措或技术路线问题，也将有可能形成对社会主义土地理论与思想的一次突破。

第4章对新中国农村土地管理制度的变迁进行分析，分别讨论各个主要历史时期的农村土地管理工作，包括土地管理机构设置、农村地籍管理、土地交易管理以及征地制度、相关财税制度等方面，重点介绍自1986年之后的农村土地管理制度的变化情况，这期间土地制度变革不断，体现在《中华人民共和国土地管理法》等法规的出台与修订、土地管理体制与机构的变化等诸多方面。从2007年开始，农村土地管理更加强调严格土地规划和计划管理，并不断完善耕地保护的政策体系，包括严格落实耕地占补平衡、完善耕地保护补偿机制、推进永久基本农田划定及强化耕地生态环境管护等方面。在供给侧结构性改革的背景下，政府陆续出台了一系列稳增长、调结构、惠民生的用地政策，进一步加强规划计划管理、推进不动产统一登记和农村土地制度改革，提升土地资源保障经济健康发展的能力。

第5章在马克思主义指导下对中国农村土地制度的演变进行理论解读。我国农村土地关系的演变是由生产力发展的客观要求决定的，居于主导地位的生产力与其他生产力间的关系、总体生产力与个体生产力间的关系，都从不同层面上决定我国农地关系的变革。整体而言，我国农业还没有发展到现代农业阶段，农村土地制度不可能脱离这一基本国情。农地制度变革的最终目的应定位于促进农村生产力提高，这归根结底需要充分激励起微观主体的主观能动性才能实现。生产关系以及上层建筑的变化同样对农村土地制度变迁产生重要影响，农村土地制度是中国特色社会主义基本制度这一上层建筑体系的内部构成之一，农村土地制度在制度属性上必须坚持并体现社会主义公有制的基本原则，同时，必须适应中国特色社会主义市场经济体制这一现阶段的基本生产关系，能够处理好公平与效率两个目标的兼容问题。农地制度演变也对生产力发展起到推动或阻碍的作用。集体所有制的制度框架本身还可以通过继续改革优化以适应农村生产力发展，"三权分置"改革将在集体所有制的框架下展开。

第6章在乡村振兴战略下对农地制度改革进行了阶段性展望。在土地制度改革方面，工业化与城市化发展给土地资源带来巨大压力，而供给侧结构性改革对土地制度改革提出了新的要求，要通过进一步创新制度、完善机制来提高土地资源配置效率并服务于中国经济整体转型升级。在"三权分置"的框架下，农村土地制度改革的基本方向可以被理解为：在农村土地集体所有制不变的前提下，寻求产权主体明确、产权权能完善的新型集体所有制实现形式；在家庭联产承包责任制不变的基础上，探求土地资源有效配置方式和有利于农业现代化实现的土地利用方式；基于城乡统筹的思路，盘活土地资源，提高土地资源的集约利用率；等等。具体的改革任务方面，包括耕地保护、征地制度改革、宅基地制度改革、集体经营性建设用地制度改革等重要领域，就这些领域改革任务的主要内容，本章都进行了相应的重点分析。通过研究，作者强调指出，现行农村土地制度体系的核心是农村土地由劳动者所有并受益、劳动者集体管理、国家进行调节，这一制度可以保障农民集体的土地利益，提高土地资源配置效率，是中国社会主义革命与建设的重要理论成果与实践模式。随着社会经济条件的变化，农村土地制度在实践中已经发生变化，传统的政治经济学基本原理或者西方产权理论对此做出的理论解释都存在局限性，难以直接成为中国农村土地集体所有制在市场体系下如何运行的直接答案。农村集体土地所有制解决的是中国国情下的难题，社会主义初级阶段的历史定位决定了集体所有制的制度定位，农村土地由劳动者所有、由劳动者受益这一基本原则是制度的基本依据，改革应在坚持集体所有制的原则下创新其权利结构，抓住阶段性的改革重点实现突破。

作者团队在研究过程中，对试点市县农村土地征收、集体经营性建设用地入市、宅基地制度改革等系列难点重点问题进行了系统分析，并提出改革试点举措，累计行程2.6万公里，调研农户25675户、各级政府工作人员14546人。研究者坚持"实践—认识—再实践—再认识"的认识发展规律，坚持"从实践中来，到实践中去"的基本研究理念，以社会科学研究与自然科学研究的深度协同为主线，长期深入田间地头进行实证调研，长期扎根试点县区开展理论分析和对策研究，形成了"研究内容与一线需求精准对接，规范研究与实证分析深度融合，理论研究与实践应用一体衔接"的特征。在研究过程中，研究者提出了大量有关农村土地制度改革科学设计和系统优化的具体建议，完成的24份建议报告先后被政府有关主管部门采用，其中7份建议报告分别被《成果要报》《重要成果专报》《政研内参》《领导参阅》等刊发，6份建议报告分别获十三届全国政协主席汪洋、第十三届全国人大常委会副委员长王东明等领导批示，所提出的探索试点农村宅基地"三权分置"改革等系列建议被国务院有关部委采纳应用，为提高农村土地制度改革的科学性与适应性、加强农村土地资源优化利用、最大限度地释放农村土地"红利"提供了决策参考。

本书的完成，既得益于高校和地方政府的合作，也得益于学界前辈、专家、同行的研究。本书在研究中所参阅的研究成果，均以脚注等形式予以注明，谨向各位研究者致谢。囿于视野，本书仅在力所能及范围之内提出观点与建议，敬请各位专家、学者予以斧正。

目　录

第1章　农村土地制度的基本概念与基础理论 ... 1
　1.1　农村土地的概念与类型 ... 1
　　1.1.1　农村土地的概念 ... 1
　　1.1.2　农村土地的类型 ... 2
　　1.1.3　农地资源的现状 ... 3
　1.2　农村土地产权的概念与内容 ... 5
　　1.2.1　产权理论的基本内容概述 ... 6
　　1.2.2　农地产权主要制度规定 ... 7
　　1.2.3　"三权分置"理论分析 ... 13
　1.3　农村土地制度改革研究的相关基础理论 ... 19
　　1.3.1　马克思主义理论的指导 ... 19
　　1.3.2　土地经济学理论的运用 ... 23
　　1.3.3　可持续发展理论的指导 ... 24
　　1.3.4　制度经济学理论的借鉴 ... 25
　　1.3.5　福利经济学理论的借鉴 ... 27

第2章　我国农村土地制度变迁的历史回顾 ... 29
　2.1　古代中国的农地制度变迁 ... 29
　　2.1.1　原始社会和奴隶社会的农村土地产权制度 ... 29
　　2.1.2　封建领主制的农村土地产权制度 ... 30
　　2.1.3　封建地主制的农村土地产权制度 ... 33
　　2.1.4　封建土地制度的政策思想分析 ... 37
　2.2　近代中国的农地制度变迁 ... 42
　　2.2.1　近代农村土地产权制度的变化 ... 42
　　2.2.2　近代土地产权价格的地租形态 ... 44
　　2.2.3　近代改良主义的土地思想分析 ... 45
　2.3　旧中国的农地制度变迁 ... 48
　　2.3.1　旧中国土地制度的变化与基本特征 ... 48

2.3.2　民族资产阶级的土地思想分析 ·· 50
　　2.3.3　中国共产党关于土地制度的探索 ·· 52
　　2.3.4　中国共产党土地政策的思想分析 ·· 56

第3章　新中国农村土地产权制度变迁 ·· 61
3.1　社会主义建立初期的农村土地产权制度（1949～1956年）············ 61
　　3.1.1　新中国土地改革的实施与成就 ·· 61
　　3.1.2　社会主义土地制度的基本建立 ·· 64
3.2　曲折发展时期的农村土地产权制度（1957～1978年）···················· 67
　　3.2.1　农村集体土地所有制的确立与变化 ······································ 67
　　3.2.2　"三级所有"土地产权制度的评价 ·· 71
3.3　改革起步期的农村土地产权制度（1979～1985年）······················ 73
　　3.3.1　家庭联产承包责任制的确立 ·· 73
　　3.3.2　农村土地产权制度的基本内容 ·· 75
　　3.3.3　农村家庭联产承包责任制的产权解读 ·································· 76
　　3.3.4　家庭联产承包责任制的阶段性绩效评价 ······························ 80
3.4　改革探索期的农村土地产权制度（1986～2006年）······················ 83
　　3.4.1　农地集体所有权制度规定 ·· 83
　　3.4.2　农地集体使用权制度规定 ·· 84
　　3.4.3　农村宅基地产权制度安排 ·· 85
3.5　改革新阶段的农村土地产权制度（2007年至今）·························· 87
　　3.5.1　物权框架下的农地产权结构 ·· 88
　　3.5.2　农村土地产权的权能扩展 ·· 90

第4章　新中国农村土地管理制度变迁 ·· 96
4.1　国民经济恢复时期的农村土地管理制度（1949～1952年）············ 96
　　4.1.1　农村土地管理工作 ·· 96
　　4.1.2　征地制度 ·· 98
　　4.1.3　相关财税制度 ·· 99
4.2　社会主义改造时期的农村土地管理制度（1953～1957年）·········· 100
　　4.2.1　农村土地管理工作 ·· 100
　　4.2.2　征地制度 ·· 101
　　4.2.3　相关财税制度 ·· 102
4.3　曲折发展时期的农村土地管理制度（1958～1978年）················ 103
　　4.3.1　全面建设社会主义时期的农村土地管理制度（1958～1966年）··· 103

  4.3.2 "文化大革命"时期的农村土地管理制度(1966～1976年)… 107
  4.3.3 徘徊时期的农村土地管理制度(1977～1978年) ……… 108
 4.4 改革起步期的农村土地管理制度(1979～1985年) …………… 108
  4.4.1 农村土地地籍管理 …………………………………… 108
  4.4.2 农村村镇土地规划 …………………………………… 109
  4.4.3 农村建设用地管理 …………………………………… 110
  4.4.4 农村土地税收制度 …………………………………… 111
 4.5 改革探索期的农村土地管理制度(1986～2006年) …………… 112
  4.5.1 管理体制变革与法律修订 …………………………… 112
  4.5.2 农村土地登记与规划 ………………………………… 115
  4.5.3 农村耕地保护制度 …………………………………… 116
  4.5.4 征地制度改革与建设用地管理 ……………………… 119
  4.5.5 农村土地税费改革 …………………………………… 123
 4.6 改革新阶段的农村土地管理制度(2007年至今) ……………… 124
  4.6.1 农村土地利用规划和计划管理 ……………………… 124
  4.6.2 耕地保护政策 ………………………………………… 126
  4.6.3 供给侧结构性改革背景下的土地管理制度 ………… 130

第5章 农村土地制度演变的理论解读 ……………………………… 133
 5.1 我国农村土地制度演变的形式特征 …………………………… 133
  5.1.1 农村土地制度演变的表现形式具有复杂性 ………… 133
  5.1.2 农村土地制度演变的表现形式具有多样性 ………… 139
 5.2 我国农村土地制度演变的决定因素 …………………………… 143
  5.2.1 生产力发展对土地制度演变起决定性作用 ………… 143
  5.2.2 生产关系对农村土地制度变迁的影响 ……………… 145
  5.2.3 上层建筑对农村土地制度变迁的影响 ……………… 147
 5.3 我国农村土地制度演变的功能分析 …………………………… 148
  5.3.1 农村土地制度变迁对生产力的影响 ………………… 148
  5.3.2 农村土地制度变迁对利益关系的影响 ……………… 149
 5.4 我国农村土地制度演变的方向讨论 …………………………… 150
  5.4.1 私有化不是农村土地制度演变的方向 ……………… 150
  5.4.2 改革中的农村集体土地所有制分析 ………………… 153

第6章 乡村振兴战略下农地制度改革阶段性展望 ………………… 156
 6.1 乡村振兴战略的理论讨论 ……………………………………… 156

  6.1.1 中国乡村发展方案的历史探索 ………………………………… 156
  6.1.2 国外乡村发展道路的借鉴比较 ………………………………… 160
  6.1.3 乡村振兴战略的理论理解 ……………………………………… 163
 6.2 新一轮农地制度改革的背景分析 ………………………………………… 167
  6.2.1 十八大以来中国农村土地制度改革取得的成就 ……………… 168
  6.2.2 工业化与城市化发展给土地资源带来巨大压力 ……………… 169
  6.2.3 供给侧结构性改革为土地制度改革提出了新的要求 ………… 170
  6.2.4 乡村振兴战略的实施要求农地制度改革深入推进 …………… 172
 6.3 乡村振兴战略下的农地制度改革任务 …………………………………… 174
  6.3.1 乡村振兴战略下的耕地保护 …………………………………… 175
  6.3.2 乡村振兴战略下的征地制度改革 ……………………………… 176
  6.3.3 乡村振兴战略下的宅基地制度改革 …………………………… 179
  6.3.4 乡村振兴战略下的集体经营性建设用地制度改革 …………… 180
  6.3.5 乡村振兴战略下的土地管理工作 ……………………………… 183
参考文献 …………………………………………………………………………… 185
索引 ………………………………………………………………………………… 189

第1章 农村土地制度的基本概念与基础理论

1.1 农村土地的概念与类型

1.1.1 农村土地的概念

1. 土地

无论是在社会科学或自然科学的研究中,"土地"都是一个基本的概念;即便在日常生活中,因其普遍的存在性,其基本意义已被社会的多数个体所认知。以其存在性而言,土地是一个综合体:其自然空间存在于地球表面的一定幅度内,包括土壤、水文、地形、地质、动物、植物等基本要素;其社会空间存在于人类社会的生产与生活之中,贯穿人类历史活动的所有阶段与时期,涉及政治、经济、法律、宗教、文化、生态等多个方面。同样,土地的特征可以从两个最基本的方面进行描述。首先,土地最基本的特征来自自然存在:土地首先是自然的产物,其总面积在自然的意义上是有限的,其位置在地理上是固定的,其物理与化学性质(基于人类利用的角度而言则为质量)则存在差异。一旦进入人类社会的生产与生活领域,土地则在此基础上生发出其他的性质。从经济角度而言,例如:土地所有制(或土地所有权)具有历史性;进入市场供给的土地具有稀缺性;在一定技术条件下,土地的边际产出具有递减性;基于土地的投入具有资本性等。在人类社会的环境中考察土地,其核心内容之一是在土地的利用过程中所产生的占有、使用、处置与收益等方面所形成的基本关系,这也是经济学考察土地问题的基本角度之一。与从经济学角度考察土地密切相关的是基于法律角度的考察,其基本特征包括不动产性、两权分离性、范围性、归属性、排他性等基本方面。①

---

① 姜爱林. 论土地的概念与特征[J]. 国土资源科技管理,2000,17(3):10-15.

2. 农村土地

在一般概念上，所谓农地指的是种植农作物的土地。[①]现行《中华人民共和国农村土地承包法》第二条："本法所称农村土地，是指农民集体所有和国家所有依法由农民集体使用的耕地、林地、草地，以及其他依法用于农业的土地。"这一定义说明"农村土地"不仅是一个从生产或者技术角度的定义，必须用于农业用途，而且也表明我国的农村土地具有明确的社会属性，即属于农村集体所有或者国家所有，不存在属于私人所有而用于农业生产的农村土地。如果以列举的方式来进行定义，农村土地则包括现行《中华人民共和国土地管理法》（2020年）第四条分类的全部内容。该法第四条将土地的分类规定为："将土地分为农用地、建设用地和未利用地"。换言之，广义上的农村土地应该包括农村中的农用地、建设用地、未利用地。本书对农村土地的理解，即采用现行《中华人民共和国土地管理法》（2020年）第四条的基本规定，尤其侧重研究农村土地中的"农用地"与"建设用地"两部分。

1.1.2 农村土地的类型

各国对农村土地的划分有不同的标准。中国在2017年11月1日颁布并实施《土地利用现状分类》国家标准（GB/T 21010—2017），该标准采用一级、二级两个层次的分类体系，共分12个一级类、73个二级类。一级类包括：耕地、园地、林地、草地、商服用地、工矿仓储用地、住宅用地、公共管理与公共服务用地、特殊用地、交通运输用地、水域及水利设施用地、其他土地。

一级类"耕地"，指种植农作物的土地，包括熟地，新开发、复垦、整理地，休闲地（含轮歇地、休耕地）；以种植农作物（含蔬菜）为主，间有零星果树、桑树或其他树木的土地；平均每年能保证收获一季的已垦滩地和海涂。耕地中包括南方宽度<1.0m、北方宽度<2.0m的固定的沟、渠、路和地坎（埂）；临时种植药材、草皮、花卉、苗木等的耕地，临时种植果树、茶树和林木且耕作层未被破坏的耕地，以及其他临时改变用途的耕地。"耕地"包括3项二级类用地，分别是：水田，指用于种植水稻、莲藕等水生农作物（含蔬菜）的耕地，包括实行水生、旱生农作物轮种的耕地；水浇地，指有水源保证和灌溉设施，

[①] 彭德福. 土地基本概念[J]. 北京房地产, 1996(6): 39.

在一般年景能正常灌溉,种植旱生农作物(含蔬菜)的耕地,包括种植蔬菜的非工厂化的大棚用地;旱地,指无灌溉设施,主要靠天然降水种植旱生农作物的耕地,包括没有灌溉设施、仅靠引洪淤灌的耕地。

一级类"园地",指种植以采集果、叶、根、茎、汁等为主的集约经营的多年生木本和草本作物,覆盖度大于50%或每亩株数大于合理株数70%的土地,包括用于育苗的土地。"园地"包括4项二级类用地,分别是:果园,指种植果树的园地;茶园,指种植茶树的园地;橡胶园,指种植橡胶树的园地;其他园地,指种植桑树、可可、咖啡、油棕、胡椒、药材等其他多年生作物的园地。

一级类"林地",指生长乔木、竹类、灌木的土地,及沿海生长红树林的土地。包括迹地,不包括城镇、村庄范围内的绿化林木用地,铁路、公路征地范围内的林木,以及河流、沟渠的护堤林。"林地"包括7项二级类用地,分别是:乔木林地,指乔木郁闭度≥0.2的林地,不包括森林沼泽;竹林地,指生长竹类植物,郁闭度≥0.2的林地;红树林地,指沿海生长红树植物的林地;森林沼泽,以乔木森林植物为优势群落的淡水沼泽;灌木林地,指灌木覆盖度≥40%的林地,不包括灌丛沼泽;灌丛沼泽,以灌丛植物为优势群落的淡水沼泽;其他林地,包括疏林地(0.1≤树木郁闭度<0.2的林地)、未成林地、迹地、苗圃等林地。

一级类"草地",指以生长草本植物为主的土地。"草地"包括4项二级类用地,分别是:天然牧草地,指以天然草本植物为主,用于放牧或割草的草地,包括实施禁牧措施的草地,不包括沼泽草地;沼泽草地,指以天然草本植物为主的沼泽化的低地草甸、高寒草甸;人工牧草地,指人工种植牧草的草地;其他草地,指树木郁闭度<0.1,表层为土质,不用于放牧的草地。

以上各类型主要对应狭义的农村土地概念。如前所述,从广义看,农村土地还包括农村的建设用地。

1.1.3 农地资源的现状

根据《2017中国土地矿产海洋资源统计公报》数据[①](未包括香港特别行政区、澳门特别行政区和台湾地区),2016年年末,全国共有农用地64512.66

---

① 中华人民共和国自然资源部. 2017中国土地矿产海洋资源统计公报[EB/OL]. [2018-05-18]. http://www.mnr.gov.cn/gk/tzgg/201805/t20180518_1992992.html.

万公顷，其中耕地13492.10万公顷（20.24亿亩[①]），园地1426.63万公顷，林地25290.81万公顷，牧草地21935.92万公顷；建设用地3909.51万公顷，其中城镇村及工矿用地3179.47万公顷，年内净减少耕地面积7.69万公顷。2017年年末，全国耕地面积为13486.32万公顷（20.23亿亩），全国因建设占用、灾毁、生态退耕、农业结构调整等减少耕地面积32.04万公顷，通过土地整治、农业结构调整等增加耕地面积25.95万公顷，年内净减少耕地面积6.09万公顷；全国建设用地总面积为3958.65万公顷，新增建设用地53.44万公顷；新增耕地22.73万公顷，同比增长22.7%。总投资754.92亿元，同比增长16.0%。

根据《全国土地利用总体规划纲要（2006—2020年）》的要求[②]，到2020年，中国土地资源利用必须实现的主要目标是：第一，守住18亿亩耕地红线。全国耕地保有量到2020年为12033.33万公顷（18.05亿亩），确保10400万公顷（15.60亿亩）基本农田数量不减少、质量有提高。第二，保障科学发展的建设用地。确保新增建设用地规模得到有效控制，闲置和低效建设用地得到充分利用，建设用地空间不断扩展，节约集约用地水平不断提高，有效保障科学发展的用地需求。规划期间，单位建设用地第二、第三产业产值年均提高6%以上，到2020年全国新增建设用地585万公顷（8775万亩）。通过引导开发未利用地形成新增建设用地125万公顷（1875万亩）以上。第三，土地利用结构得到优化。确保农用地保持基本稳定，建设用地得到有效控制，未利用地得到合理开发；城乡用地结构不断优化，城镇建设用地的增加与农村建设用地的减少相挂钩。到2020年，农用地稳定在66883.55万公顷（1003253万亩），建设用地总面积控制在3724万公顷（55860万亩）以内；城镇工矿用地在城乡建设用地总量中的比例由2005年的30%调整到2020年的40%左右，但要从严控制城镇工矿用地中工业用地的比例。第四，土地整理复垦开发全面推进。确保田水路林村综合整治和建设用地整理取得明显成效，新增工矿废弃地实现全面复垦，后备耕地资源得到适度开发。到2020年，全国通过土地整理复垦开发补充耕地不低于367万公顷（5500万亩）。第五，土地生态保护和建设取得积极成效。确保退耕还林还草成果得到进一步巩固，水土流失、土地荒漠化和"三化"（退化、沙化、碱化）草地治理取得明显进展，农用地特别是耕地污染的防治工作得到加强。第六，土地管理在宏观调控中的作用明显增强。确保土地法

[①] 1亩＝$\frac{1}{15}$公顷。

[②] 中华人民共和国中央人民政府. 全国土地利用总体规划纲要（2006—2020年）[EB/OL]. [2008-10-24]. http://www.gov.cn/guoqing/2008-10/24/content_2875234.html.

制建设不断加强,市场机制不断健全,土地管理的法律、经济、行政和技术等手段不断完善,土地管理效率和服务水平不断提高。

根据《国土资源"十三五"规划纲要》的主要目标(表 1-1)[①],扣除生态退耕、退地减水等规划期间可减少的耕地,以及东北、西北难以稳定利用的耕地,全国适宜稳定利用的耕地保有量在 18.65 亿亩以上,基本农田保护面积在 15.46 亿亩以上,建设占用耕地在 2000 万亩左右。完成永久基本农田划定工作,确保耕地数量基本稳定,质量有所提升。与发展改革、农业、财政等部门通力合作,确保建成高标准农田 8 亿亩,力争 10 亿亩,土地整治补充耕地 2000 万亩以上。钨、稀土、石墨等优势矿产的保护明显加强,地下水、地质遗迹和矿山地质环境得到更加有效的保护。

表 1-1 "十三五"时期国土资源土地部分的主要指标

指标	2015 年	2020 年	属性
(1) 耕地保有量/亿亩	18.65	18.65	约束性
(2) 高标准农田建设面积/亿亩	4	8~10	约束性
(3) 基本农田保护面积/亿亩	15.60	15.46	约束性
(4) 新增建设用地总量/万亩	[3925]	[3256]	约束性
(5) 单位 GDP 建设用地使用面积降低比率/%	[24.18]	[20]	预期性
(6) 土地整治补充耕地面积/万亩	[2500]	[2000]	预期性
(7) 历史遗留矿山地质环境治理恢复面积/万亩	—	[750]	预期性
(8) 历史遗留损毁土地复垦率/%	—	45	预期性

注:[ ]内为 5 年累计数。

1.2 农村土地产权的概念与内容

土地制度是国家的基础性制度,事关经济持续发展、人民安居乐业、国家长治久安。经过多年的探索,我国已经逐步形成以公有制为基础,以保护耕地和节约用地为主线,以产权保护、用途管制和市场配置为主要内容的中国特色土地制度,具体包括:以公有制为基础的平等保护各类产权的土地权利制度;以用途管制为基础的土地要素市场配置制度;最严格的耕地保护制度与节约用地制度;集中统一的土地行政管理体制。与我国社会主义初级阶

---

① 中国投资指南. 国土资源部关于印发《国土资源"十三五"规划纲要》的通知[EB/OL]. [2016-04-12]. http://www.fdi.gov.cn/1800000121_23_72968_0_7.html.

段基本国情和中国特色社会主义经济体制基本适应的中国特色土地制度框架已经形成,同时,土地制度作为一项基础性、全局性制度,在全面深化改革的进程中不断完善与创新。①在本节,主要就土地产权制度的相关基本理论概念与内容进行阐述。

1.2.1 产权理论的基本内容概述

1. 马克思关于产权的基本观点

在一些尊重客观事实的西方学者看来,早在当代产权学者提出产权理论之前的百余年前,马克思就已经提出了比较科学的产权理论。马克思在历史唯物主义史观下阐明了产权理论的若干基本观点:所有制是所有权的经济基础,所有制先于所有权而产生,包括所有权在内的产权关系是人类社会发展到特定阶段(私有制产生)后以法律形式表现出来的生产关系,它是一个不断变化的历史范畴,在不同时代、不同生产力条件下具有不断变化的形态特征。就其内部结构而言,可以分为广义的所有权和狭义的所有权,广义所有权中狭义的所有权、占有权、支配权和使用权等各项权利之间存在内部关系,并存在多种组合的可能性,其具体的结构在根本上由生产力的发展水平所决定。马克思尤其注意到,财产的各项权利可以相互分离,而且在很多情况下确实是相互分离的。在有关土地权利方面,马克思对资本主义土地所有权关系进行了非常详细的重点考察,集中体现在他对资本主义地租的论述过程之中,在资本主义土地所有权与经营权的分离中,土地所有者凭借土地所有权索取一部分剩余价值,这部分剩余价值表现为地租形式,而获得土地经营权的资本家则以经营收入的形式索取一部分剩余价值,归根结底,这些剩余价值都是由劳动者的活劳动所创造的。

2. 西方学者关于产权的基本观点

《新帕尔格雷夫经济学大辞典》对产权的定义是:"产权是一种通过社会强制而实现的对某种经济物品的多种用途进行选择的权利。属于个人的产权即为私有产权,它可以转让——以换取对其他物品同样的权利。"②这一定义强调产权是一组权利,其有效性取决于对此权利强制实现的可能性以及为之付出

---

① 焦思颖,乔思伟,姜大明. 中国特色土地制度框架已经形成[N]. 中国国土资源报,2017-09-19.
② 约翰·伊特韦尔,皮特·纽曼,默里·米尔盖特. 新帕尔格雷夫经济学大辞典[M]. 许明月,译. 北京:经济科学出版社,1992:1101.

的代价,而这种强制有赖于政府的力量、日常社会行动以及通行的伦理道德规范。此外,哈罗德·德姆塞茨(Harold Demsetz)、罗纳德·哈里·科斯(Ronald Harry Coase)、阿曼·阿尔伯特·阿尔钦(Armen Albert Alchian)、思拉恩·埃格特森(Thrainn Eggertsson)等学者都对此有不同角度或层面的定义,在此不予赘述。

各位学者的概念表达,大致可以归纳为三类观点:第一类,产权表达的是人与物之间的关系,即特定主体对特定客体(财产)的关系,包括所有、占有、使用、支配(处置)、收益等,但这些关系需得到法律上的承认与保护才能成为权利;第二类,产权的直接体现是人对物的关系,但其更深层次处理的是人与人之间的关系,它不仅是一种法律关系,也是经济生活中的经济关系;第三类观点基于更为广阔的视角,认为产权不仅是基于财产的法律关系与经济关系,而且包括了各种社会规范与准则,其具体内涵会在不同时期内发生变化。[①]关于产权的基本特征,不同学者有不同侧重的理解与阐述,归纳起来大致包括以下方面:产权具有排他性与非排他性;产权具有完备性与残缺性;产权具有可分割性与可交易性;等等。这些不同角度、不同侧重的表述也说明了产权内部结构确实具有多样性与复杂性。在产权结构中,虽然在不同历史阶段所有权的功能存在强度上的差异,但始终是产权体系的核心构成部分。具体到土地产权,其产权的内涵可以表现在以下几个方面:土地产权是各个利益主体对地产的"权利束",具有明显的排他性;土地产权是土地市场的交易对象,其产权结构影响土地资源的配置效率,体现为一种法律规范。至于土地权利的具体设置,各国法律有不同的规定,不予赘述。

1.2.2 农地产权主要制度规定

土地产权是指存在于土地之中的排他性权利,包括土地所有权、土地使用权、土地租赁权、土地抵押权、土地继承权、地役权等多项权利。土地产权必须有法律的认可并得到法律的保护。农村土地产权是农村土地制度的核心所在,《中华人民共和国宪法》《中华人民共和国土地管理法》等相关法规对此做出了明确规定。土地产权的结构包含以土地所有权为核心的多层次的系列产权组关系(图1-1)。

---

① 刘伟,李风圣. 产权通论[M]. 北京:北京出版社,1998:28.

1. 农村土地所有权

土地所有权是在国家法律的保护下,土地所有者在法律规定的范围内自由使用和处理其土地的权利。土地所有权包含三层基本含义:其一,土地所有者可以自由使用和处理其所有的土地并有权获得收益;其二,得到法律的确认和保护;其三,权利在法律范围内行使,即权利受法律的限制。①

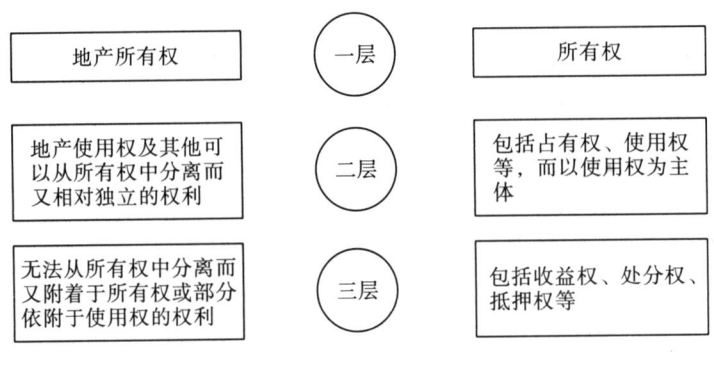

图1-1 土地产权的一般结构

就农村土地而言,《中华人民共和国土地管理法(1998年修订)》规定,我国土地所有制为社会主义土地公有制,包括全民所有制和劳动群众集体所有制两种形式②。对于农村土地所有权的确认,《中华人民共和国土地管理法(1998年修订)》第十一条③、第十二条④以及第十三条⑤都做出了规定;2017年,《中华人民共和国土地管理法(修正案)》(征求意见稿)将第十一条改为第十二条⑥。农村土地所有权归属农村集体,可以发生转移,但是只能是国家单向转移所有

---

① 张毅. 农村土地产权制度[EB/OL]. [2014-07-19]. http://www.tuyinet.com/tdfg/2219.jhtml.
② 《中华人民共和国土地管理法(1998年修订)》第二条规定:"中华人民共和国实行土地的社会主义公有制,即全民所有制和劳动群众集体所有制。"第八条规定:"农村和城市郊区的土地,除由法律规定属于国家所有的以外,属于农民集体所有;宅基地和自留地、自留山,属于农民集体所有。"
③ "农民集体所有的土地,由县级人民政府登记造册,核发证书,确认所有权。农民集体所有的土地依法用于非农业建设的,由县级人民政府登记造册,核发证书,确认建设用地使用权。单位和个人依法使用的国有土地,由县级以上人民政府登记造册,核发证书,确认使用权;其中,中央国家机关使用的国有土地的具体登记发证机关,由国务院确定。确认林地、草原的所有权或者使用权,确认水面、滩涂的养殖使用权,分别依照《中华人民共和国森林法》、《中华人民共和国草原法》和《中华人民共和国渔业法》的有关规定办理。"
④ "依法改变土地权属和用途的,应当办理土地变更登记手续。"
⑤ "依法登记的土地的所有权和使用权受法律保护,任何单位和个人不得侵犯。"
⑥ 该条内容被修改为:"国家实行不动产统一登记制度,依法对土地以及房屋、林木等定着物进行登记。农民集体所有的土地,由县级以上人民政府不动产登记机构登记造册,核发证书,确认所有权。"

权①，就此而言，农村土地所有权的排他性是受到限制的。2017年，《中华人民共和国土地管理法(修正案)》(征求意见稿)也就此增加了一条作为第四十四条②。

2. 农村土地使用权

土地使用权是依法对一定土地加以利用并取得收益的权利，是土地使用制的法律体现形式。土地使用权是与土地所有权有关的财产物权，可以买卖、继承、租赁和抵押。土地使用权的设定必须依法律而成立，任何人无论以何种方式取得土地使用权都必须得到法律的认可，否则为非法占用他人土地。《中华人民共和国土地管理法(1998年修订)》第九条③、第十条④规定明确了农村土地使用权的归属。2017年《中华人民共和国土地管理法(修正案)》(征求意见稿)将第十一条改为第十二条⑤，明确了农村土地使用权的权属登记方式，即将原来的由"县级以上人民政府"登记造册改为由"县级以上人民政府不动产登记机构"登记造册。

根据2002年《中华人民共和国农村土地承包法》总则第一条⑥、第三条⑦的有关规定，我国农村土地使用权主要在农民手里，农民以户为单位，通过与农村集体经济组织或村民委员会签订承包合同获得土地使用权。

土地使用权的取得分有偿和无偿两种形式，以《中华人民共和国土地管理法(1998年修订)》第十四条⑧规定的方式取得的农业用地使用权通常为无偿形

---

① 《中华人民共和国土地管理法(2004年修订)》第二条规定："国家为了公共利益的需要，可以依法对土地实行征收或者征用并给予补偿。"
② "为了保障国家安全、促进国民经济和社会发展等公共利益的需要，有下列情形之一，确需征收农民集体所有土地的，可以依法实施征收：(一)国防和外交的需要；(二)由政府组织实施的能源、交通、水利等基础设施建设的需要；(三)由政府组织实施的科技、教育、文化、卫生、体育、环境和资源保护、防灾减灾、文物保护、社会福利、市政公用等公共事业的需要；(四)由政府组织实施的保障性安居工程、搬迁安置工程建设的需要；(五)在土地利用总体规划确定的城市建设用地范围内，由政府为实施城市规划而进行开发建设的需要；(六)法律、行政法规规定的其他公共利益的需要。"
③ "国有土地和农民集体所有的土地，可以依法确定给单位或者个人使用。"
④ "农民集体所有的土地依法属于村农民集体所有的，由村集体经济组织或者村民委员会经营、管理；已经分别属于村内两个以上农村集体经济组织的农民集体所有的，由村内各农村集体经济组织或者村民小组经营、管理；已经属于乡(镇)农民集体所有的，由乡(镇)农村集体经济组织经营、管理。"
⑤ 相关表述为："农民集体所有的土地依法用于非农业建设的，由县级以上人民政府不动产登记机构登记造册，核发证书，确认建设用地使用权。单位和个人依法使用的国有土地，由县级以上人民政府不动产登记机构登记造册，核发证书，确认农用地使用权和建设用地使用权；其中，中央国家机关使用的国有土地的具体登记发证机关，由国务院确定。"
⑥ "为稳定和完善以家庭承包经营为基础、统分结合的双层经营体制，赋予农民长期而有保障的土地使用权，维护农村土地承包当事人的合法权益，促进农业、农村经济发展和农村社会稳定，根据宪法，制定本法。"
⑦ "国家实行农村土地承包经营制度。农村土地承包采取农村集体经济组织内部的家庭承包方式，不宜采取家庭承包方式的荒山、荒沟、荒丘、荒滩等农村土地，可以采取招标、拍卖、公开协商等方式承包。"
⑧ "农民集体所有的土地由本集体经济组织的成员承包经营，从事种植业、林业、畜牧业、渔业生产。土地承包经营期限为三十年。发包方和承包方应当订立承包合同，约定双方的权利和义务。承包经营土地的农民有保护和按照承包合同约定的用途合理利用土地的义务。农民的土地承包经营权受法律保护。"

式；以《中华人民共和国土地管理法(1998年修订)》第十五条①规定的方式取得农业用地使用权通常为有偿形式。在宅基地使用权的获得上，2017年《中华人民共和国土地管理法(修正案)》(征求意见稿)》将《中华人民共和国土地管理法(1998年修订)》第六十二条②改为第六十四条，并新增了一款作为第二款③。

农村土地使用权可以进行流转。就农业用地而言，2002年通过的《中华人民共和国农村土地承包法》第十条④、第十六条⑤、第三十四条⑥、第三十六条⑦、第三十七条⑧等做出了基本规定。农业用地使用权流转受到一定约束，2002年通过的《中华人民共和国农村土地承包法》第三十三条⑨对此做出规定。就农村建设用地的使用权流转而言，2017年《中华人民共和国土地管理法(修正案)》(征求意见稿)在删除《中华人民共和国土地管理法(2004年修订)》第四十三条⑩和第六十三条⑪的基础上，新增一条作为第六十三条⑫。另外，在宅基地使用权流转问题上，2017年《中华人民共和国土地管理法(修正案)》(征求意见稿)将现行法律第六十二条修改为第六十四条，并新增一款作为第六款⑬。

---

① "农民集体所有的土地，可以由本集体经济组织以外的单位或者个人承包经营，从事种植业、林业、畜牧业、渔业生产。发包方和承包方应当订立承包合同，约定双方的权利和义务。土地承包经营的期限由承包合同约定。""农民集体所有的土地由本集体经济组织以外的单位或者个人承包经营，必须经村民会议三分之二以上成员或者三分之二以上村民代表的同意，并报乡(镇)人民政府批准。"
② "农村村民一户只能拥有一处宅基地，其宅基地的面积不得超过省、自治区、直辖市规定的标准。"
③ "人均土地少、不能保障一户一宅的地区，县级人民政府应当采取措施，保障农村村民实现户有所居的权利。"
④ "国家保护承包方依法、自愿、有偿地进行土地承包经营权流转。"
⑤ "承包方享有下列权利：(一)依法享有承包地使用、收益和土地承包经营权流转的权利，有权自主组织生产经营和处置产品；(二)承包地被依法征用、占用的，有权依法获得相应的补偿；(三)法律、行政法规规定的其他权利。"
⑥ "土地承包经营权流转的主体是承包方。承包方有权依法自主决定土地承包经营权是否流转和流转的方式。"
⑦ "土地承包经营权流转的转包费、租金、转让费等，应当由当事人双方协商确定。流转的收益归承包方所有，任何组织和个人不得擅自截留、扣缴。"
⑧ "土地承包经营权采取转包、出租、互换、转让或者其他方式流转，当事人双方应当签订书面合同。采取转让方式流转的，应当经发包方同意；采取转包、出租、互换或者其他方式流转的，应当报发包方备案。"
⑨ "土地承包经营权流转应当遵循以下原则：(一)平等协商、自愿、有偿，任何组织和个人不得强迫或者阻碍承包方进行土地承包经营权流转；(二)不得改变土地所有权的性质和土地的农业用途；(三)流转的期限不得超过承包期的剩余期限；(四)受让方须有农业经营能力；(五)在同等条件下，本集体经济组织成员享有优先权。"
⑩ "任何单位和个人进行建设，需要使用土地的，必须依法申请使用国有土地；但是，兴办乡镇企业和村民建设住宅经依法批准使用本集体经济组织农民集体所有的土地的，或者乡(镇)村公共设施和公益事业建设经依法批准使用农民集体所有的土地的除外。前款所称依法申请使用的国有土地包括国家所有的土地和国家征收的原属于农民集体所有的土地。"
⑪ "农民集体所有的土地的使用权不得出让、转让或者出租用于非农业建设；但是，符合土地利用总体规划并依法取得建设用地的企业，因破产、兼并等情形致使土地使用权依法发生转移的除外。"
⑫ 基本内容为："国家建立城乡统一的建设用地市场。符合土地利用总体规划的集体经营性建设用地，集体土地所有权人可以采取出让、租赁、作价出资或者入股等方式由单位或者个人使用，并签订书面合同。按照前款规定取得的集体经营性建设用地使用权可以转让、出租或者抵押。集体经营性建设用地出让转让的办法，由国务院另行制定。"
⑬ 基本内容为："国家鼓励进城居住的农村村民依法自愿有偿退出宅基地。腾退出的宅基地可以由本集体经济组织与宅基地使用权人协商回购，主要用于满足本集体内部的宅基地再分配，或者根据国家有关规定整理利用。"

3. 农村土地他项权

1) 土地抵押权

土地抵押权是土地受押人对于土地抵押人不转移占有而供担保的土地，在土地抵押人不能履行债务时，可用土地的拍卖价款优先清偿债务的权利。设定土地抵押权时，作为标的物的土地并不发生转移，它仍为土地抵押人占有，只是当抵押人到期不能履行债务时，抵押人才有权将土地拍卖并优先清偿债务。抵押人如果按规定的方式和期限偿还债务，土地如期回到抵押人手中，抵押权则自动消失。《中华人民共和国担保法》规定抵押人依法承包并经发包方同意抵押的荒山、荒沟、荒滩等地的土地使用权可以抵押。依据 2002 年《中华人民共和国农村土地承包法》第四十九条规定[①]，农村土地抵押权的标的是土地使用权，而不是土地所有权。

2) 土地租赁权

土地租赁权是指土地所有权人或土地使用权人通过契约将土地占有权、狭义的土地使用权和部分收益权转让给他人。这时，他人就称为土地租赁权人，即承租人。

土地租赁权人具有土地的占有权和使用权、续租权、优先购买权、对地产受让人的对抗权（即土地使用权买卖不能破租，未到期的租赁行为仍然有效）。土地租赁权人不拥有对土地的部分处分权，其对土地的使用条件是依土地出租人的意志而规定的。在一般情况下，土地租赁权人未经出租人同意不能将自己承租的土地再以任何方式转移出去。土地租赁权人为取得土地租赁权就必须向出租方缴纳地租，无论出租方是土地所有者还是土地使用者。

土地租赁依租赁契约而成立，因此出租方和承租方之间必须签订租赁合同。租赁合同不得违背国家的法律、法规。我国法律没有规定土地可以无期限租赁，而只规定实行有期限租赁。目前在农村，土地转包实为一种有期限的土地租赁，出租方是土地承包者，即集体土地使用权人，其除收取承租人缴纳的地租外，还履行自己与集体的承包合同。根据《中华人民共和国土地管理法(2004 年修订)》第六十三条[②]规定，农村租赁土地不得改变土地的用途，但法律规定的情形除外。

---

① "通过招标、拍卖、公开协商等方式承包农村土地，经依法登记取得土地承包经营权证或者林权证等证书的，其土地承包经营权可以依法采取转让、出租、入股、抵押或者其他方式流转。"
② "农民集体所有的土地的使用权不得出让、转让或者出租用于非农业建设；但是，符合土地利用总体规划并依法取得建设用地的企业，因破产、兼并等情形致使土地使用权依法发生转移的除外。"

3) 地役权

土地所有权人(包括土地使用权人)为了提高自己土地的利用价值而有限地利用他人土地的权利就是地役权。地役权一般涉及两个地块,且这两块土地分属于两个所有权人,其中一块土地向另一块土地提供服务。地役权包括:建筑支持权、采光权、眺望权、取水权。地役权可以由于弃权、解除、失效和某些其他原因而消失。2020 年,《中华人民共和国民法典》(简称《民法典》)第三百七十三条[①]、第三百七十九条[②]做出了相关规定。

4) 地上权

地上权是在他人土地上设定其使用土地的权利。地上权人的权利是占有土地,有土地使用权。地上权可以处置,如让与他人,作为抵押权标的物等。地上权人的主要义务是向土地所有人支付地租。

目前与农村土地发生地上权关系的主要是电力部门。根据《中华人民共和国电力法》有关规定[③],在他人土地上架设、使用和维护输电线路和变电设施,并排除土地所有人、土地使用人实施任何可能危及电力设施安全的建筑、种植、堆放等行为的权利,即具有地上权的性质。

5) 土地发展权

土地发展权是发展土地的权利,具体来说,土地发展权就是变更土地使用性质之权,如将农地变更为城市建设用地。土地发展权是随着土地利用方式的多样性及相应土地收益的巨大差异性而出现的。根据《中华人民共和国土地管理法(2004 年修订)》第四十七条有关规定[④],我国农村的土地发展权

---

① "设立地役权,当事人应当采用书面形式订立地役权合同。"
② "土地上已设立土地承包经营权、建设用地使用权、宅基地使用权等用益物权的,未经用益物权人同意,土地所有权人不得设立地役权。"
③ 《中华人民共和国电力法》(2018 年修正)第五十二条规定:"任何单位和个人不得危害发电设施、变电设施和电力线路设施及其有关辅助设施。在电力设施周围进行爆破及其他可能危及电力设施安全的作业的,应当按照国务院有关电力设施保护的规定,经批准并采取确保电力设施安全的措施后,方可进行作业。"第五十三条规定:"任何单位和个人不得在依法划定的电力设施保护区内修建可能危及电力设施安全的建筑物、构筑物,不得种植可能危及电力设施安全的植物,不得堆放可能危及电力设施安全的物品。在依法划定电力设施保护区前已经种植的植物妨碍电力设施安全的,应当修剪或者砍伐。"第六十八条规定:"违反本法第五十二条第二款和第五十四条规定,未经批准或者未采取安全措施在电力设施周围或者在依法划定的电力设施保护区内进行作业,危及电力设施安全的,由电力管理部门责令停止作业、恢复原状并赔偿损失。"第六十九条规定:"违反本法第五十三条规定,在依法划定的电力设施保护区内修建建筑物、构筑物或者种植植物、堆放物品,危及电力设施安全的,由当地人民政府责令强制拆除、砍伐或者清除。"
④ "征用土地的,按照被征用土地的原用途给予补偿。征用耕地的补偿费用包括土地补偿费、安置补助费以及地上附着物和青苗的补偿费。""但是,土地补偿费和安置补助费的总和不得超过土地被征收前三年平均年产值的三十倍。"

归国家所有①。2017 年《中华人民共和国土地管理法(修正案)》(征求意见稿)对第四十七条进行了修改②,同时增加了一条作为第四十八条③,修改的条款坚持了土地发展权归国家所有这一基本原则,同时承认集体与个人可以分享土地发展的收益。

1.2.3 "三权分置"理论分析

1. "三权分置"改革思路的发展

中国改革始于农村,农村改革始于土地制度。农村土地制度在坚持集体所有制的大前提下,由集体拥有所有权,农户得到承包经营权,农村土地产权被设置为"两权分离"的基本结构。经过三十余年的改革实践,在中国农村进入乡村振兴新阶段的背景下,"两权分离"的产权结构也向着"三权分置"的结构转变。

基于集体土地所有制基础之上的家庭承包制被视为中国农村基本性的生产经营制度,"三权分置"的改革思路就是在完善农村家庭承包制改革的实践中逐步清晰的。2008 年《中共中央关于推进农村改革发展若干重大问题的决定》明确指出,必须保持土地承包关系长久不变,并完善土地承包经营权权能;2013 年《中共中央关于全面深化改革若干重大问题的决定》明确承包经营权具有抵押、担保权能。2014 年,"三权"概念明确出现在中央一号文件中,即落实农村土地集体所有权、稳定农户承包权、放活土地经营权;同年 11 月,中共中央办公厅、国务院办公厅出台《关于引导农村土地经营权有序流转发展农业适度规模经营的意见》,明确提出"实现所有权、承包权、经营权三权分置"。

2016 年中央一号文件提出要求,必须落实并完善"三权分置"改革的具体办法;同年 10 月,中共中央办公厅、国务院办公厅出台《关于完善农村土地所有权承包权经营权分置办法的意见》(下文简称《意见》),明确"三权分置"的基本原则:尊重农民意愿,坚持农民主体地位,维护农民合法权益,把选择权交给农民,发挥其主动性和创造性,加强示范引导,不搞强迫命令,不

---

① 张毅. 农村土地产权制度[EB/OL]. [2014-07-19]. http://www.tuyinet.com/tdfg/2219.jhtml.
② 修改为:"征收土地的,按照被征收土地的原用途,兼顾国家、集体、个人合理分享土地增值收益,给予公平合理补偿,保障被征地农民原有生活水平不降低、长远生计有保障。征地补偿安置费用包括土地补偿费、安置补助费、农民宅基地及房屋补偿、地上附着物和青苗的补偿费,以及被征地农民的社会保障费用等。"
③ "省、自治区、直辖市应当制订并公布区片综合地价,确定征收农用地的土地补偿费和安置补助费标准。区片综合地价应当考虑土地资源条件,土地产值、区位、供求关系,以及经济社会发展水平等因素综合评估确定,并根据社会、经济发展水平,适时调整区片综合地价标准。"

搞一刀切；守住政策底线，坚持和完善农村基本经营制度，坚持农村土地集体所有，坚持家庭经营基础性地位，坚持稳定土地承包关系，不能把农村土地集体所有制改垮了，不能把耕地改少了，不能把粮食生产能力改弱了，不能把农民利益损害了；坚持循序渐进，充分认识农村土地制度改革的长期性和复杂性，保持足够历史耐心，审慎稳妥推进改革，由点及面展开，不操之过急，逐步将实践经验上升为制度安排；坚持因地制宜，充分考虑各地资源禀赋和经济社会发展差异，鼓励进行符合实际的实践探索和制度创新，总结形成适合不同地区的"三权分置"具体路径和办法。

较之"两权分离"，"三权分置"改革首先要求"落实"集体所有权，以解决由于"集体所有者"虚置而产生的弊端；其次，将之前的承包经营权细分为承包权与经营权，既满足农民对稳定占有与使用土地的基本要求，也满足各类新型农业生产方式的发展对土地流转的基本要求。就落实集体所有权而言，《意见》提出：坚持农村土地集体所有权的根本地位，充分维护农民集体对承包地的发包、调整、监督、收回等各项权能，发挥土地集体所有的优势和作用，切实保障集体成员的知情权、决策权、监督权，确保农民集体有效行使集体土地所有权。就稳定农民的承包权而言，《意见》提出：严格保护农户承包权，农村集体土地由作为本集体经济组织成员的农民家庭承包，充分维护承包农户的使用、流转、抵押、退出承包地等各项权能，不得违法调整农户承包地，不得以退出土地承包权作为农民进城落户的条件。就放活经营权而言，《意见》提出：加快放活土地经营权，平等保护经营主体依流转合同取得的土地经营权，保障其有稳定的经营预期，依法维护经营主体从事农业生产所需的各项权利，鼓励采用土地股份合作、土地托管、代耕代种等多种经营方式，探索更多放活土地经营权的有效途径。

"三权分置"较之"两权分离"将承包经营权细分为承包权与经营权，但"三权分置"改革思路与"两权分离"在精神实质上一脉相承，因为"三权分置"改革的一个核心问题就是要保护农民的土地承包权，通过"确实权、颁铁证"，让经营主体可以对土地生产经营进行长远预期。[①]同时，"三权分置"改革通过放活经营权，为各类新型农业生产方式乃至新型农业现代化开辟一条新的道路，采用新型农业生产与经营方式的市场主体所拥有的经营权具有更为明确的内涵，其权利行使过程也能得到更好的保障。从产权结构的基本格局看，

---

① 农业部解读完善"三权分置"办法[J]. 农家顾问，2016(12)：4-5.

"三权分置"框架下有三类基本的权利主体，分别是集体、承包农户以及农业经营者，"三权"概念有助于明确三类主体之间权利与义务的边界，农地制度能坚持集体所有制的基本方向、符合社会主义制度的本质要求，也可以起到有效地优化资源配置、刺激效率提升、增加农户财产性收入与经营者规模收益的功能。

自1978年中国农村实行家庭联产承包责任制以来，改革已经走过40余年，从改革的主脉络而言，"三权分置"改革具有必然性，但也具有历史性。根据农业部统计，截至2016年6月全国2.3亿农户中流转土地农户超过7000万，比例超过30%，东部沿海发达省份农民转移多的地区这一比例超过50%。显然，土地承包权主体同土地经营权主体分离的现象越来越普遍[①]。在今后一段较长的时期，它将构成中国农村土地产权制度的基本框架，因为它在很大程度上兼容了社会主义公有制与市场经济体制的要求，也在很大程度上调和了乡村振兴与新型城市化的可能冲突，有利于进一步推进城乡一体化建设。

2. "三权分置"框架下的农民土地财产权利问题

中国农村土地制度改革是在坚持集体所有制不变的前提下对不同产权主体之间的产权关系进行调整，从产权角度对此进行分析具有理论上的可行性，相关研究可以追溯到1986年国务院农村发展研究中心发展研究所就农村改革开展的系列专题调查研究[②]，该研究在国内学术界首次提出：深化农村改革的主要任务之一是促进实现农民的财产权利与身份自由。以后一段时期，学术界对相关问题也有过较为反复的讨论与争议。进入21世纪之后，随着市场化改革的不断推进，学术界对这一问题的讨论也不断趋于深化并逐渐在若干重要方面取得了共识，例如，"农民财产权利"概念得到普遍性的运用。在党的十八届三中全会的《中共中央关于全面深化改革若干重大问题的决定》明确提出要"赋予农民更多财产权利"后，学术界在这个领域取得了丰富的成果，近期比较集中在有关"三权分置"的改革领域中。

首先，从产权的主体逻辑而言：农村集体是农村土地所有权的合法主体，

---

① 刘婉婷. 韩长赋在国新办发布会上就《关于完善农村土地所有权承包权经营权分置办法的意见》答记者问[J]. 农业工程技术, 2016(35): 1-4.
② 该课题组以"农民、市场和制度创新——包产到户八年后农村发展面临的深层改革"为题发布主报告，成员包括：陈锡文、周其仁、戴小京、高山、高小蒙、冉明权、杨经纶、邱继成、王振耀、曹和平、李国都；王岐山、邓英淘、蒋中一、杜鹰、卢迈、白南生、崔小黎、李文英、孙晓光、王军等同志提出重要修改意见，综合报告由周其仁、戴小京执笔。

但是其主体地位的强弱，受到一系列现实约束条件的制约，例如，可以观察到的现象是，在集体承担了向农民提供社会保障部分职责的情况下，农村集体的经济实力越强，农民能够获得的保障力度越大，集体自身的所有权主体地位体现越充分明显；反之，在集体经济相对疲弱的状态下，集体作为所有权主体的地位也很难得到足够的重视与尊重。集体内的农民是农用地承包权的获得主体，这是他们作为集体成员行使"成员权"的具体体现，在制度上具有强制性，但是，这种锁定与城乡户籍制度联系在一起，在城乡户籍制度改革逐渐趋于开放与流动的情况下，成员权的锁定与户籍的流动之间确实存在如何协调的问题。另外，"三权分置"改革从原有的"承包经营权"当中分离出了"经营权"，经营权的合法主体并不限于该集体内的农民，这一改革有利于推动农村经营方式的转变，也适应了农村劳动力在城乡间流动规模日益庞大、频率日益提高的形势。但是，"经营权"的设置能否充分完成改革设计赋予的任务，依然受到诸多环境条件的约束，包括：农民向城市转移、向非农就业领域转移的规模与速度；农地经营权转移在供给结构方面的匹配是否存在结构性错位；金融机构对农地产权变更处置的权限与态度；等等。

其次，就产权的属性逻辑进行分析，基于国家战略层面的考虑，同时也为了确保农村社会的稳定，集体所有土地的市场交易行为受到严格的限制，集体作为土地所有权的合法主体，其产权没有得到充分完整的实现与保障。在中国市场化改革不断深入推进的过程当中，农村土地的市场交易行为也逐渐从制度边缘的探索逐渐走向制度内的规范。当前，农村土地的各主要类型都能在不同途径上实现不同程度的市场化流转；但是，基于阶段性推进改革的路径特征，当前的农村土地在市场交易方面仍然具有较强的约束特征，包括交易的方式、交易的客体与主体、交易的区域范围等。这其中有部分原因来自农地的特殊性质，在世界各个市场经济较为发达和成熟的国家，农地的市场交易也都存在某些特定限制；对于农地而言，内部治理机制确实具有较之市场机制更为有效的方面，不能简单地将农地制度改革等同于市场化改革，也不能简单地将市场化改革等同于放开交易限制。

最后，从农地产权制度变迁的基本历程看，我国农地制度改革很难简单地被概括为诱致性制度变迁或者强制性制度变迁，因为改革具有非常鲜明的阶段性特征，在不同的阶段，主导改革的推动力量并不尽相同。虽然基于理论抽象的必要，可以在特定研究中暂时忽略某些因素的影响，但是如果研究的目的在于为进一步的改革做出必要的指导或者预测，就必须充分认识并揭示在中国农地制度改革中存在的各类矛盾因素既交替又融合的复杂性。例如，在改革开放初期家庭联产承包责任制的塑形过程当中，全国范围内农民对土地承包经营权的强烈需求形成了推动制度创新的重要甚至主导力量；但是，在当前推进的"三权分置"改革中，政府作为制度供给者所发挥的主导性，显然就远远超过了改革开放初期的力度。"三权分置"改革试点已经暂时完成了阶段性任务，这种通过边际上的探索进而逐步修成制度规则的改革路径是中国改革的宝贵经验之一，具有降低改革试错成本、控制不可预期风险等诸多积极意义，但是也确实可能会在这个过程中诱发某些投机性行为，而且这种投机性行为一旦产生了一定规模的既得利益群体，又可能对政策制定者形成倒逼压力，在这种情况下，农民或农民集体的利益反而有可能因此无法得到保障[①]。

3. "三权分置"改革自身的理论与实践难题

农村土地产权制度向何种方向变迁，学术界曾经有三种看法：向私有化方向变革；向国有永佃制方向变革；完善"两权"分离、家庭承包的农村土地制度。"三权分置"改革从政策上做出明确选择。但是，"三权分置"本身也存在理论问题需要解答，例如，承包权、经营权的属性和权能如何确定：对于承包权，存在"成员权"和"物权"两种观点的分歧；对于经营权，也存在"债权说"和"物权说"两种观点的冲突。

一类观点认为，在"三权分置"的框架下，承包权的性质应被界定为一种物权，依照物权标准，颁证确权，并具有流转、抵押等权能；但是，在集体所有制下，只有作为特定集体的成员的农民才有可能获得承包权。这二者之间存在冲突之处；如果经营权的性质被定性为一种债权，不仅经营权本身会因此不可能获得抵押的权能（只能设立权利质权），而且一个显而易见的推论是，作为债权的经营权不可能对抗作为物权的承包权，一旦二者出现纠纷，经营权难以获得充分支持，可能导致经营权不稳定，由此诱发短期经营行为。能否也将经营权定义为物权呢？这一建议虽然可能解决诸如抵押之类的难题，但是违背了法理的一条基本原则：一物之上只有一个物权，同一土地上不可能同时存在承包权与经营权两项物权。

一直以来，相关法律法规的基本框架是"两权分离"，对承包经营权的抵押

[①] 李晓红，黄瑾. 三权分置农地制度下农民土地财产权利受损的产权逻辑[J]. 广西民族大学学报(哲学社会科学版)，2016，38(6)：163-167.

问题并没有明确且统一的规定①；"三权分置"改革意图与精神在政策文件中体现得非常明确，但是在先行法律体系中尚未得到充分的支持或者反映，包括《中华人民共和国物权法》《中华人民共和国农村土地承包法》《中华人民共和国担保法》《中华人民共和国土地管理法》等在内的相关法律法规，就如何解释承包权、经营权的法律性质与法律权能，都需要进行重新思考与条款修订；甚至在中央政策层面，虽然改革在精神与方向上与其一致，但是在基本举措方面有所变化②。

需要指出的是，即便"三权分置"完成了法律体系内部的自我修订与完善，也并不意味着就彻底解决了土地问题的所有矛盾，因为"三权"框架下的合法主体已经包括农村集体、作为集体成员的农户家庭以及从事土地经营的农业生产者三方，随着流转的扩大，承包农户与实际经营者二者之间的利益冲突有可能呈扩大化趋势。无论是"两权分离"还是"三权分置"，政策设计的基本意图之一始终是必须兼顾农村土地的双重功能，解决由此导致的内在矛盾：强调土地的社会保障属性，相应的流转与抵押必须受到一定的甚至是严格的限制；强调土地的财产权利属性，鼓励流转与抵押，不仅相应的法律法规问题需要得到解释，相应的社会风险防范机制建设也应有足够安排；至于更加技术性的某些问题，例如，"两权分离"框架内的实践是按照承包农户、承包土地面积进行补贴，但是在"三权分置"的制度设计下，政策的瞄准对象究竟是承包农户还是第三方经营主体，也是两头为难。国家政策体系如何调整适应于"三权分置"的产权状态，做到实际经营主体与承包农户的利益平衡，成为一个亟须解决的突出问题。

就土地流转的具体方式看，农地的流转方式主要有转让、互换、转包、出租、入股等五种，其中转让、互换的流转方式没有发生承包权与经营权分离的状况；转包、出租、入股的流转方式发生了土地承包权与经营权的分离，但入股是物权性流转，转包、出租是债权性流转，债权流转方式不发生物权变动效力，很难甚至不可能出现抵押，而这两种方式又正是农民采用最多的方式。另外一个潜在风险是，土地经营权人具有开放性和多元性，在政策的鼓励下，工商资本、外来业主进入农村流转土地的现象越来越多，如果有关的监控举措不能跟上，有可能导

---

① 2002年《中华人民共和国农村土地承包法》规定了不宜采取家庭承包方式的荒山、荒沟、荒丘、荒滩等农村土地，以及通过招标、拍卖、公开协商等方式承包的土地承包经营权可以依法采取转让、出租、入股、抵押或者其他方式流转，没有对家庭承包经营权是否可以抵押做出规定。2020年，《中华人民共和国民法典》第三百九十九条规定下列财产不得抵押：（一）土地所有权；（二）宅基地、自留地、自留山等集体所有土地的使用权，但是法律规定可以抵押的除外……

② 党的十八届三中全会在《中共中央关于全面深化改革若干重大问题的决定》中明确赋予了承包经营权"抵押、担保权能"，但之后的中央一号文件改成了"承包土地的经营权抵押"。2016年中共中央出台的《农村承包土地的经营权抵押贷款试点暂行办法》对经营权贷款又设置了"承包方同意承包土地的经营权可用于抵押及合法再流转""承包方已明确告知发包方承包土地的抵押事宜"等限定条件。

致农地非农化和非粮化乃至不开发被闲置，出现利用土地经营权证投机、骗贷、套利等行为。此类现象在现实中已经有所发生[①]。至于土地经营权抵押权属复杂、价值评估难、处置变现难等技术性问题，此处暂不赘述，本书后文将进行分析。

概言之，目前"三权分置"框架中承包权和经营权的属性与权能在学术上存有争议，在法律解释上存在难题，在实践上不够成熟，使得对"三权分置"的制度设计做出法律规定还存在困难，这又将进一步影响"三权分置"制度改革的实践。"三权分置"改革的理论与实践难题不可能在短期内找到解决方案，究竟是在法律的原则下指导并规范实践，还是让法律应变实践进行修订，不能一概而论。仅从逻辑而言，保护农民的土地财产权利，需要解决以下问题：落实集体的所有权主体地位以及农民作为集体成员在集体产权中的权利与义务；明确农地使用权主体与承包权主体、所有权主体之间的一致性机制；在明确产权边界的前提下放松针对产权交易的强约束，增强产权的可交易性；选择适合的治理机制，降低组织内部治理费用和市场交易费用，尤其要约束基层政府的强势介入；等等[②]。至于相关法律修订，则需要明确甚至重新认识承包权和经营权的属性和法律地位，规定"三权"在占有、使用、收益和处置方面的权利边界、权利内容和应承担的责任等，并考虑新增某些法律法规，如关于土地经营权性质与权能、集体土地上房屋征收补偿等方面。

1.3 农村土地制度改革研究的相关基础理论

1.3.1 马克思主义理论的指导

1. 马克思科学地租理论

马克思科学地租理论是马克思运用平均利润与生产价格学说，对资本主义农业研究的成果，是马克思政治经济学的重要组成部分。马克思政治经济学的形成过程就是马克思科学地租理论的形成过程。在古典经济学中，关于地租的起源、地租的构成、地租的变化、土地价格等的思想研究成果非常丰富，但同时也比较杂乱，马克思秉承在批判中继承和发展的研究方法，将前人复杂混乱

---

① 张克俊. 农村土地"三权分置"制度的实施难题与破解路径[J]. 中州学刊，2016(11)：39-45.
② 李晓红，黄瑾. 三权分置农地制度下农民土地财产权利受损的产权逻辑[J]. 广西民族大学学报(哲学社会科学版)，2016(6)：163-167.

的地租思想进行了整合，并在此基础上提出了更加科学的见解。马克思科学地租理论涵盖的内容较之前的古典地租理论更加丰富，更加完善。同时，马克思历史的、辩证的分析方法使马克思地租理论具有更加科学的视角，在研究方法上给予地租理论新的内容。

马克思在李嘉图地租理论的基础上发展了级差地租理论，给出级差地租的产生和土地利用顺序无关、农产品的价值决定于最坏等级土地的农产品的价值等一系列令人耳目一新的结论。不仅如此，马克思在正确分析级差地租（Ⅰ）和级差地租（Ⅱ）的前提下，还分析了这两种地租之间的区别与联系。李嘉图的级差地租理论比较注重对地租进行量化分析，马克思除了量化分析地租以外，还注重对地租质的分析，包括当生产价格分别为不变、上升、下降时对级差地租的影响以及农业有机构成发生变化时对地租数额的影响等方面的问题。

绝对地租理论是马克思地租理论中最杰出的成果。马克思解决了绝对地租的来源问题，随着平均利润和生产价格理论的创立，马克思清晰地阐述了农业生产中剩余价值大于平均利润的部分形成绝对地租，而土地所有权就像资本一样，是地主、大资产阶级拥有农产品剩余价值索取权的一种凭证。除了级差地租理论和绝对地租理论，马克思科学地租理论还包括垄断地租理论，它们使马克思科学地租理论更加全面。

马克思客观地将地租的范畴定义为历史的、可变化的，地租只不过是社会发展到一定阶段的一种社会关系，克服了之前古典地租理论的"永恒的""自然的"理论误区。马克思对地租的历史和转变过程进行了描述，地租的形式在资本主义社会转变成资本主义地租，这是马克思地租理论主要的考察对象。资本主义地租的实质是农业工人所创造的超过社会平均利润的那一部分剩余价值，根据地租产生方式的差异，马克思将地租区分为绝对地租、级差地租、垄断地租。马克思所阐述的资本主义制度下的各种形式的地租可以归纳为

$$M = \overline{P} + R_a + R_{d1} + R_{d2} \tag{1-1}$$

式中，M 表示劣等土地的农业工人所创造的剩余价值；$\overline{P}$ 表示社会平均利润；R_a 表示绝对地租；R_{d1} 表示级差地租（Ⅰ）；R_{d2} 表示级差地租（Ⅱ）。

土地价格理论也是马克思科学地租理论的重要组成部分。土地不具有一般商品的性质，无法用货币形式来简单描述土地的价格，这为提供土地价格的理论范式带来了很大的困难。然而，马克思创造性地将土地价格看作对索取地租权力的购买价格，在地租理论史上具有特殊意义。马克思土地价格理论是以土地能够形成地租为前提的，而形成地租的前提就是土地所有权，因此土地价格

的形成也必须以土地所有权为先决条件。土地并不是商品，但在资本主义社会，土地所有者可以将收取地租的垄断权力转让给货币资本家，由此便形成了土地所有权与资本之间的交换关系，因此所谓的土地价格就是地租的资本化。土地价格的计算公式为

$$土地价格=地租\div 利率$$

土地价格的计算公式充分体现了土地价格是地租的资本化这一本质属性，地租资本化依赖于客观存在的资本利率。土地购买者将资本用来购买土地收取地租与将这笔钱作为借贷资本借出收取利息，在本质上一样。但是资本家往往会选择购买土地，哪怕土地的出售价格高出这个计算结果，其原因在于他们不仅仅可以得到收取地租的权利，而且获得了土地的所有权。

马克思对未来社会的地租问题做了预测，他设想私有制的瓦解使土地所有权不复存在，而土地绝对地租也将会随之消失；同时，由于级差地租受到市场价格的影响，新的社会生产方式取代了资本主义生产方式以后，平均价格消失，不同等级的土地生产的农产品的价格也会不同，因此级差地租也就消失了。当然，这时垄断地租也就没有了。

2. 马克思人本主义理论

在西方，人本主义思潮有着悠久的传统，并随着文艺复兴运动的激烈分辩而逐步系统化、理论化。马克思人本主义思想受到黑格尔、费尔巴哈两位哲学家的影响。费尔巴哈的人本学唯物主义是以人为本的、人类学的、唯物主义的，也是对马克思人本主义思想影响最为显著的理论，他把如何解决人的问题的接力棒传递给了马克思[①]。

马克思的人本主义理论研究，大多是从现实运动中提炼出来的。马克思精通黑格尔的辩证法，在摒弃了其唯心主义的基础上，扩充、扩大、深化了费尔巴哈的人本主义学说。1844年，马克思在《前进报》上发表的《评一个普鲁士人的〈普鲁士国王和社会改革〉》一文以纺织工人起义为主题，为这场人道主义讨论做了总结，划清了无产阶级的人道主义与宣扬一般人性的抽象人道主义的原则界限。马克思此时已经完全摆脱了视国家为理性的、普遍性的唯心主义国家观，开始把国家看作社会矛盾的产物，认为国家是建筑在社会生活和私人生活之间的矛盾上，以及公共利益和私人利益之间的矛盾上。这表明，在这

---

① 许俊达. 穿越人本主义——青年马克思与人本主义哲学[M]. 北京：中国人民大学出版社，2000.

种观点和阶级立场上，马克思已经是科学共产主义者了，但在哲学观点上，他仍然是以人本主义为出发点的。看他当时的经典论证"社会革命乃是人对非人生活的抗议"，这是从各个真正的个人的观点出发的，由于工人不幸离开了人的实质而被孤立，所以才会爆发起义，工人自己劳动却最终迫使工人离开共同体的是生活本身，也就是物质生活和精神生活、人的道德、人的活动、人的快乐、人的实质[①]。从这里可以看出，马克思的人本主义已经有了鲜明的阶级性质和社会内容，而这正是前期人本主义思想所缺乏的东西。

马克思人本主义学说除了受到黑格尔辩证法和费尔巴哈人本学说的影响外，还受到了西方古典经济学的影响。恩格斯的《国民经济学批判大纲》和赫斯的《论货币的本质》等论著，使马克思接触到了经济异化的问题。对古典政治经济学和各种社会主义流派及学说的研究，使他有可能较深入地探讨经济异化的问题，并对这些新的思想素材和经济、社会的事实进行哲学概括。马克思不满足于用货币的异化来说明历史，他发现古典政治经济学是在劳动价值论的基石上构建的，但这种理论却忽略了人的价值。马克思还发现黑格尔站在现代国民经济学家的立场上，把劳动看作人的本质。受到这一启发，马克思批判地改造了古典经济学和黑格尔关于劳动的学说，以异化劳动的概念为杠杆，制定出劳动异化理论，作为其历史理论的基础。至此，青年马克思把费尔巴哈的人本主义发展到了顶点，建立了一个脱胎于费尔巴哈人本主义又不同于费尔巴哈人本主义的独特的人本主义哲学体系，这个体系是向历史唯物主义过渡的重要环节[②]。

人的本质理论是马克思人本主义哲学的理论基础。马克思将人的本质视为一个系统的整体，把人的内在本质与本质的外化联系起来，人的本质规定和活动是多种多样的，人的现实性也是多种多样的。马克思从主体与客体相统一的辩证观点出发，强调通过人的本质的对象化活动来考察人的本质，他由此得出人的本质是自由自觉的劳动和真正的生活联系的结论，并以这一本质概念为标准去衡量对象世界。马克思人本主义的落脚点是人的复归理论。复归是向符合人的本质概念的未来社会的复归。这种复归不仅是完全的、自觉的，而且保存了以往发展的全部财富。马克思主张的复归带有其政治立场，他认为，人的复归必须扬弃私有财产和异化劳动，必须实现共产主义。从理论意义上来看，马克思关于人的本质的复归理论为人类发展制定了崇高的理想目标。在人的本质

---

① 中共中央马克思恩格斯列宁斯大林著作编译局. 马克思恩格斯全集[M]. 第 1 卷. 北京：人民出版社，2006：479-488.
② 许俊达. 青年马克思的人本主义是过渡到历史唯物主义的中间环节[J]. 江淮论坛，1985(5)：41-47.

的丰富性大圆满实现的未来社会里,人与自然之间、人与人之间的矛盾将得到解决,存在和本质、对象化和自我确证、自由和必然、个体和类之间的斗争也将真正解决。未来社会是人与自然完成了本质统一,是自然界的真正复活,人实现了自然主义,自然界也实现了人道主义。马克思这一崇高的理想使他的人本主义高屋建瓴,远远超过了旧人本主义立足于个人的狭隘视野。

1.3.2 土地经济学理论的运用

虽然西方古典经济学家已经对土地经济的若干问题进行了研究,然而这些研究仍然从属于政治经济学或其他学科范围之内。土地经济学作为一门独立的学科,诞生于20世纪20年代,以1924年美国经济学家莫尔豪斯和爱德华·沃德发表的《土地经济学原理》为标志[1],此后,土地经济学的研究不断深入、完善,并得到广泛传播。

中国的土地开发历史悠久,自周代以后,土地的经济意义与日俱增,土地制度和土地利用等方面的问题日益受到重视,各朝代的学者和当政者对土地经济的若干问题进行了许多研究与探索,积累了丰富的研究成果。然而,这些研究不具有学术意义的系统性。中国对土地经济问题的系统和专门研究始于20世纪30年代,1930年章植出版了中国第一部土地经济学著作《土地经济学》,随后相继出现了多篇相关著述。这一时期,主要是在介绍国外土地经济学理论的基础上逐步创立中国的土地经济学,处于启蒙和初创阶段。新中国成立以后,逐步废除了土地私有制,建立了社会主义土地公有制。当时不少人对此产生误解,认为土地公有制一经建立,土地经济问题就能得以解决,忽略了对土地经济问题的研究。直到1978年改革开放以后,中国对土地经济学的研究才重新得到重视。

目前,土地经济学已经成为一个较为完整的学科体系,对于该学科的研究对象和研究领域,各国学者也形成了大体一致的认识,并从土地经济学的一般原理中,分化出城市土地经济学、农村土地经济学、土地资源经济学、土地生态经济学、土地市场学、土地资产估价学、土地金融学等多个领域。本书主要涉及的土地经济学理论更加细化,具体有土地集约利用理论、土地可持续利用理论、土地规划理论、地价评估理论等。例如,有关土地集约利用的理论指出,在农业社会阶段,经营土地主要为劳动集约型,当人类实现工业革命以后,主要为资本集约型;在土地利用的具体过程中,到底采用哪种集约利用的形式,

---

[1] Morehouse, Ward E. Elements of land economics[M]. London: Macmillan, 1924.

是由投入要素的比较成本决定的；等等。

1.3.3 可持续发展理论的指导

20世纪90年代以来，可持续发展以其崭新的价值观，被正式列入国际社会议程。1992年的联合国环境与发展会议、1994年的国际人口与发展会议、1995年的哥本哈根世界首脑会议，都以此作为重要议题，提出了可持续发展战略构想。按照世界环境和发展委员会在《我们共同的未来》中的表述，可持续发展为"既满足当代人的需要，又要对后代人满足其自身需要不构成危害的发展"。具体来说，就是谋求经济、社会与自然环境的协调发展，维持新的平衡，制衡初现的环境恶化和环境污染，控制重大自然灾害的发生。根据《中国21世纪议程》，可持续发展的目标是在保持经济快速增长的同时，依靠科技进步和提高劳动者素质，不断提升发展的质量，提倡适度消费和清洁生产，控制环境污染，改善生态环境，保障可持续发展的资源基础，建立"低消耗、高收益、低污染、高效益"的良性循环发展模式。

可持续发展理论的主要研究内容包括：一是可持续发展模式与指标评价体系；二是环境与可持续发展的问题；三是经济与可持续发展的问题；四是社会与可持续发展的问题；五是区域的可持续发展问题。可持续发展理论具备以下几个特点：可持续发展理论的前提是发展，但此时的发展不是单纯的经济发展，而是提高生产力水平，是社会的整体发展；区域的可持续发展，城市、区域乃至国际制定的发展战略将可持续发展战略作为首要前提，区域经济、社会、环境和资源的协调发展是推动世界发展的前提；技术创新和技术支撑体系的建立是可持续发展的关键内容，应大力发展有关技术及监测手段；科技效益的作用逐步在社会进步和发展中显露出来，最终形成社会效益、环境效益、经济效益和科教效益的统一。

土地利用的历史说明，土地的自然环境对土地的利用起着重要的限制作用，人们在生产活动中对环境的破坏已经成为土地利用的障碍因素。土地可持续利用既要满足当代人对土地的需求，又要保证今后的长远发展对土地的需要，与社会其他资源相配合，共同支撑经济、社会的全面持久发展。土地具有不可再生性，但合理利用则可以实现永续利用。从理论而言，土地可持续利用的基本目标应包括：土地资源配置与土地资源的总量稀缺性之间应高度一致；土地资源的质量组合和土地资源禀赋相适应；土地资源利用的时间安排与土地资源供给的时序性相协调；土地资源配置应当考虑各地区的差异与特点，激发各地区的发展活力，建立有序的区域配置机制，建立区域间资源流动的规则；等等。总之，土地的可持续利用，要求土地资源在数量上具有均衡性，在质量上具有级差性，在时间上具有长期性，在空间上具有全局性，从而实现自然持续性、经济持续性和社会持续性的统一。

1.3.4　制度经济学理论的借鉴

1. 关于制度与博弈的理论借鉴

传统上，经济学家一直致力于分析市场机制的运行及其影响。然而，为了理解不同国家迥然不同的经济绩效，制度变得日益重要[①]。制度的定义取决于研究和分析的具体目的[②]。诺斯把制度定义为"博弈的规则"，并分为两类：一是正式的规则（宪法、产权制度和合同）；二是非正式的规则（规范和习俗）。基于制度的可实施性，经济学家将博弈规则引入其中，从这种角度出发，思考制度最合理的思路是将制度概括为一种博弈均衡。把制度及其复合体视为均衡现象并不意味着制度是一成不变的。在理论上，博弈模型可能存在多重解（均衡），或者说模型解高度依赖于对模型本身的设定，给定博弈的结构，是否可以将制度的实现和变迁解释为从许多等可能性的均衡中选择其中一种的过程，或者从一种均衡到另一种均衡的转型，以及均衡选择或转型过程是否由技术或市场诱导并因为技术性规模经济而最终被锁定，这些都成为制度经济学正在探讨的重要论题。

理解制度的多样性和当代经济的复杂性需要研究经济、政治、组织和社会诸多领域制度之间的相互依存性，以及联合这些领域的制度性质。因此，不仅要在正统的经济学框架下思考问题，而且还要借鉴邻近学科诸如社会学、政治学和认知科学对制度问题的重要贡献。同时，制度经济学的学者也意识到，博弈论分析作为系统研究制度的理论工具，从该框架出发考察制度的相互依存性可能会得到制度安排的多重性、次优性和帕累托不可比性。即使面对相同的技术知识和被相同的市场所联合，制度安排也会因地而异。因此，为了理解特定的制度安排在某种特定的地域演化产生的原因，单单局限于博弈论框架本身是

---

① North D C. Institutions, Institutional Change and Economic Performance[M]. Cambridge: Cambridge University Press, 1990: 151-155.
② 青木昌彦. 比较制度分析[M]. 周黎安, 译. 上海: 上海远东出版社, 2001.

不够的，还必须依赖比较和历史知识①。制度分析的本质是比较性质①。博弈规则是由参与人的策略互动内生的，存在于参与人的意识中，并且是可自我实施的，均衡博弈论者认为制度作为共有信念的自我维系系统，其实质是对博弈均衡的概要表征，它作为许多可能的表征形式之一，起着协调参与人信念的作用。某些信念被参与人共同分享和维系，由于具备足够的均衡基础而逐渐演化为制度。当参与人的信念与其行动规则形成一致时，也就达到了均衡。制度对应着几乎所有参与人共享的那部分均衡信念，其中信念是关于博弈将实际方式进行预期，制度是由有限理性和具有反思能力的个体构成的社会的长期经验的产物②。

2. 产权经济学的理论借鉴

产权经济学认为，经济学要解决的是由于使用稀缺资源而发生的利益冲突，必须用规则来解决冲突。交换的实质是一组权利的交换。所交易物品的价值就取决于交易中所转手产权的多寡或产权的"强度"。市场分析的起点是要回答由于物的存在及其使用所引发的人与人之间由社会规定的关系是什么。产权就是这样的行为规则。阿曼•阿尔伯特•阿尔钦认为，价格如何决定的问题，就成了产权如何界定、交换以及以何种条件交换的问题。产权经济学在理论上的贡献体现在四个方面：一是交易费用理论；二是产权的生产效率；三是产权制度的效率比较；四是产权制度的演进。

产权经济学的中心论题是：只要存在交易费用，产权制度就对生产产生影响。产权经济学研究的就是如何通过界定、变更和安排产权的结构，降低或消除市场机制运行的社会费用，提高运行的效率，改善资源配置，加快技术进步，增加经济福利，促进经济增长。产权经济学认为，经济学要研究的是资源稀缺对人的利益的影响和由此带来的人与人之间的利益冲突，而人所面临的环境是不确定的，信息的获取不是免费的。因此，产权经济学要处理和解决的就是人对利益环境的反应规则和经济组织的行为规则。确定这些规则以产权来解决利益冲突，也就是解决产权如何影响资源配置的效率，社会利益格局如何受到产权设定的影响，经济和社会如何增长和发展。

产权经济学认为，自由价格机制是根据有关经济当事人之间自愿交换和契约履行的规则和制度做出的。要使价格机制运转起来，交易人必须对所要交换

---

① Greif A. Self-enforcing political system and economic growth: late medieval genoa[J]. Working Papers, 1997: 1-20.
② Kreps D M. A Course in Microeconomic Theory[M]. Princeton: Princeton University Press, 1990.

的物品有明晰和专一的可以自由转让的产权。然而，交易费用是用于策划、签约及履行合同的一种资源性支出。交易费用与交换产权的方式有直接关系，也与签订合同的具体性质有关。交易费用的资源性支出分为谈判费用和履行费用。交易费用因社会制度的不同而不同。威廉斯对交易费用的决定因素做了区分和归纳：交易要素与人的要素。

从产权制度安排来说，产权可以是排他的，但社会在赋予其成员权利时仍然限制了权利的范围。完备的产权总是以复数名词出现，它包括使用权、用益权、决策权、让渡权等，权利的交换是一个复杂的过程，交换实际上可以分解成不同的人所拥有的不同的权利之间的交换。这个复杂的交换过程最后就达成了哲学家们所谓的"社会契约"，社会契约建立了人类社会生活的最基本条款，其不单单涉及产权，可能还涉及宗教、自由、民主等各方面的规定。于是，这就涉及立宪和法律的系列问题。从产权的法律性质来说，所有权是不完备的，也是不明确的，许多东西不能完全归某人私有，如用益权就是不完备的财产权。不动产权对不动产的浪费做了许多约束。产权经济学要研究的是，在什么时候或在什么条件下他人（包括政府）方被允许干预所有者的财产，对这一干涉行为怎样予以补救。

将产权的概念从立宪的层次转入具体的产权问题上，就形成了具体的产权结构和产权制度。立宪层次上对产权的设定、对整个社会的运转会产生效率性影响，企业产权的具体安排和不同安排则是企业运行效率得以发挥的内在要求，产权的结构和安排是建立监督和协调机制的有效配置。

1.3.5 福利经济学理论的借鉴

学术界对"福利"的含义缺乏一致的看法，但经济政策的最终目的就是提高人类的经济福利水平，这也是福利经济学关注的中心问题。帕累托改进标准和希克斯补偿标准是用来衡量社会福利是否得到改进的两个标准。帕累托改进标准是更为一般性的检验标准，希克斯补偿标准是一个附加的标准，作为对帕累托改进标准内在缺陷的一个补充机制[1]。帕累托改进标准认为，如果一项变化在不会导致其他任何人境况变坏的情况下，可以改进某些人的境况，那么就会增进福利[2]。在现实经济中，人们可以通过帕累托改进使现实状态逐步逼近

---

[1] 厉以宁. 西方福利经济学述评[M]. 北京：商务印书馆，1984.
[2] Holcombe R G. A reformulation of the foundations of welfare economics[J]. Review of Austrian Economics, 2009, 22(3): 209-224.

帕累托状态。经济学家普遍认为，公共政策制定者的中心任务就是寻找和发现那些能够导致帕累托改进的政策措施。福利经济学一个卓越的结论是："看不见的手"能够产生帕累托效率[1]。但现实的问题是，帕累托效率状态只是一种理想而非真实的状态。现实中总是存在着某种改进潜力，在不损害任何人利益的情况下，增进某些人的福利。

几乎所有的公共政策既影响经济效率，又会在某种程度上影响财富与收入的再分配。政府应该选择效率优先还是公平优先的政策，是必须审时度势思考的问题。这也是福利函数所探讨的问题，福利函数提供了一个把不同消费者的效用"加总"的方法，进一步地，该函数还提供了一个在消费者之间排列不同效用分配秩序的方法[2]。福利最大化的配置必须是帕累托有效配置。福利函数是每个行为人效用函数的增函数，因此，新的配置必然有更高的福利，这就和福利最大化的假定存在矛盾之处。效用可能性边界，即为帕累托有效配置所对应的效用水平的集合，如果一种配置位于效用可能性集合的边界上，那么就不存在能给两个人都带来更高效用的任何其他可行的配置。福利函数的方法是一种描述社会福利的一般方法，它能用于概括多种道德判断的性质，但不能用于决定哪种道德判断最有道德。以平等分配方法为例，从平等分配出发的任意交换不一定能保持平等分配最初具有的对称性。当一种配置既是平等的，又是具有帕累托效率的，这种配置就被称为一种公平的配置[3]。

---

[1] 阿·塞西尔·庇古. 福利经济学[M]. 金镝, 译. 北京: 华夏出版社, 2013.
[2] Burk A. A reformulation of certain aspects of welfare economics[J]. Quarterly Journal of Economics, 1938, 52(2): 310-334.
[3] 厉以宁. 西方福利经济学述评[M]. 北京: 商务印书馆, 1984.

第 2 章 我国农村土地制度变迁的历史回顾

厘清我国农村土地制度历史演变的脉络,可以从中汲取农村土地制度进一步改革所需要的经验教训。本章主要基于产权角度对我国古代农村土地制度的演变进行回顾。

2.1 古代中国的农地制度变迁

2.1.1 原始社会和奴隶社会的农村土地产权制度

1. 原始社会的土地制度

"任何一个国家和民族在试图表达其历史的时候,人们总是把围绕着土地而引发的人与土地的关系以及人与人的关系,首要抓住,作为分析其他历史现象的一条脊椎骨。"[①]在原始社会,土地等一切生产资料归氏族公社所有,由集体共同使用。由于产权是在国家和法律的基础上产生的,所以原始社会虽然产生了土地所有制度,但并没有出现产权制度。

2. 原始地权的分裂过程

到奴隶社会时期,由于国家及法律的产生,土地才被赋予一定的产权形式。这种产权形式是,奴隶主拥有一切生产资料,甚至在土地上耕作的奴隶连同土地本身一并成为生产资料的组成部分;只有奴隶主的经济,而没有奴隶的经济,奴隶主供给奴隶生活资料。在这种情况下,农村土地产权内部的权利没有发生分裂,也没有必要发生分裂,土地的所有权主体和土地的使用权主体"合二为

---

① 赵炜. 原始地权分裂中的国家政权集结[J]. 河南大学学报(社会科学版),2005(1):118-122.

一"，因而土地上的收益也会全归奴隶主所有。在这个历史阶段中，土地也有买卖，但土地的买卖是将土地的所有权和土地的使用权以及相应的其他权利一次性完成交易。

夏朝是中国历史上最早出现的国家，王权世袭开始成为正式制度，国家化的政权机关代替部族掌握了公共权力，这其中一个重要的步骤就是原始地权的变化，与之关联的还包括赋税制度。《禹贡》一文比较典型地反映了夏朝的赋税制度，从中可以发现，通过"任土作贡"这一形式，原本分散在氏族、部落、诸侯等手中的土地治权(主要是所有权)已经开始集中在国家政权手中。这不仅在名义上，而且从实际意义上来看，国家都逐渐拥有并控制着原本属于诸侯等的土地，而诸侯的土地所有权则逐步退让到只有使用权或者占有权[1]。较之原始社会虽然统一，但是对模糊的地权体系而言，此时的地权状态开始分裂并逐渐明晰。

3. 殷商时期的土地制度

依据各类史料分析，通过对殷商时期贡赋制度的考察，可以归纳出这一时期土地制度的若干基本情况[2]：第一，作为最高统治者的商王可以在全国范围内圈占田地并进行经营("我田")，对诸侯、方国或者贵族的田地同样拥有支配权("取邑")；第二，商王可以通过"典册"的形式将土地赐予贵族，但是商王同样可以要求诸侯贵族将土地"致"送于王室。即便封国土地在名义上归诸侯所有，在经济意义上，商王或者王室才实质性地占有这些土地；从政治意义上，通过封地以及相应的贡赋制度，商王在实质意义上保持着对诸侯的政治约束与控制，从而维系整个王朝的政治治理与王权的统治[2]。

2.1.2 封建领主制的农村土地产权制度

学界对于"井田制"的属性判断并没有取得完全一致的意见，例如一种观点认为"井田制"的出现是中国社会进入封建社会的标志[3]。"井田制"是一种完全类似于西欧庄园制的土地制度。《礼记》记载道："天子有田以处其子孙，诸侯有国以处其子孙，大夫有采(采邑)以处其子孙，是谓制度"。西周社

---

[1] 赵炜. 原始地权分裂中的国家政权集结[J]. 河南大学学报(社会科学版)，2005(1): 118-122.
[2] 杨升南. 商代经济史[M]. 贵阳: 贵州人民出版社，1992: 642.
[3] 傅筑夫. 中国古代经济史概论[M]. 北京: 中国社会科学出版社，1981.

会的统治策略是：将人民隶属于一定的土地，再按照血缘关系的亲疏远近将贵族阶层固定于相应的社会等级之上，最后将土地按照等级进行层级化的分配；政治上的等级从属关系通过分封由上而下层层分配，在经济上，赋税制度贯穿各个社会阶层，将经济资源由下而上地进行贡献，并使其政治生态的再生产在伦理上成为可能①。具体而言，这种土地制度具有如下的基本特征。

1. 封建领主制经济时代土地产权制度的基本特征

1) 土地所有权归属于最高统治者

土地的所有权归封建国家最高统治者"王"所有。"普天之下，莫非王土；率土之滨，莫非王臣"，即天下的土地、人民都属于最高统治者"王"，"王"把他所有的土地、人民，以采邑形式分封给他的臣下，由于分封不仅是一种权力的授予，还是一种经济利益的授予，从而形成了一种"臣民都是由天子养育"的表象概念，"率土之滨"之所以"莫非王臣"，是由于"普天之下，莫非王土"，正所谓"封略之内，何非君土；食土之毛，谁非君臣。"②天子用这种方式分封诸侯，诸侯以同样的方式分封自己的臣属。

2) 土地的两种类型

封建领主把手中的土地分成两个部分：一部分以份地形式授予农奴；另一部分是封建领主为自己保留的，所谓"自食之田"，即领主的自留地。领主保留的自留地叫作"公田"。相对于领主的"公田"，分配给农奴的份地叫作"私田"，在《诗经》中称为"我私"或"我田"。《诗经·小雅·大田》写道："雨我公田，遂及我私。"《诗经·小雅·信南山》写道："我疆我理，南东其亩。"《诗经·小雅·甫田》写道："我田既臧，农夫之庆。"《诗经·周颂·噫嘻》写道："率时农夫，播厥百谷。骏发尔私，终三十里"，即是对"公田"和"私田"的反映。

3) 领主与农奴的土地关系

领主与农奴之间是一种土地租佃关系。农奴事实上拥有领主授予他的份地。不过，农奴所获得的仅是土地的使用权，而非所有权。领主把自己的土地给予农奴，农奴有实际拥有的土地和生产工具，形成相对独立于领主的经济，

---

① 赵炜. 原始地权分裂中的国家政权集结[J]. 河南大学学报(社会科学版)，2005(1)：118-122.
② 《左传·昭公七年》。

但是农奴须为领主提供劳役,无偿为领主耕作"公田";耕作"公田"时,不仅要用自己的生产工具和牲畜,而且还得自备饭食。这实际上是地租的最初形式,即劳役地租。这样一来,领主与农奴实际形成一种土地租佃关系:农奴租佃领主的土地,同时向领主支付劳役地租。不过,在这一过程中,已经形成一种基于土地的人身依附关系。

4) 赋税制度

西周土地制度之所以较为成熟,原因在于赋税制度的完善;而赋税制度的完善是基于以地缘关系为纽带的行政区划制度的成熟。西周赋税制度的成熟表现在分税制的成熟与发展,裂土分封实质上就是在中央王权与地方政权之间分割土地治权[①],赋税制度中绝大部分是以土地所有权为前提的面向土地的贡赋。周天子所享有的地方政权交纳的赋税,是通过一种经济与财政上的联系,反映中央政权对诸侯之土在政治上所拥有的支配权,周天子能够在政治上分封诸侯、改封诸侯、惩罚诸侯,而对地方政权的终极支配权是以土地治权的调控配置为根本的。诸侯治权的核心是对土地、人民支配权的持有,其合法性的根据来源于中央王权认定,诸侯政权通过在经济上负担对中央政权的赋税义务,获得对其封地支配权即政治权力的持有,在赋税关系中将其土地治权中的一部分让渡于中央政权。赋税关系的恒常稳定对中央王权的意义非同寻常。春秋之时,诸侯停止了对中央王权的赋税贡纳,这标志着土地治权的陷落导致整个政权体系的崩溃[②]。

2. "井田制"的历史评价

"井田制"这种产权结构瓦解了奴隶制下的土地产权制度,基于历史角度,有其进步意义:第一,较之于"会说话的工具"这一奴隶身份,劳动者有了最基本的维生性质的生产资料,有了生产积极性;第二,对于主人而言,将供给生活资料改为供给生产资料,差别不大,却因此减少了大量的监督活动与管理费用。

但是,"井田制"下的效率改善只是相对而言,农奴始终承担着非常繁重的"公田"劳作任务,而且随着时间的推移,农奴的生产积极性并没有提高,

---

[①] "诸公之地,封疆方五百里,其食者半;诸侯之地,封疆方四百里,其食者三之一;诸伯之地,封疆方三百里,其食者参之一;诸子之地,封疆方二百里,其食者四之一;诸男之地,封疆方百里,其食者四之一"。上述文字见《周礼·地官司徒第二》。
[②] 赵炜. 原始地权分裂中的国家政权集结[J]. 河南大学学报(社会科学版),2005(1):118-122.

其经济状况的改善始终非常有限，消极怠工现象到东周时期已经非常严重①，导致封建领主发现利用农奴来经营"公田"实际上已经很难获利，而封建领主的各项开支与日俱增，如果试图通过加强剥削的方式来改善收支情况，只会让农奴更加消极并反抗，从而使领主的收入情况更加恶化。

2.1.3 封建地主制的农村土地产权制度

进入东周之后，"井田制"很快崩溃，取而代之的是封建地主制经济，这种经济延续到中国近代②。封建地主制土地制度的基本特征表现为以下方面：第一，土地具有商品属性，可以进行市场买卖，获得土地的基本方式不再是世袭或者井田，而是自由买卖，这是具有历史性意义的制度变迁；第二，农牧民转变为农民，领主转变为地主，二者之间的关系发生了实质意义的变化，二者之间是契约意义上的租佃关系而不是人身意义上的依附关系（虽然在现实表现中，各类人身依附关系在不同时期或不同程度上都有所存在），农民依据契约约定向地主支付地租，相应的地租形式也由"井田制"下的劳役地租形式转变为实物地租或者货币地租形式；第三，政府税收制度相应地发生了变化，"井田制"下政府赋税来自领主"公田"的"共赋"，大量不在此范围的其他土地并不承担对政府的赋税义务，但是，自从公元前594年鲁宣公实施"初税亩"之后，原来不征税的农奴份地和井邑公用土地都要"履亩而税"③。

1. 农村土地产权制度的发展阶段

封建地主制经济在中国历史上延续两千多年，但是其制度的基本内容在不同的历史阶段有所差异。春秋战国时期虽然已经出现封建土地制度，但历经秦汉，这一制度才基本形成。秦朝统一中国，地主阶级由秦初的土地实际占有者而经"授田制"确认为土地的合法所有者，而相应的半自耕农却因为"授田制"的推行逐渐成为无地之人，不得不依靠租用地主土地才能开展农业生产活动。此时，封建土地所有制的两个基本主体已经出现，但是，由于大量的租佃农户是由半自耕农等转变而来的，对通过租佃土地进行农业生产活动的依赖性是逐渐提高的，因而在初期其表现并不特别明显。在西汉时期，虽然已经出现土地

---

① 《吕氏春秋·审分》写道："今以众地者，公作则迟，有所匿其力也；分地则速，无所匿迟也。"
② 傅筑夫. 中国古代经济史概论[M]. 北京：中国社会科学出版社，1981.
③ 《谷梁传·宣公十五年》。

兼并行为，但由于汉室王朝在整体上对此秉持抑制政策，地主拥有的土地数量一旦超过标准就会被政府强行没收，而且会强行要求地主迁徙，因此这一现象在西汉末年之前并没有演变成为严重的社会问题。

东汉建立之后，由于政治环境的整体改变，东汉皇室在政权上更加依赖于豪强地主阶级，在经济上也转变了政策取向，西汉时期的诸如迁徙或者没收等政策都被取消，所谓"柔道行之"的治理政策，其本质就是向豪强地主不断让步，在土地兼并问题上同样如此。因此，在整个东汉时期，土地兼并活动日益频繁，农民对地主的依附程度越来越深，导致各类社会问题日益严重，封建地主土地所有制越来越典型地表现为封建大地主土地所有制，到王朝后期，终于引发各种社会混乱，并出现农民起义。

东汉较之西汉对大地主的土地兼并行为持非常纵容的态度，但这种纵容并没有上升到正式制度的层面。此后，历经两晋直到北魏，豪门家族基本垄断政府各级权力机构，某些家族历经数百年，不断地有成员进入朝政核心，土地兼并之风自然延绵不断。肆意圈占土地的范围不断扩大，自秦周以来一直属于国家的山林川泽逐渐被各豪强地主占有，在此过程中，大地主土地所有制下的土地所有权逐步稳定，田庄数量增加。

南北朝时期，北方曾实行"均田制"，北魏、北齐与北周等朝代就实行过"均田制"。均田制并非"平均"分田，而是按照封建等级标准来分配田地，改变的只是封建土地私有制的某些表现形式，用国家法律制度的形式确立封建土地的国有以及自耕农小土地的私有，由于"均田制"下农民也能够得到一定数量的土地，对于保护小农的生产积极性、提高土地的有效利用率，起到了一定的促进作用。隋唐沿袭"均田制"，但随着乱世终结而进入相对稳定的时期，生产力逐步恢复、人口逐步增长，地多人少这一"均田制"赖以存在的前提已经逐步转化为地少人多，人地比例失调情况不断恶化，在"安史之乱"之后，"均田制"终于彻底瓦解。此后，"租佃制"逐渐成为封建土地所有制更具代表性的形式。

在隋唐之前，"租佃制"已经存在，但是存在形式并不稳定；因"安史之乱"而彻底摧毁"均田制"之后，"租佃制"趋于稳定并日渐盛行。其发展主要表现在以下三个方面。第一，"租佃制"存在范围非常广，几乎出现在除了自耕农土地以外的所有土地之上，不仅国有土地或者各类形式的官田上有"租佃制"，大土地所有者甚至小土地所有者的土地上，也都有"租佃制"；第二，租佃契约的形式比较规范，各自的责权利有较为清晰的界定，如对土地税的缴纳、水渠的使用与维护、违约退佃等行为的处置，通常都会在契约中得到明确规定；第三，在地租的具体形式上，有货币地租（多见于"常田"）与实物地租（多见于"部田"）两种基本形式，在缴纳时点上，有预付或后付两种时点，在缴纳方式上，有一次付清、两次付清两种方式，在缴纳额度上，以定额地租为主，分成制很少被采用。

自宋元之后，封建土地制度发生的几个重要变化是：国有土地比重不断下降，私有土地比重不断上升；在私有土地中，官僚所有土地比重趋于下降，地主尤其是大地主所有土地比重上升，在全国范围内，出身庶民的小地主也不断增加，各类土地买卖行为日益频繁；"租佃制"的形式更加稳定，货币地租与定额地租成为地租的主要形式。需要指出的是，"租佃制"的进一步盛行，与两宋时期政府鼓励土地兼并有关：官员大量占有土地而导致农民大量失去土地。另外，虽然北宋的"千步方田法"与南宋的"公田法"制度都希望通过准确核实土地面积、造册登记以便国家征收税赋，但实际上并没有明显成效。

明朝初期，由于连年战乱，民生凋敝，为恢复民生，政府采取了鼓励小农自耕的政策，不仅承认农民自发夺回的田地的所有权，还组织进行移民开垦并承认开垦土地的所有权，全国范围内出现自耕小农恢复农业生产发展的局面。但是，一旦王朝统治得到确立稳定，由亲王勋贵这一最具代表性的权贵阶层所发动的圈地运动又开始迅速蔓延。研究者根据史料分析指出：到明朝中叶，亲贵占地面积比例（全国的 13%）已经超过此前的汉唐两宋等朝代。到了清朝，土地兼并最为典型的现象不是亲贵圈占，而是商人地主与豪强地主通过购买进行土地集中，尤其是商人地主兼并土地可以从数百亩到数万亩乃至十余万亩；与亲贵不同的是，商人兼并土地，主要依靠高利贷等途径进行。

"租佃制"在明清两朝也出现"永佃制""押租制"等形态。"永佃制"早在南宋已经出现萌芽，历经宋元直至明朝，才出现成熟的形态，因为明朝的佃农中少有自由农而多为依附农，具备"永佃制"发展的基本条件。在"永佃制"下，地权的构成进一步分化且明确："业主"（地主）拥有"田底权"（土地的所有权）；"大租主"拥有"田面权"（"永佃权"）；"佃户"从"大租主"手中承租田地并进行实际耕种。在这三个主体中，"业主"通过土地所有权而获得地租；"大租主"虽然并不进行耕种而仅通过转租获利，但是他们也会对土地进行投资，从而提高土地的生产力；"佃户"则是遭受封建剥削的劳动者。"永佃制"最积极的功能在于能够维持土地使用权的相对稳定。明朝的"永佃制"至清朝变得更加普遍，"田底权"与"田面权"的分离更加彻底，因为"大租主"一旦获得"田面权"之后，其可将"田面权"再次卖出，而地主无权对此进行干涉。类似地，出现于元朝的"押租制"历经明朝，到清朝也变得非常普遍，这一制度让佃农遭受更深的剥削，同时也在一定程度上让租佃制更为稳定。租佃关系的广泛存在以及使用权的相对稳定促进了农业生产经营的新形式产生，部分学者认为，在清朝已经出现了具有资本主义农业生产经营形式的新型地主：由于存在大量破产农民，部分地主得以大量使用雇工，并通过提高经营管理与劳动生产率(而非简单地以超经济手段加强剥削)，从事以利润为直接目的(而非个人消费享受)的农业生产经营活动；雇工与地主之间是一种比较市场化的契约关系，雇工报酬的确定具有谈判过程，基本不存在封建人身关系依附或者超经济强制力量。

2. 封建地主制下农村土地产权制度的主要特征

从对历史的简要回顾中，可以将封建土地所有制的基本特征归纳为如下三点。

第一，一般将封建土地所有制表述为封建地主土地所有制。封建地主始终是农村土地所有权的最大主体之一[①]，又可以依据其政治地位而区分为官僚地主与庶民地主，官僚地主在不同历史时期包括政治豪门、贵族、皇室亲贵、朝廷大员以及各级地方官吏等；庶民地主包括乡村地主以及商人地主等。但是，除封建地主外，在不同时期，国家(政府)或者自耕农也曾是非常重要的土地所有权主体。封建国家拥有的土地，实际上是皇帝或者皇室所有，除耕地外，皇帝或皇室还拥有各类山林草泽等土地。一般而言，自耕农的所有权主体地位在王朝初期会得到相对较好的保障，而一旦王朝的统治确立并稳定之后，就会发生各种类型的兼并行为(包括市场买卖或者强权圈占等途径)，至王朝中期，自耕农往往就会开始大规模地转变为无地佃农。

第二，就土地产权关系而言，最突出的特点是：土地所有权与使用权的分离越来越明确，并以契约的形式得到确认与保障。自从"井田制"瓦解之后，土地所有权与使用权的不断分离与明晰就逐渐成为基本趋势，尤其自从"租佃制"盛行之后，虽然超经济强制力量在任何朝代都不同程度地存在，但土地所有权的经济实现越来越倚重于契约的规范制定与执行。但是，受制于封建土地

---

① 当然，也有观点认为在中国漫长的封建社会里，产权与政权结合，封建国家始终掌握着土地的最高所有权，纯粹经济意义上的私人土地所有权，从来也不曾获得独立的地位和达到自主的地步，在政治权力支配社会运作的历史条件下，封建地主阶级的经济利益追求，主要由政治途径实现；中国封建地主阶级从总体上看，主要精力不是放在土地的经济经营上，而是放在政治的权力经营上，中国封建社会几千年的经济停滞与私有产权无关。(丁栋虹. 中国封建社会土地产权制度性质质疑[J]. 南京社会科学，1999(8)：40-45.)

所有制的整体框架，相对于土地所有权主体，土地使用权主体的发育始终是不成熟、不完善的，即便在"永佃制"下，实际耕种土地的佃农对土地使用权的拥有极其有限，土地的处置权自始至终由地主掌握。即便承认明末所谓的资本主义萌芽或者清末的农业资本主义生产经营方式确实客观存在，但整体而言，中国农村经济基本形态是典型的自给自足的自然经济，佃农既无条件也无意愿扩大生产。

第三，关于土地的产权交易，从历史发展的整体线索看，经历了由严格限制到逐渐放松，直到法律承认的基本历程。秦汉之后，土地的基本制度形态已经完成了由国有向私有的转变并得到国家法律的承认，但是事实上的私有产权状态既不完整也不自由，极易受到国家强权的干预，如"占田制"或者"均田制"都是以国家力量直接干预土地分配的例子。但是，自唐朝天宝年之后，国家放开了对土地买卖的限制，土地买卖被社会认可，并得到法律承认。伴随着"均田制"的彻底瓦解，土地买卖以及兼并成为历史的主流，而土地私有制也因此才具有真正成熟的表现形态。土地买卖盛行，买卖对象既有私田，也有公田，买卖形式多样化，从产权角度看，所有权、使用权均有不同的买卖形式，这不仅让地主的经济地位得到了保障，也为少数社会底层提供了提升经济地位的机会，少数佃农得以成为自耕农甚至小地主[①]。整体而言，虽然我国封建社会的商品经济发展迟缓落后，但是土地产权市场的发展却是一个例外。在日益发达的土地交易中，最大的受益阶级始终是地主阶级，由于土地交易而导致土地大量集中，这种现象在唐宋之后的历朝历代都不罕见。

2.1.4 封建土地制度的政策思想分析

中国历朝历代的封建统治者都高度重视农业生产的稳定性对于维持其统治的基础性意义，农业生产并不仅仅与经济生活联系在一起，甚至也与国家兴旺更替联系在一起，土地也因此具有了远远超越"生产要素"的社会意义，被赋予了极为浓厚、强烈的政治色彩。无论是从中国传统的史学角度出发进行讨论，还是从马克思主义有关生产力与生产关系、经济基础与上层建筑的基本理论出发进行研究，都可以得到某些共识性的结论。例如，在一个新生朝代的初期，土地政策往往有利于恢复小农经济，促进农业生产，从而会有助于新生政权的稳定，但是，一旦出现日益剧烈的土地集中现象或者日益紧张的生产关系

[①] 胡钢. 唐中期至明中期土地市场的形成和发展[J]. 西北农林科技大学学报(社会科学版)，2005(1)：133-135.

等，就会引发社会矛盾，而封建政府又无法舒缓矛盾，最终导致改朝换代，如此周而复始，循环往复。

纵观中国封建时期各朝代的土地政策，虽然不同时期各有不同内容，但有一条基本主线贯穿始终：既承认土地私有，又抑制土地兼并。二者看起来很难构成自洽性的内在逻辑。以土地私有而言，其政策思想在历史上经由商鞅变法得以确立①，土地自由买卖被视为商鞅变法得以成功的主要因素之一，因为这一政策满足了新生产力发展的要求，较之土地不能自由流动、奴隶没有人身自由而言，可以自由流动的土地与获得了人身自由的自耕农，显然能够更有效地促进农业生产。土地的自由买卖，夯实了土地私有制的基础，虽然在商鞅变法之前即已出现土地私有现象②，但商鞅变法的强力推进使得奴隶社会的土地制度日益迅速且不可逆转地朝着封建土地制度进行转变。

然而，正如前文指出的，中国封建社会的土地私有制度，始终没有取得完整而独立的表现形态，即便它在封建土地制度中占据了主导地位，也一再受到来自封建皇权的各类干涉，每一个封建朝代都存在不同类型或不同程度的土地国有制，有学者指出，私有产权的不完全是中国封建社会始终存在的事实，甚至是中国"所特有的一种历史特征"③，这种特征的思想根源可以追溯到商鞅变法的经济思想当中去。有研究者指出，商鞅的经济思想以农战理论为核心，农业和战备是国家的战略重点，但农业只是手段，根本目标是要让秦国取得战争胜利④，既然如此，除了农业之外的其他经济活动（主要是商业）就必须被强力抑制，通过政治和经济等途径来激励百姓从事农业活动、放弃商业活动⑤。商鞅明确地知道民

---

① 商鞅变法包括各方面的内容：在政治上，实行法治，废除奴隶主贵族的世袭特权；在行政上，推广县制，加强中央集权；在军事上，制定奖励军功的法律，实行按功授爵；在文化上，焚毁儒家经典以"明法令"，统一度量衡；在经济上，"开阡陌封疆"，废除井田制，准许土地自由买卖，确立封建土地所有制，推行农战方针，大力促进农业生产的发展；在田制计算上，把亩积从100方步扩大到240方步，实行初得赋；等等。史称，商鞅变法收效显著，"行之十年，秦民大悦。道不拾遗，山无盗贼，家给人足。民勇于公战，怯于私斗，乡邑大治。"同为法家的韩非更是明言："楚不用吴起而削乱，秦行商君法而富强。"（钟祥财. 封建社会农业政策对王朝更替的影响——以商鞅和董仲舒的土地政策思想为例[J]. 探索与争鸣，2017(11)：122-128.）
② 学者朱博康指出，土地私有始于晋国行爰田。"秦国在晋国行爰田之后，商鞅佐孝公时亦制爰田""秦复行爰田，其重要意义在于'不复ży居'，不是'三年爰土易居'而是永久使用，永久居留，不重新分配，于习久，约定成俗，土地便成私有。孝公十二年（前350年），为田开阡陌。十三年，初为县，有秩史。十四年，初为赋。'秦开阡陌，遂得买卖。' '秦地旷而人寡，晋地狭而人稠，诱三晋之人，耕秦地，优其田宅，而使秦人应敌于外，大率百人则五十人为农，五十人习战。' '秦坏井田之后，任民所耕，不计多少，已无所稽考以为赋敛之厚薄，其后遂舍地而税入。年（始皇三十一年）始令黔首自实田以定赋'，土地私有制到秦统一六国之前已全面确立。"（朱伯康，施正康. 中国经济史（上卷）[M]. 上海：复旦大学出版社，2005：149.）
③ 王家范. 中国传统社会农业产权辨析[J]. 史林，1999(4)：1-9.
④ 钟祥财. 封建社会农业政策对王朝更替的影响——以商鞅和董仲舒的土地政策思想为例[J]. 探索与争鸣，2017(11)：122-128.
⑤ "凡人主之所以劝民者，官爵也。""善为国者，其教民也，皆作壹而得官爵。是故不官无爵。"（《商君书·农战》）；"治国之举，贵令贫者富、富者贫。贫者富，国强；富者贫，三官无虱。"（《商君书·说民》）。

众的本性是逐利的①("经济人"假设),但是为了实现秦国的战略目的,他希望通过诱导或强制手段来改变民众的逐利取向,将民众对"利"的追求集中在"耕"与"战"这两个领域。虽然允许土地买卖,坚定了土地私有制,但是商鞅的根本目标并不是为了实现民众富裕或者生产力发展,而是为了实现秦国以强兵兼并天下的统治目标,他认为让民贫、民愚都是可以接受的,甚至是必要的②。由此可见,商鞅虽然在政策上推行土地私有,但是在思想上却绝对不可能发展出私有产权的理念,"国家利益"始终凌驾于私人之上,集权才是他的政策本意。

虽然商鞅本人并无意培育私人产权,但他允许土地自由买卖的思想依然被认为是其后若干社会乱象的根源,对此最为典型的代表性批评来自西汉董仲舒提出的抑制土地兼并的政策主张,他的政策思想一直影响着其后上千年的历代统治者。董仲舒认为当时社会中种种乱象的根源就在于土地兼并,而土地兼并的乱象就源自商鞅变法允许土地买卖。商鞅的目的在本质上和董仲舒是一样的——实现"国家利益",但董仲舒并不认为土地流动可以帮助当时的西汉政府完成集权的任务,他强烈主张政府对于土地应该有更加具体、更加直接、更加明确的控制手段。从表面看,商鞅与董仲舒的土地政策截然不同,但在思想本质上,二者并无矛盾,都是强调国家的集中主导,董仲舒对商鞅的批评,归根结底无非是他认为商鞅的技术手段已经无法胜任时代任务而已。董仲舒的这一观点对后世产生了深远而广泛的影响,"抑制兼并"不仅作为一种土地政策思想被一再提及,更在不同时代的土地政策实践中反复出现,包括王莽的"王田制""占田制""均田制"等,在不同程度上都可以被视为是这一政策思想的体现形式,尤其是王莽改制推行土地国有,"王田制"将董仲舒的这一政策思想在实践中发挥到了登峰造极的程度③,但这个为了缓和社会矛盾而实施的"王田制"反而更加恶化了社会矛盾。商鞅通过土地自由买卖来实现国家集权的方式至少取得了阶段性的成效,而王莽以"反其道而行之"的方式来

---

① "民之性,饥而求食,劳而求佚,苦则求乐,辱则求荣,此民之情也。"(《商君书·君臣》)"民之于利"就如同"水之于下""四旁无择"(《商君书·赏刑》);"民之欲富贵也,共圇棺而后止"。(《商君书·算地》)
② "民贫则力富,力富则淫,淫则有虱。故民富而不用,则使民以食出,各必有力,则农不偷。农不偷,六虱无萌。故国富而贫治,重强。"(《商君书·弱民》)
③ "古者,设庐井八家,一夫一妇田百亩,什一而税,则国给民富而颂声作。此唐虞之道,三代所遵行也。秦为无道,厚赋税以自供奉,罢(疲)民力以极欲,坏圣制,废井田,是以兼并起,贪鄙生,强者规田以千数,弱者曾无立锥之居""汉氏减轻田租,三十而税一,常有更赋,罢癃(老弱残疾)咸出,而豪民侵陵,分田劫假。厥名三十税一,实十税五也。父子夫妇终年耕芸,所得不足以自存。故富者犬马余菽粟,骄而为邪,贫者不厌糟糠,穷而为奸,具陷于辜,刑用不错""今更名天下田曰'王田',奴婢曰'私属',皆不得买卖。其男口不盈八,而田过一井者,分余田与九族邻里乡党。故无田,今当受田者,如制度。敢有非井田圣制,无法惑众者,投诸四裔,以御魑魅,如皇始祖考虞帝故事"。(《汉书·王莽传》)

实现国家集权的目标，却完全归于失败①。此后历朝历代各类"抑制兼并"的土地政策也都难有取得长期成效的例子出现，导致类似的历史场景一再上演。

何以出现上述情况？若仅仅对比秦国与西汉，就具体历史条件而言，大一统的西汉其统治领域远胜商鞅时代的偏僻秦国，集权难度本就远远超过秦国，而且商鞅的农业政策是与其战争政策联系在一起的，但西汉政府则是要在已经相对稳定的内外环境下解决农业生产本身的问题。抛开这些具体条件不论，"抑制兼并"政策之所以难以取得持久性成效，根源之一在于作为集体行动主体的"中央政府"实际上没有足够的行动力去执行这一政策，因为从历朝历代的实际情况看，真正能够形成大规模兼并、造成严重社会影响的土地所有者，往往不是来自民间的地主阶层，而是各类拥有政治地位或政治势力的权力集团，在并不依靠法治进行统治的封建社会，政治体系内部的任何改革都不可能触及这部分集团在土地问题上的核心利益。无论是刘秀还是王安石，在推行其土地政策的过程中，都非常明白这一点②。

"抑制兼并"政策的无效，并不仅仅源自中央政府作为集体行动主体的无能，更加根本地，以"抑制兼并"的方式去解决因土地买卖而出现的弊端，本就是开错了药方，属于刻舟求剑的行为。封建时代的小农生产方式本就是高度分散的生产方式，如果国家试图集中掌握土地资源，而决策者既缺乏与直接生产过程有关的信息与知识，更缺乏与产出结果相关联的任何激励，更不必说从中央到田头一层又一层的委托—代理关系会导致多少扭曲与损失，那么任何技术创新或者资源配置优化都无从谈起。必须指出的是，在社会生产力低下的情况下，并不能一概否定集权政府利用集体行动的必要性，如各类大型水利工程（四川都江堰、京杭大运河）的兴建，但是中国封建社会的集权政府对经济社会的全面干预显然并不仅仅局限在这类公共产品或准公共产品供给领域。

西汉初年的"文景之治"证明了政府的"放权"是激活生产效率的正确途径，随之而来的土地价值凸显、商业资本进入农村进行土地集中、农村劳动人

---

① "及坐卖买田宅……自诸侯、卿大夫至于庶民，抵罪者不可胜数"，四年后"诸名食王田，皆得卖之，勿拘以法。犯私买卖庶人者，且一切勿治"。（《汉书·王莽传》）
② 刘秀下令各地"度田"，陈留上书"颍川、弘农可问，河南、南阳不可问"，因为"河南帝城，多近臣，南阳帝乡，多近亲，田宅踰制，不可为准"。北宋王安石把抑兼并作为推行新法的主要目标，但他又说"播种收获，补助不足，待兼并有力之人而后全具者众，如何可遽夺其田以赋民？此其势固不可行，纵可行，亦未为利。"（《续资治通鉴长编》卷二一三　熙宁三年七月癸丑）"今百姓占田或连阡陌，顾不可夺之，……然事主诚能知天下利害，以其所谓害者制法而加于兼并之人，则人自不敢保过度之田；以其所谓利者制法而加于力耕之人，则人自劝于耕而授田不敢过限。然此须渐乃能成法。"（《续资治通鉴长编》卷二二三　熙宁四年五月癸巳）

口出现剩余等现象,其实是一种历史进步的表现,它意味着传统农业社会有可能向商业社会进行转型,对此不妨做一种设想:如果此时的社会能够逐步发育出私有产权观念、商业社会的法律法规等一系列条件,在农业逐步走向集中经营的同时,工业与商业得以更加充分地分工发展,则中国封建社会或许会因此逐渐走上另外一条历史发展的道路①。曾经有某些特定历史时期,如宋朝,并没有采取严格的"抑制兼并"政策。宋朝实行"田制不立",一方面固然在于从前朝历史看,抑制兼并的实际效果实在微弱,几乎没有哪个朝代能够成功,宋朝政府同样无此能力;另一方面则是为了解决政府面临的实际困难,即通过鼓励贸易与商业以增加政府税收。无论动机是不得已为之还是有意为之,当时社会确实出现了耕地面积扩大、产量增加的发展局面(新开垦土地可以免税且地方政府还可以因此获得奖赏),土地的利用效率得到了提升,农村剩余劳动力也为诸如手工业、商业等产业的发展奠定了基础。但是,土地兼并过程中权贵阶层的力量越来越庞大,致使政府的增税目标越来越难以实现,同时贫民能开垦的土地范围也越来越受到大地主的挤压,政府无力解决矛盾,继而试图以拍卖公田的方式来解决财政困难问题,进一步加快了统治的分崩离析②。虽然中国历史在特定时期曾经有过某种机遇实现另一条轨迹的发展,但是路径依赖的强大惯性最终证明另一种可能性只是一种幻想。中国的封建社会虽然存在土地私有的客观事实,却从来没有真正孕育出相应的私有产权概念与完整的产权制度安排,为维护统治而诉求集权的政治目标遏制了这种可能性的存在,无论是公田或者私田,无论是准许买卖或者抑制兼并,本质上都只不过是维护统治的政策工具而已,农业生产必须也只能维持在简单再生产的静态均衡状态,一旦由于各种原因(人口增加、天灾人祸、战争兵事)而出现了农产品供给不足的情况,这种脆弱的均衡就很容易被破坏,当集权政府无法恢复均衡,农民起义或者改朝换代便不可避免③。

---

① 亚当·斯密在《国富论》中写道:"中国一向是世界上最富的国家,也就是说,土地最肥沃,耕作最精细,人民最多而且最勤勉的国家。然而,许久以来,它似乎就停滞了⋯⋯也许在马可·波罗时代,中国的财富就已完全达到了该国法律制度所允许的发展程度""若易以其他法制,那么该国土壤、气候和位置所允许的限度,可能比上述限度大得多"。(亚当·斯密. 国民财富的性质和原因的研究(上卷)[M]. 郭大力,王亚南,译. 北京:商务印书馆,1979:65-870.)
② 苏巴提·阿合买提. 以宋代为例探讨封建土地兼并危机[J]. 兰台世界,2014(3):13-14.
③ 钟祥财. 封建社会农业政策对王朝更替的影响——以商鞅和董仲舒的土地政策思想为例[J]. 探索与争鸣,2017(11):122-128.

2.2 近代中国的农地制度变迁

2.2.1 近代农村土地产权制度的变化

1840年鸦片战争之后，中国历史发生巨大的转折：中国由封建社会转变为半殖民地半封建社会，整个社会结构发生根本性的变化，在经济结构方面，自然经济开始逐步解体，农业生产中的资本主义成分有了进一步的发展；但是，农村的封建土地制度却并没有因此发生解体，整体而言，已经延续千年的乡村社会结构依然在顽强地拒绝近代社会的一切根本性改变。

1. 地主土地所有以及土地经营形式

地主依然占有农村的绝大部分土地以及全国范围内最丰腴的土地，除少数土地地主会自行进行经营，绝大多数土地都租给佃农，地主与佃农的租佃关系依然是农村社会最主要的经济关系，虽然租佃关系主要由契约来予以界定，但这种契约依然带有强烈的封建性质——越是偏远落后区域，契约的封建性质就越浓厚。从经营形式上看，旧式地主通常以雇工方式开展农业生产经营，本人不参加劳动，甚至不参加生产管理活动，概言之，其依然具备典型的、严重的封建剥削性质①。

2. 农民土地所有以及土地经营形式

农村中经济地位在地主之下的阶层是富农阶层，除极少数租佃富农之外，绝大多数富农都拥有一定数量的土地，出租土地或者租佃土地的都只是少数，他们主要依靠自我经营并雇佣少数长工或短工，以传统方式开展农业生产经营活动，间或从事商业或者高利贷活动，带有强烈的封建性质；也有少数新式富农开始从事具有资本主义性质的农业生产经营活动，即农业资本家或租地农

---

① 例如，山东省淄川县(今淄博市淄川区)粟家庄的树荆堂毕家，在1894年前后，共拥有耕地900亩，除在外村的300亩采用租佃方式经营外，在本村周围的600亩全部采用雇工经营方式，当时共雇长工30多人，除长工外，春、夏、秋三季农忙时经常雇短工50余人，特别是在种收农忙季节须雇短工120余人。由于树荆堂资金和肥料比较充足，亩产量比当地高出1倍左右。树荆堂所产粮食除用于种子、家内人口消费、牲畜消费和供给长短工伙食外，余粮都当作商品运到集市上售卖。(景苏，罗仑. 清代山东经营地主的社会性质[M]. 济南：山东人民出版社，1959：70-73.)

场主①，但富农土地所有形式在中国农村土地所有形式中不占主要地位，富农采用新式资本主义生产方式的比例也极低。

再在富农经济地位之下的是自耕农，他们拥有少量土地，依靠家庭成员开展农业生产，虽然较之佃农而言他们的经济地位更加独立、自由，但是他们抵御风险的能力极低，极易因各类自然条件或社会条件的变化而失去土地并沦落为佃农阶层，尤其在土地兼并盛行的时期，自耕农的土地往往首当其冲成为被兼并的对象；佃农始终处于整个乡村社会结构的最底层。至于封建社会一直存在的土地国有制，在半殖民地半封建的阶段，实际上由各类官僚与买办等占有。

3. 帝国主义对中国土地的殖民掠夺

在半殖民地半封建社会中，土地产权制度最显著的变化在于外国殖民者对中国土地的掠夺，通过一系列不平等条约，各帝国主义列强以各种鲸吞蚕食的方式得到了大量土地，置于其统治之下，典型的如日本帝国主义对我国东北地区的土地侵占②。在这个历史阶段，中国人民也曾经进行过抗争，如太平天国运动中曾经颁布的《天朝田亩制度》在"均贫富""等贵贱""均田免赋"等口号下，试图将封建地主土地所有制改变为以小农家庭经济为主的土地所有制③，但由于其制度本身具有高度的空想性而在事实上导致自我否定。

随着中国半殖民地半封建社会结构中殖民地化的程度日益加深，农村土地产权制度也呈现出相应的变化：第一，各类形式的国有土地或者公田（包括"官地""旗地""公田""庙田""族田"等）继续向着私有的方向转变；第二，在土地私有的主体方面，农村传统中小地主的数量与比例都在不断减少，而主

---

① 据记载，1915 年，广东裔人杨某"在江湾租地六十亩，仿照西法种植靛青"，3 个月就得净靛 10 余筒，比种稻谷可多得 2 倍的利益，到第二年他就租了 200 多亩土地，进行了扩大经营。20 世纪初，广东博罗县就已经是一个盛产水果的地方，在当地有个姓张的人曾以"神果"而出名，他用 20 余亩土地种植荔枝、柑橘和番石榴等，全年雇长工 3 名，到 1921 年已经经营了 10 年，狠赚了一些钱，在 1920 年，他仅柑橘一项就卖了 600 多元，约计每年售卖水果可得千余元。再如，竺某在上海附近的康家桥租地 24 亩，地租每年 80 元，雇长工 3 人，种植蔬菜，一年得净利 500 元。江苏南通养鱼者甚众，某人在芦泾港村养鱼 120 万尾，雇工 7 人，管理员 1 人，该家初时资本 1000 元，到 1914 年，除各种费用外，已获纯利四五千元，1915 年约计纯利万元以上。（章有义. 中国近代农业史料（第 2 辑）[M]. 上海：生活・读书・新知三联书店, 1957.）
② 日本在占领我国东北后，加紧移民，侵占农田，"要尽量多、毫无顾忌地取得"，并通过"整理地籍"建立所谓的"新国家土地制度"，让日本法人与个人通过申请登记整理，攫取土地 608 万顷，形成殖民主义的土地产权制度。日本移民占有大量耕地，一般出租 1/2 左右，多的 90% 以上，如伪吉林省怀长县四家房的大日向开拓团，每户平均 20 町步（约 300 亩）土地，春 19 町步出租，地租率在 60% 以上，并任意平调佃农去劳务，一不如意就将其残杀。
③《天朝田亩制度》的主要内容是：自由公平地使用土地，倡导"天下人人不受私，物物归上主"的精神；"凡天下田，天下人同耕，此处不足，则迁彼处，彼处不足，则迁此处；凡天下田，丰荒相通，此处荒则移彼丰处，以赈此荒处；彼处荒则移此丰处，以赈彼荒处"；实现"有田同耕，有饭同食，有衣同穿，有钱同使，无处不均匀，无人不饱暖"的最高理想。

要由商人以及高利贷者、各类军阀与官僚这两类主体形成的大地主阶层在数量与实力上都不断扩张，相应的现象是社会中土地集中的情况越来越严重；第三，外国殖民者以各种方式侵占中国土地并在特定区域建立起殖民地权体系，在部分地区资本主义土地所有制以及资本主义农业生产经营方式都有所发展，对应的现象是在所有权趋于集中的同时也出现使用权的相对分散，中国农村的封建宗法关系逐渐式微，但就整体而言，封建地主土地所有制依然占主要地位，帝国主义与封建势力的勾结，导致整个中国社会都处于日益严重的危险境地。

2.2.2　近代土地产权价格的地租形态

由于商品经济发展程度的限制，在中国古代历史上，实物地租形态始终居于货币地租形态之前，这一状况即便在近代社会也未发生根本性改变；不仅如此，在某些偏远地区（尤其是少数民族地区），直到近代社会仍然保留着具有封建性质的劳役地租形式。

实物地租作为一种在全国范围内通行的地租形式，又细分为分成地租与定额地租两个基本类型。分成地租依据农业生产成本的分担情况或者生产资料的提供情况有不同的分成比例，定额地租则更为常见。定额地租可分为"硬租"（任何情况下都足额缴纳）与"软租"（灾荒歉收等特殊情况可酌情减收）两类。货币地租经过发展，已经完全摆脱了早期将实物按照市价折算为货币来缴纳的形式，演变为纯粹意义上的货币地租。

以四川地区的"押租制"为例，押租是封建社会晚期出现的一种地租形式，而四川地区的"押租制"因其剥削最为沉重而表现得最为典型。"押租制"最初出现的时候只是作为缴纳地租的一种担保，但是很快就被地主阶级利用并被改变为一种新的剥削工具。押租本身只是担保，地租才是担保对象，但押租金额急剧上升，对于担保的重要性超过了担保对象；不仅如此，地主还通过增押减租的方式，让押租几乎完全替代地租，地租的缴纳对于地主而言反而无足轻重；再进一步，地主又采取加租加押的方式，置租佃农民于水深火热的被剥削境地，农民若不同意，就会遭受地主撤佃换租的胁迫。

在绝大多数地区，押租双高成为一种常态。押租双高对农民造成多重剥削：农民在租佃的时候就已经通过押租几乎缴纳了全部租金，在四川很多地区，押租金额甚至超过地租一倍以上；为维持农作物收成之前的生计，农民不得不寻求高利贷支持，而地主依靠押租获得的资金就成为农民寻求的高利贷的资金来源之一，地主借此对农民再度实行盘剥；押租在性质上转变为高利贷，风气蔓延，不少富农或者富佃也会通过出租或转租土地、收押放贷的方式获利，以至于成为通行惯例。虽然中国社会已经进入近代，但是农村的封建关系却并没有因此发生改变，在"押租制"下，契约形式保障的只是地主或者出租方的各种盘剥利益，佃农的佃权变得更不稳定，租佃关系变得更加紧张。

至于劳役地租，主要在诸如云贵川藏等少数民族边远地区存在，如西藏地区的农奴制。近代西藏地区历史上农奴主的构成包括管家、寺院以及贵族等三大领主身份，他们不仅占有土地等基本生产资料，而且也以不完全占有的方式占有农奴，农奴租佃土地必须以劳役形式缴纳地租，而且劳役地租又细分为"内差"与"外差"两类："内差"是在领主自营地上从事农业劳作，而"外差"涵盖的内容则非常繁杂，包括为官员、军人等提供各项服务，为政府与寺院工程提供徭役等，这些实际上已经远远超出地租的经济性质，更多的是具有税收的强制性质。

2.2.3 近代改良主义的土地思想分析

太平天国运动失败后，《天朝田亩制度》这一代表着传统小农土地所有制最高理想的土地纲领归于失败，虽然这一纲领具有反封建的意义，但其绝对平均主义的理念属于典型的小农幻想，其彻底废除一切私有财产制度的主张也完全脱离了由物质基础所决定的历史进程。在此之后，中国进一步陷入半封建半殖民地社会的深渊，此时封建统治阶级内部也逐渐出现分化，一部分地主与洋务派中的下层人物开始逐渐转变为中国最早的民族资产阶级，并提出了改良主义的政治与经济主张，其中也包括有关土地制度的改良主张。

近代之后，一部分有识之士首先开始摆脱仅从农业生产功能角度认识土地价值这一沿袭了数千年的思维定式，日益认识到土地作为财富与价值的特殊性质，如作为地产的价值[1]，有了"动产"与"不动产"的区别[2]，并开始认识到土地、资本与劳动力之间的价值关系[3]，对除了耕地之外的其他类型土地的价

---

[1] "夫市街宅地之抵押尤为兴起国富之要途，建筑愈多，则地价愈涨，人民坐增其富源，农工商矿亦随之而盛长，于是国富大增焉。"（汤志钧. 理财救国论[C]//康有为. 康有为政论集（下）. 北京：中华书局，1981：785.）
[2] "土地又不动产中之最主要者也。"（梁启超. 驳某报之土地国有论[C]//饮冰室合集（卷18）. 上海：中华书局，1936：24.）
[3] "经济学家言财之所自出者有三：曰土地，曰资本，曰劳力，三者相需而货乃成。然而在野蛮民族之手，土地为石田，在文明民族之手则为奇货，原因就是因为文明人能用资本劳力以扩充之。"（梁启超. 新民说·论生利分利[C]//饮冰室合集（卷13）. 上海：中华书局，1936：46.）

值也有了新的认识①，这些观点在当时都具有时代的先进性与历史的进步性。基于对土地性质的重新认识，他们开始反思传统小农生产方式的局限性②，更注重对西方资本主义农业生产方式的学习与借鉴。冯桂芬首先在国内提倡"机器垦耕"③。陈炽介绍了欧洲各国的农业制度，主张从中学习、施行新法，推行包括土地制度改革在内的农业生产方式改革④。郑观应提出农业与商业要共同发展⑤，还设计了具体的改革举措，包括核定地价、地价入股等具体主张，以便推进征集土地、筹办工业，实质上就是要将土地予以资本化。虽然他们寄望于通过中央政府从上而下的机构设置与行政推动来实行改革⑥，试图在封建政权内部建立资本主义生产方式与生产关系，是一种妥协，但毕竟体现了时代的进步意义，因为他们并没有仅仅停留在使用机器设备的层面上，在有关土地制度变革的主张方面已经开始突破"均田减赋"这一类传统主张的思想局限。例如，龚自珍对"限田"的批评中隐然已有私有产权观念的萌芽，谢树阶的"富民"思想提出了国家对"富民"的保护责任等，都在自觉或不自觉地对封建土地所有制乃至封建社会制度提出怀疑；梁启超将土地区分为"邑地"和"野地"，通过这一区分，他明确地提出了个人土地权利问题，国家不但不能侵犯个人土地权利，还应保护这一权利⑦，他主张的"大农"模式实质上就是资本主义农业经营模式，这就已经形成了对封建土地所有制的否定（虽然只是局部意义的否定）⑧。

康有为的土地改革方案比较典型地体现了近代地主资产阶级改良主义的

---

① "夫开一矿，仰食者不下数万人或数千人。果能养数万人，是不啻得十万亩良田也；能养数千人，是不啻得一万亩良田也。当此人多田少、民穷财尽之时，安得广开诸矿，为天下多扩良田乎？""香港、新加坡，五六十年前皆弃城也。西人经营商务，每辟荒地为巨埠，而英吉利尤善能事，以英人于商务最精也……未几而街衢、桥梁、阛阓、园林，无不毕具；未几而学堂、教堂、医院、博物院无不毕具，又未几而电线、铁路、炮台、船坞无不毕具。"（薛福成. 薛福成选集[M]. 上海：上海人民出版社，1987：297，430.）
② "中国许人买卖田产，故人各得小区之地，难于用机器以为耕。"（康有为. 康有为. 大同书[M]. 中国画报出版社，2010.）
③ "愚以为在今日又宜曰鉴诸国。诸国同时并域，独能自致富强，岂非相系而易行之尤大彰明较著者。""前阅西人书，有火轮机开垦之法，用力少而成功多，荡平之后务求而得之，耕作以龙尾东等器，而后荒田无不且，熟田无不耕。居今日而论补救，殆非此不可矣。"（冯桂芬. 校邠庐抗议（卷下）[M]. 文海出版社，1971.）
④ "多田之翁，拥膏腴动数百顷，乃讲求农学，耕耘培壅收获，均参新法，用新机，瘠者皆腴，荒者皆熟。一人之力足抵五十人之工，一亩之收足抵五十亩之获。"（陈炽. 《续富国策》）
⑤ "中国以农立国，外洋以商立国。农之利，本也；商之利，末也。此尽人而能言之也。古之时，小民各安生业，老死不相往来，故粟、布交易而止矣。今也不然，各国并兼，各图利己，藉商以强国，……安得倚商务为末务哉？""以农为经，以商为纬，本末备具，巨细毕赅，是即强兵富国之先声，治国平天下之枢纽也。"（郑观应. 郑观应集（上）[M]. 上海：上海人民出版社，1982：738.）
⑥ 郑观应. 盛世危言初编，光绪二十四年（1898年）图书集成，印书局本.
⑦ 所谓邑地，就是城市土地应归国有或为市有；野地则"人民既得之所有权，国家非惟不可侵之，且当权利保护之，此不易之大径也。""善谋国者，一面当保护小农，全其独立；一面仍当奖励大农，助其进步。"（梁启超. 驳某报之土地国有论[C]. 饮冰室合集（卷18）. 上海：中华书局，1936：31，41.）
⑧ 杨士泰，褚永红. 中国近代土地思想发展综论[J]. 长白学刊，2007（4）：124-126.

土地思想。在《大同书》中，康有为提出"举天下之田地皆为公有"的观点，并设计了具体方案①，这个观点的实质是要将封建土地所有制转变为资产阶级土地所有制。但是，值得注意的是，康有为迟迟不愿将他《大同书》中的土地方案公之于众，他虽然提出了改革设想，却并没有要将这一设想立刻付诸实施的迫切愿望，因为彼时以康有为所代表的地主资产阶级在政治、经济等各个方面都依然与封建社会维持着千丝万缕的联系，他们虽然希望施行资本主义土地制度，却又不愿或不能失去依靠封建土地关系所获得的政治与经济利益；他们的改革方案一方面固然汲取了资本主义土地制度的思想理念，另一方面却又自觉或不自觉地体现着封建土地关系的强大思维惯性（"略仿井田之意"），典型表现在康有为的"公田"方案中依然保留着封建租佃关系。换言之，康有为的土地方案虽然试图改变封建土地的所有权关系，却又保留封建土地所有制下的分配关系，始终留下了一条"剪不掉的辫子"。不仅如此，当其他的资产阶级改良派要求彻底废除封建制度与封建生产关系的时候，康有为已经直接站到了时代的对立面。

随着中国社会危机的逐渐加深，这些具有洋务或留学背景的资产阶级改良派，由于其国外留学或交流的经历，更加深刻地感受到了富国强民对于国家生死存亡的紧迫性，他们的方案也因此具有更强烈的改革性。例如，章太炎的"均田"思想已经与孙中山的思想具有相似之处，他主张根据土地质量差异来征收不同税率，以此作为"均田"的前提；尤为难得的是，他的主张以农民利益为核心，但并不是古代"均田"的近代翻版，而是要求改变封建土地制度。黄遵宪则明确反对康有为的土地改革方案，指其"仿井田之意"的思想早就已经被历史所淘汰，主张要"参用新法"以"兴自古未兴之利"，不仅要施行资本主义土地制度，而且要废除租佃，兴办资本主义大农场，将传统小农生产方式转变为大农场经营。他们的主张并没有如康有为等人只是停留在书面，而是付诸实践，典型代表就是张謇创办的"通海垦牧公司"②。

---

① "略仿井田之意，凡地球之土地，皆归公有，民不得私名田""今欲致大同，必去人之私产而后可，凡农工商之业，必归之公。举天下之田地皆为公有，人无得私有而私买卖之""立农部而总天下之农田"（康有为. 大同书[M]. 上海：上海古籍出版社，2005.）

② 这家公司具有以下几方面特点：采用股份公司形式筹集资本，由公司筑堤排水，消除土地表面的盐碱，然后"招工"耕种，公司实行按股分配土地的方法，将垦出的土地按出股多少分配到各股东名下，由公司每年收取租金分摊给股东，公司施行货币地租制，每亩约合货币租金一千三百文，承佃者交押金每亩二千文。通海垦牧公司明确声称："今依公司之资金自营垦，如美国之大农场"。公司的产品被投放市场，或者直接作为张謇所办纱厂的原料。通海垦牧公司仍采用"租佃制"，在产品分配上仍然没有摆脱封建生产关系，但是毕竟已经具备了欧美农场的某些性质与特点。（盛邦和. 近代中国资产阶级土地改革思想的产生与发展[J]. 学术月刊，1984（12）：38-44.）

列宁认为资产阶级进行土地改革时，有"普鲁士道路"和"美国式道路"这两条道路：前者对地主经济进行"改造"，既承认资产阶级的土地私有，又以各种方式保留一定程度和范围的封建生产关系；后者则用暴力革命的方式彻底废除封建土地制度与生产关系，进行完全资本主义的农业生产经营。以此而言，康有为等地主资产阶级改良派的土地方案带有显然的"普鲁士道路"色彩；郑观应、陈炽、张謇等从洋务派转化来的改良派未必赞同暴力革命，但是他们主张废除封建生产关系，带有更鲜明的"美国式道路"色彩，虽然他们对封建土地制度的废除主张依然缺乏彻底性，带有强烈的改良主义色彩，但较康有为等地主资产阶级改良派，毕竟又往前走了一步[①]。

2.3 旧中国的农地制度变迁

2.3.1 旧中国土地制度的变化与基本特征

旧中国历史时期指的是1840～1949年的这段时期。关于旧中国时期土地占有关系的基本特征，传统的主流观点认为是土地兼并日益严重，失去土地的农民群体范围日渐扩大、生活日渐贫困。由于旧中国田制混乱，而在统计数据资料方面又存在比较严重的缺失与虚假现象，要在数量上比较精准地判断各个阶层对农村土地占有的具体比例并不容易，除了当时的国民政府进行了相关统计[②]，包括吴文晖、钱俊瑞、薛暮桥等在内的学者也都曾经进行过相关研究[③]，虽然节录不尽一致，但可以得到一个基本判断：旧中国的农村土地占有极不合理，大量农民或者没有土地，或者只拥有少量质量较低的土地。与这种土地占有关系相对应的土地所有制形态，包括地主所有制、富农土地所有制、自耕农

---

① 盛邦和. 近代中国资产阶级土地改革思想的产生与发展[J]. 学术月刊，1984(12)：38-44.
② 1927年6月，国民党农民部土地委员会发布了对全国土地占有概况的估计，材料表明：当时占人口总数6.3%的地主，占有土地总量的62%；占人口总数8.1%的富农，占有土地总量的19.4%；占人口总数10.8%的中农，占有土地总量的13.26%；占人口总数55%的贫农、雇农等其他劳动人民，只占有土地总量的6.16%。(人民出版社. 第一次国内革命战争时期的农民运动资料[M]. 北京：人民出版社，1983：4.)
③ 1934年，吴文晖对中国土地占有状况的估计是：在全国，总农户数占3%的地主所有的耕地为26%；占总户数7%的富农占有耕地27%；占总农户数22%的中农占有耕地25%；贫农、雇农及其他劳动人民占总农户数68%，占有耕地22%。地主平均每户1750余亩，富农平均占77亩，中农平均占22亩，贫农平均占7亩(吴文晖. 中国土地问题及其对策[M]. 上海：商务印书馆，1934：128.)1934年，钱俊瑞估计全国有耕地14亿亩，全国耕地有直接所有权耕作关系的户数为6000万户，地主户数占比4%，占有50%的土地；富农户数占比6%，占有18%的土地；中农户数占比20%，占有15%的土地；贫农及其他户数占比70%，占有17%的土地。(钱俊瑞选集[M]. 太原：山西人民出版社，1986：225.)1935年，薛暮桥推算全国地主户数占比3.5%，占有45.8%的土地；富农户数占比6.4%，占有18%的土地；中农户数占比19.6%，占有17.4%的土地；贫农及雇农户数占比70.5%，占有18.4%的土地。(薛暮桥. 旧中国的农村经济[M]. 北京：农业出版社，1980：19.)

小土地所有制以及公有土地所有制等,但其中占主体地位的则是地主土地所有制,它强有力地影响着其他类型的土地所有制,各类公有土地逐渐转变为地主私有土地,富农逐渐更倾向于出租土地获取地租而不是采取雇工方式进行扩大经营,自耕农更是时刻面临着失去土地沦为贫农雇农的危机。在旧中国,地主与农民之间的矛盾,始终是中国农村社会的主要矛盾[1],在部分地区,高利贷者、商人甚至寺庙道观宗教机构都参与地租剥削甚至蜕变成为大土地所有者[2],各类新旧类型地主与农民之间的土地矛盾构成了矛盾关系的主要方面。

虽然封建土地制度以及地主与农民的矛盾关系没有发生本质上的改变,但旧中国时期封建土地所有制较辛亥革命之前出现了若干变化,具体表现在以下方面。第一,新兴军阀官僚成为新的土地占有者,他们依靠军事势力与政治强权,以各类巧取豪夺的方式取得了大量土地;不仅大军阀获得大量土地,其下的各级军官也上行下效,大肆侵占。这类地主依靠政权的强制力量出现并维持存在,政治力量、军事力量与经济力量集于一身,在任何意义上都代表着一种反动与落后势力的存在。第二,在半殖民地的土地关系中,由于帝国主义殖民势力的培植,地主阶级内部结构发生了变化,一部分地主消失了,被投靠了殖民者势力的新地主取而代之,这种情况在日本殖民势力统治下的东北农村表现得最为典型,一部分屯牌长、警察、特务以及土地经理人充当了日本殖民者的代理人,联同日本殖民者对农民进行剥削。第三,传统上主要居住在乡村的地主越来越多地出现在城市,尤其是在沿海大都市区域或者新兴工业城市,随着地权集中、工商业以及城市的发展,一方面,原来的乡村地主开始移居到城市并进行工商业投资,另一方面,新出现的地主多来自军阀、官僚、商人以及买办等原本就居住在城市的社会阶层,另外,也有一部分地主则是为了躲避农村的动荡形势而被迫迁往城市。由此可见,地主逐渐进入城市,固然有部分原因来自城市工商业发达所产生的吸引力,但更说明彼时中国农村经济正逐步趋于崩溃,地主阶级更难以通过经营土地或收取地租谋利,转而通过买卖土地或其他投资、投机行为牟利。第四,由于中国农村区域广大,在不同地区,地权集中或分散的具体情况有所差异,例如,南方地区多为水田,土地经营获利较为

---

[1] 朱玉湘. 试论近代中国的土地占有关系及其特点[J]. 文史哲, 1997(2): 43-52.
[2] 例如,在20世纪30年代,苏北的宿迁县(今江苏省宿迁市)极乐庵连同它所属的寺院,合计占有土地20万亩,这在江南几乎相当于面积较小县份的一半大小。宿迁的村庄都成为极乐庵的属佃,一个庄子常有和尚住着就是庄主了,和尚的全职工作就是收租放债。苏北其他县的寺庙田产也很发达,徐州全县的寺产有1万余亩;在射阳河以南、长江以北地区,寺庙占田极多,几乎构成了这一区域土地分配的一种特色。在泰县寺产有4万多亩,兴化有2万多亩,在盐城共有寺庙312座,田产3万余亩。(阎建宁. 近代农民土地短缺日趋严重的主要原因——以民国时期苏北地区为中心[J]. 长春工业大学学报(社会科学版), 2009, 21(1): 91-94.)

丰厚,加之区域内各类官僚势力、工商资本等力量雄厚,因此其土地集中程度较北方也更高一些;北方地区的土地集中程度虽然整体而言较南方低,但是在部分土质肥沃的地区,也存在占有土地面积较多的大地主阶层;至于就全国范围内,农村土地所有权究竟是更加集中抑或趋于分散,学界一直存在争议,在部分地区(如四川)地权集中的趋势非常明显,但在另一部分地区,有不少地主的土地开始分散,其中有一部分依靠传统封建势力的大地主和依靠新的政治势力或政权军权而出现的军阀地主、官僚地主等,因为政治变化而失去政治特权,进而失去大量集中的土地,有一部分中小地主(包括富农)则是由于帝国主义以及其他势力的掠夺而失去土地。但无论地权是趋于集中还是趋于分散,都并不改变一个基本事实:旧中国的农村土地占有处于极不合理的状况,不同阶级与阶层的土地占有关系严重失衡,大量土地耕种者都并不占有土地。虽然旧中国土地买卖行为依然盛行,但是不能由此简单地得出结论,认为这其中蕴含有资本主义的发育因子,这种土地买卖始终服务于半封建半殖民地经济关系,无论是从购买主体、购买方式还是从土地集中后的经营方式而言,都充斥着各类超经济的强制力量、各类封建剥削与殖民掠夺色彩,此类事例不胜枚举①。

2.3.2 民族资产阶级的土地思想分析

近代中国的民族资产阶级认识到土地问题对于中国革命的意义,也曾经提出过土地改革的基本主张,但最终都未能实现。近代中国资产阶级的成员形成有多种来源,包括转化的封建地主官僚、部分洋务派人士、商人与华侨等,由于与封建制度联系的紧密程度不同,其土地思想在改良或改革的程度上也存在比较显著的差异。例如,在辛亥革命前后,曾经的地主阶级改良派的土地主张已经呈现出日益明显的历史倒退,这些地主阶级改良派人士不但坚持反对革命、主张改良道路,反对资产阶级提出的土地收归国有的主张,而且要求在购买地主土地时偿付地主土地原价与全部溢价,为此他们甚至竭力论证封建帝王、官僚与地主占有土地的合法性与合理性。当资产阶级革命风暴日益逼近,他们发现无法再维系资本主义改良与封建制度的并存,最终转身投向了对封建

---

① 南通张督创办大有晋盐垦公司时,欲将农民唐子云的嗣父荡田 162.5 亩贱价归并,遭到拒绝,于是罗织罪名,将该荡田没收。(南通农民唐子云被大有晋盐垦公司强迫没收恳求派员实地查明追还呈文[Z].农矿公报,1928(7):73-74.)靖江贫苦农民在青黄不接之时,为求生存不得不变卖田产,将田产比普通地价减少一二成出售,出售后仍归原出售人执业耕种,并不"过户",但须按年缴租于买田者。盐城沙沟镇因为连年灾祸,1935年前后的田价由原来的近百元或七八十元下跌到二三十元或数十元不等。(董成勋.中国农村复兴问题[M].上海:世界书局,1935:186-187.)

制度的坚决维护。

比较而言,以孙中山为代表的资产阶级革命派的土地改革主张体现了最为典型的资本主义思想。孙中山提出"土地自然存在论",对封建土地所有权进行了比较猛烈的批评与否定,并据此提出了"平均地权"的土地改革纲领:土地为全体人民所有,全体人民都应有地权,这意味着应对封建土地所有制进行一种根本性变革;土地价格收归国有,用征收地价税和土地增价归公的办法消除地主以地租及地价获利的途径。较之康有为的改革主张没有任何实际操作方案、黄遵宪主张以资产阶级购买的方式消除封建地权、陈炽只主张在相当有限的范围内实行"定价"等而言,孙中山的方案更加具有革命意义、更加具体,已经从改良思想跃升为革命思想。尤其值得指出的是,在此之前的改良派虽然都提出要改变封建土地制度,但是他们的改革目的并不是为了农民利益,而是首先保障资产阶级利益,并在不同程度上兼顾封建地主或官僚的既得利益;而孙中山提出了"耕者有其田"的革命口号,明确其土地改革是要解决中国农民的土地问题。农民是中国民众的绝大多数,离开了农民的力量,仅仅依靠资产阶级自身是不可能完成废除封建制度的历史使命的,"耕者有其田"作为民生主义的主要目的,被明确地写入了《中国国民党第一次全国代表大会宣言》。[①]这也充分说明了以孙中山为代表的资产阶级革命派具有更为长远的政治眼光。

然而,孙中山的土地改革方案最终同样落空了。他设想用和平协商而非农民暴力革命的方式来实现这一改革,希望在建立合法政权之后再来实行土地改革。他主张"平均地权"和"耕者有其田",是反对地主以土地对农民进行封建剥削,并不是类似古代"均田"或"天朝田亩"式的"平分土地",他也并不主张通过没收或其他暴力方式将地主土地转移给农民。民族资产阶级固有的软弱性让他们虽然看到了农民问题的严重与农民力量的强大,却不敢发动农民进行抗争;他们虽然看到了封建社会的腐朽与封建阶级的落后,却在斗争中迟疑不决。最典型的表现就是辛亥革命成功后成立的南京临时政府在《中华民国临时约法》中没有关于农民与土地问题的任何正式制度规定,南京临时政府也没有就农民土地问题实施新的政策,这场革命没有解决农民最关切的实际问题,在农民看来,这不过是与己无关的又一次"改朝换代",在革命成果迅速被袁世凯窃取之后,农民也没有表现出对革命政府的任何支持。鲁迅先生的小说《风波》形象地描述了传统农村对这场革命反复的无动于衷。另外,帝国

[①] 王健青. 我国近代四次大的土地制度改革及启示[J]. 商洛师范专科学校学报, 2001, 15(1): 68-70.

主义与封建势力的勾结，也让中国的民族资本主义逐渐丧失了独立发展壮大的可能性。无论是资产阶级改良道路还是资产阶级革命道路，其土地改革方案最终都成为镜花水月。

2.3.3 中国共产党关于土地制度的探索

1. 中国共产党成立初期的土地主张

1921年7月的中国共产党"一大"纲领，把组织和领导工人运动作为当时的中心任务，也提出通过"没收"方式使土地归"社会公有"，但是并没有就此做出具体安排，只有一种并不清晰的"土地公有"理念。由于沈定一、彭湃等领导的农民运动相继被地主和军阀联合势力镇压，因此，中国共产党开始改变沿袭苏俄"没收一切地主土地实行公有"的设想。中共"二大"将"限制田租率"确定为主要的土地政策，并提出开展"限田运动"，希望以此给予"群众运动的训练"，然后再逐步实现土地"公有"，并最终达到"公有公耕"。

1923年6月，中国共产党在广州举行第三次全国代表大会，主要议题是讨论共产党员加入国民党的问题，没有涉及土地革命。1924年国共合作之后，各地的农民运动和减租斗争广泛地开展起来，到1926年6月，农民协会遍布12省，会员98万多。随着农民运动的发展，中国共产党的农民土地主张也有明显发展。1925年1月，中国共产党第四次全国代表大会第一次明确提出无产阶级在民主革命中的领导权和工农联盟问题，但是在土地问题上有所退却，做出"不宜轻率由农会议决实行减租运动"的决定，并强调要实现土地国有。

1925年，中国共产党在北京召开了"十月扩大会议"，提出较为明确的土地政纲："没收大地主、军阀、官僚、庙宇的田地交给农民""耕地农有"是农民"最主要的要求"。这是中国共产党直接解决农民土地问题的第一个政策[①]。

2. 1927~1930年中国共产党的土地政策

1927年，国共合作走向破裂。当时，农民运动已经取得很大进展，农民自己动手解决土地问题的方式包括平均佃权、清丈田亩、插标占田、分田等。

---

① 刘正山. 当代中国土地制度史(上)[M]. 大连：东北财经大学出版社，2015：3-20.

1927年4月，中国共产党第五次全国代表大会讨论通过了《土地问题决议案》，将彻底解决土地问题和建立农村革命民主政权确定为当前的主要任务，对于没收地主土地问题，提出三项原则：无代价地没收地主租予农民的土地，经过土地委员会同意，将此等土地交诸耕种的农民；属于小地主的土地不没收；革命军人现时已有的土地可不没收。同时提出了"没收一切所谓公有的田地以及祠堂、学校、寺庙、外国教堂及农业公司的土地，交诸耕种的农民"的主张。尽管这个纲领被搁置，但这项决议对此后一段时期党内的思想指导依然产生了影响。

在1927~1928年的南昌起义、秋收起义等革命中，领导人都宣告了土地革命的宗旨。南昌起义胜利之后，起义领导机关发布《中央委员宣言》并提出：继续为反对帝国主义与解决土地问题而奋斗。但是，由于起义部队匆匆南下广东，所制定的土地政纲没有时间和条件予以实施。不久之后，南昌起义的土地政纲就被中央严厉批评，甚至被扣上了"机会主义"的帽子。

1927年8月7日，共产党在湖北汉口召开"八七会议"，按共产国际代表的意见，把土地革命是"没收土地及土地国有"写进"八七会议"的《中国共产党中央执行委员会告全党党员书》中。"八七会议"之后，中央在公开号召中对小地主的公开政策只提减租，但是随着革命进程的发展，结果是不仅没收小地主的土地，还没收一切土地。

1927年11月，中共中央临时政治局扩大会议通过《中国共产党土地问题党纲草案》，这是中国共产党历史上第一个关于土地问题的党纲草案，对土地革命的开展起到一定的推动作用，但是由于照搬苏联经验，也提出一些"左"的政策。受此影响，各地相继实行一些过"左"的政策。

1928年6~7月，中国共产党第六次全国代表大会通过的《政治决议案》中有两个决议与土地问题相关："没收地主阶级的一切土地，耕地归农"；"改善士兵生活，分给士兵土地"。会议认为"土地国有，乃消灭国内最后的封建遗迹的最彻底的方法"。此后一段时间内，中国共产党在共产国际的错误指导下，造成更多的土地政策失误。

1928年12月，毛泽东主持起草《井冈山土地法》，这是革命根据地的第一个土地法，第一次用法律的形式肯定了农民分配土地的权利，对于推动土地革命的深入开展具有重要意义。但是，毛泽东在1941年也指出这个土地法有几个错误：没收一切土地而不是只没收地主土地；土地所有权属政府而不是属农民，农民只有使用权；禁止土地买卖。1929年的《兴国土地法》将《井冈山土地法》中"没收一切土地"的规定改为"没收一切公共土地及地主阶级土地"。这是一个原则性的改正。1929年7月，在毛泽东指导下，《中共闽西第一次代表大会之政治决议案》提出了将地主、富农区别对待的土地政策。1930年初，中共闽西第二次扩大会议重新修订了《土地问题决议案》，在分田方法上归纳出"抽多补少，抽肥补瘦"的基本原则。

1929年12月之后，党在土地革命中开始推行过"左"的反对富农的政策。1930年5月，在上海召开的全国苏维埃区域代表会议通过了《土地暂行法》，提出了一些"左"的思想。1930年10月，毛泽东主持召开了中共红一方面军总前委与江西省行委联席会议，讨论了土地问题，批评了"立三路线"的过"左"政策，并开始纠正不切合实际的"土地国有"等口号[①]。

1931年1月，在中共中央六届四中全会上，王明等掌握了中共中央的领导权，推行"地主不分田""富农分坏田"等激进的土地政策，使根据地的土地革命逐渐出现了逆转。尤其是"查田运动"范围扩大化，造成一定危害。1935年1月，中共中央在长征路上召开了遵义会议，改组了中共中央领导机构。

3. 抗日战争时期中国共产党的土地政策

抗战开始以后，中共中央逐渐开始摆脱共产国际的领导，毛泽东等共产党人根据中国当时的国情，制定并采取了有效的土地政策。

土地政策的改变，是从对待富农的政策的改变开始的。1935年12月6日，《党中央关于改变对付富农策略的决定》对富农政策做出调整：将"地主"和"富农"区分开来，提出"应该集中力量，消灭地主阶级"；不再给"富农分坏田"，对于富农只取消其封建式剥削的部分，没收其出租的土地，并取消其高利贷；苏维埃政府保障富农扩大生产（如租佃土地、开辟荒地、雇用工人等）与发展工商业的自由；不再随意没收富农的财产；不能随意向富农征收特别的捐款。此后，《中华苏维埃共和国中央执行委员会命令》与《中央关于目前政治形势与党的任务决议》都重申了富农新政策，特别是瓦窑堡会议进一步明确了对于富农的土地和财产，除封建剥削部分外，采取保护政策。

在对待地主的政策上，1937年中共中央《关于土地政策的指示》做出两项改变：改变"地主不分田"的政策，没收地主土地之后仍让地主耕种份地并给予必需的生产工具和生活资料；规定"一切汉奸卖国贼的土地财产等全部没

---

① 刘正山. 当代中国土地制度史（上）[M]. 大连：东北财经大学出版社，2015：20-45.

收"，而"一切抗日军人及献身于抗日事业者的土地，不在没收之列"。此外，《关于土地政策的指示》也明确五种小业主的土地不应没收。

西安事变之后，为尽快促使抗日统一战线建成，中共中央提出"停止没收地主土地之政策，坚决执行抗日民族统一战线之共同纲领"。1937年8月，洛川会议通过了《抗日救国十大纲领》，正式提出将减租减息作为抗日战争时期的土地政策，中国共产党在民主革命时期的土地政策进行了重大转变。由于政策的转变，抗日战争时期，陕甘宁边区实际上并存有农民土地所有制与地主土地所有制这两类土地所有制。党的政策是：保护农民分得的土地，颁发土地权证，承认地权，组织农民发展生产；对于没有经过土地革命的地区，承认地主土地所有制，实行减租减息和交租交息的土地政策。为此，边区政府通过发布法令条例、土地登记、颁发所有证等一系列措施，保护边区存在的两种土地所有制[1]。

4. 解放战争时期中国共产党的土地政策

1945年日本投降，抗战结束，国共矛盾上升为主要矛盾。1946年5月4日，中共中央召开工作会议，专门研究土地问题。会议讨论通过了《中共中央关于土地问题的指示》（简称"五四指示"）。"五四指示"是由减租减息到彻底平分土地的过渡政策，主要内容包括：通过反奸、清算、减租、减息、退租、退息等斗争，从地主手中获得土地，实现耕者有其田；用一切方法吸收中农参加运动，并使其获得利益，不可侵犯中农土地；一般不变动富农的土地，着重减租并保存其自耕部分；对中小地主的生活给予照顾；迅速发动群众解决土地问题，发展党的组织，改造区乡政权，并教育群众为土地、民主政权与民主化而斗争。"五四指示"明确提出要改变减租减息的政策，进行土地改革，达到耕者有其田，但它明确规定除大汉奸的土地外，一般要实现有偿转移，其方式是购买与清算地主对农民的负欠[2]。

学界在讨论"五四指示"产生背景的时候，都会强调全面内战的爆发在当时已迫在眉睫，迫切需要动员农民以极大的热情支持战争，为了既不脱离全国广大群众，又能满足解放区群众要求，对二者都进行照顾，从而使和平与土地改革结合起来，结果就产生了相对温和的"五四指示"。

---

[1] 刘正山. 当代中国土地制度史(上)[M]. 大连：东北财经大学出版社，2015：62-70.
[2] 刘正山. 当代中国土地制度史(上)[M]. 大连：东北财经大学出版社，2015：72-77.

为推动解放区土改运动进一步发展,中共中央工作委员会于1947年7~9月在河北省建屏县(今平山县)西柏坡村召开了全国土地会议。这是中国共产党历史上规模较大、历时最长的专门研究土地改革的会议。会议通过了《中国土地法大纲》,提出废除封建性及半封建性剥削的土地制度,实行耕者有其田的土地制度,乡村中一切土地,按乡村全部人口统一平均分配,乡村农民大会及其选出的委员会,乡村无地、少地农民所组织的贫困团大会及其选出的委员会,区县级农民代表大会及其选出的委员会为土地制度改革的合法执行机关。虽然《中国土地法大纲》没有对农村阶级的标准进行规定,存在平均主义的问题,但它消除了几千年的封建土地剥削制度,极大程度地解放了农业生产力,为全国人民的彻底解放提供了物质基础。到1949年上半年,约占国土面积1/3的华北、东北等老解放区和半老解放区已完成或基本完成了土地改革。1949年冬季,在华北的城市近郊和农村若干地区及河南省的一半地区,有约0.26亿农业人口基本完成了土地改革。至1950年上半年即《中华人民共和国土地改革法》公布之前,全国已完成或基本完成土地改革的地区约有农业人口1.45亿人。

2.3.4 中国共产党土地政策的思想分析

中国农民数千年来深受地主阶级土地剥削之苦,一直对"耕者有其田"有着极为强烈的渴望,就土地所有制而言,这是非常典型的自耕农土地所有制,但在中国数千年的封建历史中,无论是何种制度变革,这一土地所有制都未曾真正实现过,部分源自土地革命或改良的方案自身存在理论上的错误,部分源自土地制度改革或改良的实践方案存在路径上的偏差。中国共产党的土地政策思想来源于马克思的土地理论与社会主义土地思想,但对于具体的实践路径也经历了一个不断摸索的过程。

事实上,早在中国共产党成立之前,马克思主义的土地理论与思想就已经进入中国。1873年王韬编著《普法战纪》一书,书中关于巴黎公社的描述虽然缺乏对社会主义运动的真正理解,但也间接介绍了包括土地政策在内的社会主义的某些特征;1903年梁启超在《新大陆游记》中提到了社会主义的土地国有制度,但他认为这一制度在中国并不可行;其后,梁启超在《中国之社会主义》《新社会之理论》等文章中,都更加详细地介绍了马克思主义的土地理论与思想①。随着社会主义土地思想在中国逐渐传播,在辛亥革命之前,以康有为、梁启超等为代表的土地改良派与以孙中山为代表的土地革命派之间围绕"土地国有"问题产生了激烈的争议,革命派认为土地"私有"既无法理依据,又严重阻碍社会发展,并据此提出"国有"主张②,虽然革命派的土地政策就其根本性质而言是资产阶级革命派的理论主张,这场争论也是资产阶级内部改良派与革命派的争论,但仍然可以发现其中有社会主义土地思想观念的影响。

中国共产党土地思想的最早表述出现在1921年的《中国共产党纲领》中③,但是此时中国共产党对中国社会性质的认识存在偏差,因此其土地政策并不是针对半封建半殖民地的中国社会的农村土地问题,而是针对资产阶级私有制。直到1923年,中国共产党才明确提出了对地主土地的限制④,但是依然缺乏具体举措;1925年中国共产党明确把"没收大地主军阀官僚庙宇的田地交给农民"作为党的农民问题政纲,并在1927年的《土地问题决议案》等一系列决议中比较系统地提出了一系列具体举措。国民革命失败之后,中国共产党开始独立领导中国的土地革命,并制定了具体的政策和方法,在有关土地改革对象⑤与土地分配办法⑥的确定乃至土改后农村制度构建等问题中,都逐步体现了马克思主义土地思想指导与中国革命具体实践的结合⑦。在这个阶段中,中国共产党的土地革命政策与马克思关于社会主义土地制度的某些设想并不完全一致,例如,根据社会主义土地所有制必须是国家所有制这一基本理论主张,中国共产党在土地革命之初,只是给予农民有限的土地使用权,对土地处置权进

---

① "社会主义者,近百年来世界之特产物也。括其最要义,不过曰土地归公,资本归公,专以劳力为万物价值之源泉。麦喀士曰:现今之经济社会,实少数人掠夺多数人之土地而组成之者也"。(谈敏. 回溯历史——马克思主义经济学在中国的传播前史(上册)[M]. 上海:上海财经大学出版社,2008:153.)
② 土地"同于阳光空气"而不是"人为造成",私有"使地主有绝对之强权于社会,可使为吸收并吞之原因,可使农民废业,可使食艰而仰不足,可使全国困穷,而资本富厚悉归于地主。""唯有实行土地国有之政策,不许人民私有土地而已""民生主义也,土地国有制也""平均地权者,天下之大道也"。(胡汉民. 民报之六大主义[J]. 民报(第3号),1906.)
③ "消灭资本家私有制,没收机器、土地、厂房和半成品等生产资料,归社会公有。"(中央档案馆. 中共中央文件选集[M]. 北京:中共中央党校出版社,1983:5-6.)
④ "限制私人地权在若干亩之内,以此等大地主、中等地主限外之地改归耕种该地之佃农所有。"(中央档案馆. 中共中央文件选集[M]. 北京:中共中央党校出版社,1983:178.)
⑤ 中国共产党对土地革命对象的认识经历了一个由只没收大地主土地,到没收一切土地,再到没收全部地主土地的过程。"八七会议"提出只没收大中地主的土地,对小地主则减租;同年9月提出,对于小地主的土地,必须全部没收;同年11月更进一步提出了没收一切私有土地。"六大"纠正了这一错误,明确规定没收地主阶级的一切土地和所有公共及无主土地。
⑥ 在土地革命初期,各根据地党组织根据本地的具体情况进行了探索,中央没有统一规定。1928年3月,中共中央发布《关于没收土地和建立苏维埃》通告,主张以乡为行政区划范围在兼顾土地肥瘦和人口多少的同时以劳动力为标准分配土地;暂以乡为单位,以土地的肥瘦和人口的多寡为标准;以年满16岁,能自耕种的人为一劳动单位;每一劳动单位平均使用土地,其余土地按照各劳动单位所属的4岁以上的人口之多寡,平均分给劳动单位使用。
⑦ 张霞. 社会主义土地思想在近代中国的历史演变[J]. 贵州财经学院学报,2010(1):75-80.

行严格限制(不得租赁买卖),土地革命的推进并不顺利。面对这种情况,中国共产党重新认识了中国农村的土地问题,并对土地国有政策进行了相应的调整①。到抗日战争爆发前夕,中国共产党的土地改革在理论上与实践中都达到了一个相对而言较为成熟的水平,并成为新民主主义革命理论中的"三大经济纲领"之一。

在抗战时期以及解放战争初期,中国共产党一项重要的土地政策是减租减息,这一政策在所有的抗日根据地都得到了实行,特别是在晋察冀、晋冀鲁豫等抗日根据地,减租减息政策实行得非常有力,效果也非常显著。如果从政策的文本内容看,这一政策具有改良主义性质,通过在一定程度上保留封建地主土地所有权、降低剥削程度,达到改善农民生活、有利于建立和巩固党的统一抗日战线的目的,甚至以一种"和平"的方式最终实现土地所有权的转移,从而成为对"土地革命"的一种途径替代②。但是,由此会引出一个问题:减租减息作为改良主义性质的土地政策,是否与具有革命性质的土地改革在性质上相异?是否与中国共产党的政党性质相悖?是否应被视为党在特定历史时期做出的政治妥协?对此,需要进行进一步的理论分析。

必须指出的是,仅就政策内容本身而言,减租减息并不是中国共产党的首创,十年内战时期以及抗战时期,国民党政府都曾在部分地区试图推行减租减息政策,其政策内容就形式而言与中国共产党的减租减息政策并无显著差异。但是,从最后的政策效果看,却出现天壤之别,国民党政府推行的减租减息政策,几乎就成为纸头空文,不仅没有取得积极效果,在部分地区甚至反而激化了本已存在的地主与农民之间的矛盾。何以从形势看并无明显差异的政策,在实际执行中却出现了如此巨大的差异?重要的原因在于执行过程。国民党政府推行减租减息政策,依靠的是从中央到地方层层下达的行政力量;中国共产党实现减租减息政策,实行的群众工作路线,充分地发动群众、组织群众、领导群众,极大地调动群众的积极性。工作路线的差异,并不只是工具性的差异,这不仅表明了中国共产党与国民党在政党属性上具有根本性差异,也表明了不

---

① 1929年,中共中央作出决议:"土地国有问题,现在是宣传,但不是现在已经就能实现土地国有""禁止土地买卖,目前是不需要的""资本主义的转租办法,是不能反对的"。1931年2月,中共苏区中央局《土地问题与富农策略》通告明确指出:"农民是小生产者,保守私有是他们的天性""他们热烈地起来参加革命,他们的目的,不仅要取得土地的使用权,主要的还要取得土地的所有权""必须使广大农民在革命中取得他们唯一热望的土地所有权"。

② "假如整个中国在一切党派合作的基础上,成为一个真正的民主国家,那就能够在全国范围内实行我们的减租政策。……只要真正的民主政府制度在各地建立起来,就可能把现在处于封建剥削制度下的一切土地逐步地和平地转移给耕种者。"(中共中央文献研究室. 毛泽东文集[M]. 第3卷. 北京:北京人民出版社,1996:185.)

能将中国共产党实行的减租减息政策与国民党政府实行的减租减息政策在性质上混淆起来,将其简单地判定为是一项改良主义的土地政策并进而得出其与土地改革性质相异的结论。

中国共产党在土地制度上的最终主张是消灭封建地主土地制度,消除地主土地所有权与消灭地主阶级是联系在一起的,这是一场全面、深刻、复杂的历史任务,因为农村土地制度与农村经济社会已经全面融合在一起,要完成这一任务,需要从根基上重新塑造农村社会。谁能够完成这一重大历史使命?中国共产党找到了群众工作路线这一法宝,通过从根本上树立起农民的优势来完成消灭地主阶级的历史任务。因此,减租减息政策的执行,不是向地主阶级或封建势力妥协,而是逐步树立农民阶级在农村社会中的主体地位的历史进程。从中国共产党减租减息政策的实际过程看,也并非始终都是一帆风顺的,也经历过挫折,对此,党中央一再强调必须领导、发动与组织群众,要充分展现群众的民主性、调动群众的积极性,而不是替代群众开展工作或者恩赐群众利益。为此,中国共产党采取了具体举措,以点带面,逐步推进,最终取得了这场斗争的胜利,它的历史功绩并不仅仅限于建立和巩固了抗日统一战线,也在于让中国农民经历了一次在党的领导下组织起来为自身民主权利与经济利益进行斗争的宝贵实践。这样一次革命实践,在本质上与土地革命具有同样的革命性质,是新民主主义革命时期中国共产党解决农民土地问题的重要途径[①],在它的改良主义政策形式的背后,体现的是中国共产党的革命本质,代表了包括中国农民在内的最广大人民群众的利益,相信群众,发动群众,为人民群众谋福利,它在本质上是革命性的而非改良的[②]。

"五四指示"肯定了减租减息与反奸清算等斗争的结合,提出采取多种方式解决土地问题,标志着中国共产党的土地政策开始由减租减息转向没收地主土地。1947年,西柏坡全国土地会议制定了《中国土地法大纲》,明确了土地改革的目标,规定了土地分配的原则、方法及地权的性质[③]。虽然《中国土

[①] 张卫东. 论减租减息政策是解决中国近代农民土地问题的重要途径[J]. 毛泽东思想研究,2000(4):113-116.
[②] "因为这种改良,是在根据地实行的,是在军队、政权、群众团体由我们领导的条件之下实行的,而不是在地主资本家领导的政权之下,由地主资本家来实行,以加强巩固地主资本家的统治。同是一个二五减租的口号,在各种不同条件下,就有各种完全不同的意义与作用。"(薛暮桥,冯和法.《中国农村》论文选(上)[M]. 北京:人民出版社,1983:17.)
[③]《中国土地法大纲》宣布"废除一切地主的土地所有权""废除一切祠堂、庙宇、寺院、学校、机关及团体的土地所有权"。除大森林、大水利工程、大矿山、大牧场、大荒地及湖沼归政府管理外,"乡村中一切地主的土地及公地,由乡村农会接收,连同乡村中其他一切土地,按乡村全部人口,不分男女老幼,统一平均分配,在土地数量上抽多补少,质量上抽肥补瘦,使全村人获得同等的土地,并归个人所有。""分配给人民的土地,由政府发给土地所有证,并承认其自由经营、买卖及在特定条件下出租的权利。"(中共中央党校党史教研室. 中共党史参考资料[M]. 北京:人民出版社,1979:328.)

地法大纲》中的某些具体举措后来得到调整(如关于按人口平均分配一切土地、中农利益问题等),但就其历史意义而言,它们让中国社会延续数千年的封建地主土地所有制被彻底废除,从此彻底改变了中国农村社会的性质,并为改变延续了数千年的小农生产方式提供了新的可能性道路。

通过对新中国成立之前中国共产党领导的若干次土地革命的历史回顾,有一个结论非常明确:在相当长的一个历史时期内,中国的问题首先是农民问题,而农民的问题首先是土地问题。产生这一结论的历史背景来自农民作为群体的三个基本特征:农民是中国社会群体中数量最为庞大的群体;农民是中国社会群体中经济地位与社会地位最低的一个群体;农民是中国社会群体中最不稳定的一个群体。而这三个基本特征,都与土地问题有着直接且密切的联系。只有解决好土地问题,才能解决农民的生存与发展问题,才能解决好农村社会的稳定问题,才能解决好中国的工业化与城市化问题。中国农民对土地权利的渴望与争取,几乎贯穿中国历史的始终;近代史上若干次的土地制度改革,唯有中国共产党领导的土地改革取得成功,让农民得以成为土地的主人,并最终获得政治身份。从未来的发展看,农民必将摆脱仅仅依靠土地维持生计的生产与生活模式,在富裕的基础上全面提高素质,成为中国社会中与其他群体一样的平等公民主体。这也说明,农村改革尤其是农村土地改革,依然是一个重大而长期的任务[①]。

---

① 王健青. 我国近代四次大的土地制度改革及启示[J]. 商洛师范专科学校学报, 2001, 15(1): 68-70.

第3章　新中国农村土地产权制度变迁

3.1　社会主义建立初期的农村土地产权制度（1949～1956年）

1950年6月30日，中共中央公布《中华人民共和国土地改革法》，开始在全国分期分批土改。至1952年底，除西藏等少数地区外，土地改革成功完成，全国约有3亿的无地和少地农民分得7亿亩土地和其他生产资料，消灭了封建土地所有制。

3.1.1　新中国土地改革的实施与成就

1. 土地改革的相关法令

在西柏坡村全国土地会议上，刘少奇所做报告中强调整顿党的作风问题，指出必须发动群众，发扬民主，以彻底完成土地改革，改造党、政、民组织与干部，并创造树立民主作风的条件。新中国成立之后，政权并没有全面稳定，全国大部分地区还是需要消灭乡村旧秩序，重建组织，政权才能稳定。土改的政治意义就在于，它对农村基层政权建设具有重要性；另外，它为中国的工业化发展道路创造了一个良好的基础。

《中华人民共和国土地改革法》（简称《土地改革法》）分为总则、土地的没收和征收、土地的分配、特殊土地问题的处理、土地改革的执行机关和执行方法、附则等六章四十条。该法第一条指出："废除地主阶级封建剥削的土地所有制，实行农民的土地所有制，借以解放农村生产力，发展农业生产，为新中国的工业化开辟道路。"《土地改革法》与之前的《中国土地法大纲》不同的地方表现在：改变对富农的政策[①]；增加对小土地出租者的政策规定，基本

[①]《中华人民共和国土地改革法》第六条规定："保护富农所有自耕和雇人耕种的土地及其他财产，不得侵犯。"

不变动他们的土地；进一步规定没收地主土地财产的范围①；增加部分土地收归国有的政策②；在土地分配中增加照顾原耕农民的政策③；增加团结和保护中农的政策④。

《土地改革法》颁布后，政务院相继制定和公布实施与之相配套的法规、政策，包括《农民协会组织通则》《人民法庭组织通则》《关于划分农村阶级成分的决定》等。《关于划分农村阶级成分的决定》具体规定了划分地主、富农、中农、贫农、工人等成分的标准，明确"知识分子的阶级出身，依其家庭成分决定，其本人的阶级成分，依本人取得主要生活来源的方法决定"。对小手工业者、自由职业者、手工业资本家、手工业工人、小商小贩、开明士绅的划分以及地主成分的改变等问题，也分别做了规定。根据《土地改革法》的规定，农民代表大会与农民协会是土地改革的执行机关，这些机构由贫、雇、中农组成。

2. 土地改革的实施过程

新中国成立以后，在全国范围内，那些尚未进行土地改革的地区都陆续进行了"减租减息"运动。"减租减息"没有彻底废除封建土地所有制，没有改变封建地主对农村土地的占有关系。党和政府在总结各个革命根据地土地改革经验的基础上，从1950年冬开始土地改革，有领导地分期分批进行，每个时期的基本步骤大致相同，即发动群众、划分阶级、没收和分配地主土地财产、复查总结和动员生产等步骤。

1950年《关于土地改革问题的报告》提出，农民协会应该成为土地改革队伍的主要组织形式和执行机关，在中国共产党的统一领导下建立共产党领导的各级乡村政权；由各级人民政府成立土地改革委员会，直接指导土改工作的进行；由土改委员会组织土改工作队下到农村基层，具体协助农民组织农会和开展土改的各项工作；在各级政府和土改工作队的领导下，由农会来划分阶级、没收和分配土地及财产。各个地区的土改由点到面，先办试点，然后再全面展

---

① 《中华人民共和国土地改革法》第二条规定："没收地主的土地、耕畜、农具、多余的粮食及其在农村中多余的房屋。但地主的其他财产不予没收。"
② 《中华人民共和国土地改革法》第十九条规定："使用机器耕种或有其他进步设备的农田、苗圃、农事试验场及有技术性的大竹园、大果园、大茶山、大桐山、大桑田、大牧场等，由原经营者继续经营，不得分散，但土地所有权原属于地主者，经省以上人民政府批准，得收归国有。"
③ 《中华人民共和国土地改革法》第十二条规定："在原耕基础上分配土地时，原耕农民自有的土地不得抽出分配。原耕农民租入的土地抽出分配时，应给原耕农民以适当的照顾。"
④ 《中华人民共和国土地改革法》明文规定保护中农(包括富裕中农在内)的土地及其他财产，不得侵犯。

开，体现了土改政策的稳妥和注重各地具体情况的差别。对于特殊地区(包括城市郊区或城乡接合部、侨乡、少数民族地区等)，不得"一刀切"。

到1952年底，除少数民族地区外，土改基本完成。这次土地改革是成功的，3亿多农民分得7亿亩土地、300万头耕畜、4000万件农具、3800万间房屋、53亿公斤粮食。土地改革更大的意义在于：这次改革帮助国家实现了(经济、政治、文化诸层面)向乡村社会的全面扩张，重塑了国家与农民之间的关系。第一，废除了族权、士绅以及学田、庙产，重建了基层政权组织，建立自上而下的农会并在村一级农会中发展党员，在乡一级建立党支部，建立户籍制度，强化国家对农民的控制；第二，改变了传统的乡村文化网络，部分重建了乡村的文化网络；第三，将部分土地收归国有，强化国家对农村的经济控制[1]。

3. 土地改革的历史成就

土地改革解放了中国农村农业生产力。经过土地改革，中国农业生产力得到了明显的发展。农业总产值大中幅度增长，粮食作物和棉花、甘蔗、甜菜、花生、油菜等经济作物的产量迅速达到历史最高水平，并超过新中国成立前的产量。

土地改革释放出巨大的生产力的潜力，这一点已经被历史证明，但是，如何界定在这个历史阶段经由土地改革而建立起来的土地制度的制度属性呢？曾经有观点将这个阶段的农民土地所有制理解为一种"事实上的私有制"，并进而得出推论认为此后发生的土地合作化运动是对农民业已获得的私人土地权利的侵犯。然而，如果将之界定为一种私有制，那么，农民是以何种渠道取得这种私有财产、是否确实充分享有了土地作为其私有财产所应有的权利并承担了对应的义务呢？从农民对土地所行使的各项权能分析，农民确实能够行使占有、使用与收益的权利，但是其自由处置的权利则并不充分；从农民取得土地的方式看，绝大多数农民并不是通过某种等价方式或交易途径取得土地，也并非通过继承或赠予等途径，而是非常类似于曾在中国历史中出现过的"授田制"。"授田制"在本质上只是一种有关土地使用权的制度安排，是特定的土地所有制的实现形式；基于这种考虑，这一阶段的农民土地所有制虽然带有"私"的色彩，但并不是典型意义或完整形态上的"私人所有"，更倾向于一种"私人占有"。

---

[1] 刘正山. 当代中国土地制度史(上)[M]. 大连：东北财经大学出版社，2015：98-104.

3.1.2　社会主义土地制度的基本建立

根据过渡时期的总路线[①]，中国在 1953～1957 年进行再次的土地制度变革，在农村，通过合作化逐渐将农民土地所有制改造为集体土地所有制；在土地管理上，完成了由市场决定的管理方式向行政计划配置的管理方式的转变。

1. 农村合作化运动的发展过程

新中国成立之后的土改建立了农民土地所有制。建立互助组时，农民土地所有制不变，只是组内统一调配劳力、畜力，收成仍归土地所有者。农业合作化的初级阶段，土地入股，统一经营，按照地股和劳力比例分配。高级合作化后，土地入社，把农民所有土地转为集体所有，统一经营，按劳分配。

主流观点认为，农业合作化运动的首要动因源于农村生产力发展的客观要求，土改后建立起的小而分散的小农经济无法推动生产力的进一步发展，需要组织起来进行合作化，以增产粮食、促进发展。土地改革使农村的贫雇农分得土地，但多数贫雇农资金困难，农具不足，加上一些地方出现天灾人祸，少数贫困户重新出卖土地，借高利贷。将缺乏劳动力、农具和资金的农民组织起来建立互助组，一方面可以集中使用有限的农具，弥补单家独户农民生产资料的不足；另一方面也可以汇聚个体力量，抵御各种自然灾害。

但是不可忽视的是，农业合作化运动是具有意识形态的人为选择，是传统社会主义理念及"苏俄经验"对党的农村政策支配的结果。1955 年 7 月 31 日，毛泽东同志在《关于农业合作化问题》中详细讲述其依据，归纳起来主要有两点：第一，来自苏联成功经验的鼓励[②]；第二，来自加快形成资金积累以完成工业化的必须[③]。

[①] 1953 年 6 月，毛泽东将党在过渡时期的总路线表述为："从中华人民共和国成立，到社会主义改造基本完成，这是一个过渡时期。共产党在过渡时期的总路线和总任务，是要在一个相当长的时期内，逐步实现国家的社会主义工业化，并逐步实现国家对农业、对手工业和对资本主义工商业的社会主义改造。这条总路线是照耀我们各项工作的灯塔。"

[②] "苏联建成社会主义的伟大历史经验，鼓舞着我国人民，它使得我国人民对于在我国建成社会主义充满了信心。""有些同志不赞成我党中央关于我国农业合作化的步骤应当和我国的社会主义工业化的步骤相适应的方针，而这种方针，曾经在苏联证明是正确的。他们认为在工业化的问题上可以采取现在规定的速度，而在农业合作化的问题上则不必同工业化的步骤相适应，而应当采取特别迟缓的速度。这就忽视了苏联的经验。"

[③] "我们的一些同志也没有把这样两件事联系起来想一想，即：为了完成国家工业化和农业技术改造所需要的大量资金，其中有一个相当大的部分是要从农业方面积累起来的。这除了直接的农业税以外，就是发展为农民所需要的大量生活资料的轻工业的生产，拿这些东西去同农民的商品粮食和轻工业原料相交换，既满足了农民和国家两方面的物资需要，又为国家积累了资金。而轻工业的大规模的发展不但需要重工业的发展，也需要农业的发展。因为大规模的轻工业的发展，不是小农经济的基础上所能实现的，它有待于大规模的农业，而在我国就是社会主义的合作化的农业。因为只有这种农业，才能够使农民有比较现在不知大到多少倍的购买力。这种经验，苏联也已经提供给我们了，我们的有些同志却没有注意。"（毛泽东. 毛泽东选集：第 5 卷[M]. 北京：人民出版社，1977.）

1951 年，中共中央发出《关于农业生产互助合作的决议(草案)》，指出农业生产上的互助合作大体上有三种主要形式：季节性的互助组；常年互助组；以土地入股为特点的农业生产合作社。决议(草案)公布以后，各地迅速掀起互助合作运动的热潮[①]。

1953 年 12 月 16 日，中共中央公布《关于发展农业生产合作社的决议》(简称《决议》)，《决议》认为："以土地入股、统一经营为特点的农业生产合作社在各个不同地区有不同规模的试办和发展。""这种农业生产合作社的优越性和它的重要作用已经在试办和初期发展的过程中充分地显示出来。"《决议》将其优越性和重要作用归纳为十个方面。《决议》还指出："发展农业合作化，无论何时何地，都必须根据农民自愿这一个根本的原则。"到 1955 年 7 月，全国的合作社巩固下来的有 65 万个。1955 年 10 月，党的七届六中全会通过了《关于农业合作化问题的决议》，农业合作化运动的速度进一步加快。1956 年 4 月 30 日，《人民日报》发表文章称，全国基本实现了初级合作化，入社农户占全国总农户的 90%。

2. 合作化运动中的农村土地产权制度

初级农业生产合作社，又称为土地合作社，其特点是土地入股、统一经营、按劳动力和土地分配。初级农业生产合作社，是建立在农民土地所有制的基础之上的，入社农民仍保有对其土地的所有权，但是土地的所有权同使用权已经分离。农民依靠土地分红来实现其土地所有权，并且在理论上退股自由。

高级农业生产合作社的特点是"土地归公，归合作社之公"，统一经营，按劳分配。1956 年 6 月 30 日，第一届全国人民代表大会第三次会议通过《高级农业生产合作社示范章程》，根据第二条[②]、第十三条第一款[③]、第十六条[④]等规定可知，社员对自留地享有使用权而不享有所有权。《高级农业生产合作社示范章程》强调"社员有退社的自由"[⑤]。此时，农民土地所有权在名义上仍然存在，

[①] 有关数据表明："1950 年全国已有 272 万个农业互助组，参加的农户为 1100 万户，约占全国农户总数的 11%"，"1952 年我国共有农业互助组 802.6 万个，参加互助组的户数为 4536.4 万户，入组农户占全国总农户的比重，已经由 1951 年的 19.2%，增加到 39.9%"。(中共中央党史研究室. 中国共产党历史第二卷(1949—1948)上册 [M]. 北京：中央党史出版社，2011.)
[②] "农业生产合作社按照社会主义的原则，把社员私有的主要生产资料转为合作社集体所有，组织集体劳动，实行'各尽所能，按劳取酬'，不分男女老少，同工同酬。"
[③] "入社的农民必须把私有的土地和耕畜、大型农具等主要生产资料转为合作社集体所有。"
[④] "农业生产合作社应该抽出一定数量的土地分配给社员种植蔬菜。""社员原有的坟地和房屋地基不必入社。"其中，"分配给社员种植蔬菜"的土地就是后来的"自留地"。
[⑤] 《高级农业生产合作社示范章程》第十一条规定："要求退社的社员一般地要到生产年度完结以后才能退社。社员退社的时候，可以带走他入社的土地或者同等数量和质量的土地，可以抽回他所交纳的股份基金和他的投资。"

并没有转变为集体所有权。1954 年,《中华人民共和国宪法》(简称《宪法》)第八条第一款规定:"国家依照法律保护农民的土地所有权和其他生产资料所有权",也规定了对农民土地产权的保护。

但是,自从农业社会主义改造运动开展以后,一般的农村土地买卖实际上日趋减少,为顺利推进农业社会主义改造,限制农村资本主义的发展,国务院专门发文严格控制农村土地买卖[①]。1956 年 7 月 13 日,《国务院关于在农业已基本合作化的地区停办农村土地所有权变动登记工作的通知》提出:现在全国参加农业生产合作社的农户已占农户总数的 90.0%以上,在农业已基本合作化的地区,土地产权转移已很少发现。为此,国务院决定在农业已基本合作化的地区,停办该项工作。1955 年和 1956 年已登记的土地产权变动材料仍然按前发通知的规定汇总上报。对未参加农业合作社的个体农民或其他居民的土地产权转移,仍然照征契税。到 1956 年底,参加初级社的农户数占总农户数的 96.3%,参加高级社的达到农户总数的 87.8%,基本上实现了完全的社会主义改造,完成了由农民个体所有制到社会主义集体所有制的转变[②]。

3. 合作化的土地产权制度的历史评价[③]

土地合作化在一定的时期内曾经产生了比较积极的效应,集中体现在以下三个方面:第一,彻底结束了延续千年的封建土地制度,彻底消除了农民遭受剥削的制度基础,初步建立起社会主义集体土地所有制,在经济基础上定义了中国农村的社会主义制度属性;第二,在合作化运动中进行大规模的农田水利等基础设施建设[④],不仅使得农业生产条件有了历史性改观,从而为农业科技推广与生产力提高开辟了可能性,也推动农民打破了一家一户小农生产的限制,发挥了集体协作的力量,对农业生产发展起到了积极作用[⑤];第三,农业

---

① 1955 年 5 月 7 日,国务院《关于农村土地的转移及契税工作的通知》(简称《通知》)指出"对农村土地的买卖在法律上虽不禁止,但在实际工作中应防止农民不必要的出卖和出典土地",《通知》还规定:"县人民委员会,今后对于经过税契手续而发生的土地所有权的变动,应加以登记,并于每年年终时加以汇总,上报省人民委员会转报国务院"。
② 刘正山. 当代中国土地制度史(上)[M]. 大连:东北财经大学出版社, 2015: 140-148.
③ 与市场经济相联系的产权概念在这一时期并不能成立,但从产权与所有权的联系来看,可以在这个概念下进行阐释。特此说明。
④ 到 1956 年,全国共新建及整修堰塘 1400 多万处,新增水井 500 万眼、抽水机 27 万匹马力,扩大灌溉面积 2 亿亩,已建成拖拉机站 326 个,农技推广站 14230 个,畜牧兽医站 2257 个,民用牲畜配种站 545 个,新式农业站 207 个。
⑤ 据国家统计局 1956 年调查,农业合作社主要农作物的单产与个体农户的相比,除黄麻外都有显著提高。另据国家统计局对 202 个高级社和 26733 个初级社 1955 年收益分配的调查,每个劳动力全年平均劳动日高级社为 128 天,初级社为 95 天;平均每人生产粮食高级社为 966 斤,初级社为 808 斤;合作社平均每户收入 424 元,高级社为 776 元;平均每户实际收入高级社 413 元,初级社 274 元。1950~1957 年,全国主要农作物产量基本持续增长,以上年为 100,则粮食作物增长指数为:1950 年 115.4,1951 年 108.3,1952 年 114.3,1953 年 101.6,1954 年 102.3,1955 年 109.0,1956 年 104.4。(国家统计局. 我国的国民经济建设和人民生活[M]. 北京:统计出版社, 1958。)

合作化顺利地完成了为工业化起步发展提供资金积累的历史使命[①]。但是，农业合作化在一定时期的成功显然导致了某些理论上的错误与实践中的问题被选择性地忽视了，尤其是在生产力与生产关系的辩证关系这一具有根本性的重大理论问题上，合作化一时的成功开启了一条激进道路的可能性，为之后人民公社化发展的迅速推进埋下了种子。

3.2 曲折发展时期的农村土地产权制度（1957～1978 年）

1958～1978 年也被称为"十年探索和十年'文革'及徘徊时期"，这一时期，土地产权制度发生重大变化，土地管理制度也从规范走向混乱，土地制度建设停滞不前甚至出现倒退。

3.2.1 农村集体土地所有制的确立与变化

1958～1966 年，这个阶段包括"大跃进"与"国民经济调整"两个时期。农村地权随着公社体制的演变而变化，最终形成"三级所有，队为基础"的格局，地权的主体变得模糊了，地权的边界泛化了，由此造成的影响极为深远。

1. "一大二公"阶段的产权制度

1958 年 3 月，中共中央政治局成都会议通过《关于把小型的农业合作社适当地合并为大社的意见》，文件下达后，各地很快开展了小社并大社的工作。初期人民公社的制度，基本上是按照全国第一个人民公社的模式建立的，原属各个农业生产合作社的土地、社员自留地、宅基地等一切土地，连同农具、牲畜等生产资料，以及一切公共财产等，均无偿收归人民公社所有。农业生产合作社时期的"退社自由"已不存在，土地名义上归人民公社所有，但是，人民公社实际上只拥有占有权和部分使用权，没有处分权以及完全的使用权和收益权。

人民公社在其发展初期，带有比较明显的欧文"合作公社"的色彩：第一，在所有制方面，公社替代了原来的各个高级社，成为包括土地在内的各类生产资

[①] "一五"期间，国家预算中农业税约占 10%，由农副产品收购、加工、销售、运输等利润和税收间接构成的财政收入约占 40%，由于工农业产品之间的差价，农民把相当于自己净收入的 5%奉献给国家的积累。

料的所有者，可以统一支配各类生产资料，而社员甚至非社员的个人财产都被收归公社所有；公社统一调配劳动力与劳动产品；如果成立了县联社，这种统一支配与调配甚至可以在全县范围内进行。第二，在劳动方式方面，人民公社采取集中劳动方式，但这种集中劳动方式的组织方式却采用军事组织形式，劳动组织同时也是民兵组织，对劳动生产过程管理与控制的权力全面上升到公社甚至县级层面。第三，在分配制度方面，改变了高级社时期以劳动分工为标准的分配制度，改为以直接供给为主（占全部分配比重的70%~80%），辅以工资支付。直接供给的通俗表达就是"食堂大锅饭"——公社办食堂以供应全体社员伙食甚至部分其他消费品；即便少部分是工资支付，也依然是按照平均主义原则进行发放。由于社员失去了生产资料甚至部分生活资料，不仅劳动生产方式向着集体化甚至军事化的方向转变，连生活方式也转向了集体化[①]。在某种意义上，人民公社的实践体现的与其说是社会主义的原则，不如说是欧文"空想社会主义"的理念。

2. 以生产大队为基础的三级所有阶段的产权制度

三级所有是指人民公社、生产大队、生产队三级所有，队为基础。这种体制从1959年下半年开始，一直持续到1962年下半年，大约历时3年。

1959年2月，第二次郑州会议起草的《关于人民公社管理体制的若干规定（草案）》指出，生产大队的规模相当于原来的高级社，是人民公社的基本核算单位，有权按照公社的计划和有关规定，统一安排本单位的农业生产、收益分配，并搞好劳动管理。1959年4月，中共中央在《关于人民公社的十八个问题》中规定，公社实行三级所有，以生产大队为基本核算单位，基本核算单位下面的生产队是包产单位，对土地、农业生产资料和劳动力有固定的使用权，公社和生产大队都不能轻易调用。《关于人民公社的十八个问题》要求，对人民公社建立以来的各种账目作清理，结清旧账、建立新账，其中，与土地有关的规定为："公路、铁路、工厂、矿山和其他基本建设占用的土地，除了公社自己兴办的由公社合理调剂以外，应当按照国家关于征用土地办法的规定办理，不能够无代价地随意占用。征用单位目前暂不需要的土地，应当退归给原单位继续耕种。"

1959年6月11日，《中共中央关于社员私养家禽、家畜和自留地等四个问题的指示》提出：①允许社员私人喂养家禽家畜，包括猪、羊、鸡、鸭、鹅、兔等在内，这些家畜禽养大了，卖得价款和平时的粪肥收入，私有私养的完全

[①] 刘正山. 当代中国土地制度史（上）[M]. 大连：东北财经大学出版社，2015：179-183.

归社员个人所得,公有私养的一定要给社员以合理的报酬;②恢复自留地制度,不管社员喂猪不喂猪,在食堂吃饭或在家吃饭,只要他愿意要,都应该给他,自留地仍按原来高级社章程规定,以不超过每人分地的百分之五,也不少于百分之五为原则;③鼓励社员利用零星空闲的时间,把屋旁、村旁、水旁、路旁的零星闲散土地充分利用起来,这些土地上长的庄稼,谁种谁收;④奖励社员利用屋前屋后和其他废弃土地种竹木,种水果,谁种谁有。

1960年11月,中共中央发出的《关于农村人民公社当前政策问题的紧急指示信》(简称《十二条》)第一次明确指出,以生产大队为基本核算单位的三级所有制,是现阶段农村人民公社的根本制度,公社及其派生机关,对生产大队经营活动不要乱加干涉。"坚持生产小队的小部分所有制。""应该允许社员经营少量的自留地。今后不得将社员的自留地收归公有,也不得任意调换社员的自留地。"1961年3月的《农业六十条(草案)》及6月的《农业六十条(修正草案)》均规定"三级所有,队为基础",并规定公社的规模一般相当于原来的乡(镇)或大乡(镇),在行政上行使乡(镇)政府的职权,在经济上是各生产大队的联合组织,生产大队是独立经营的基本核算单位,生产队是直接组织生产和集体福利事业的单位,对一部分资金和资产有一定的所有权,在管理本队的生产上有一定的自主权,同时也提出一些明确的原则以保障生产大队和生产队的自主权。

3. 以生产队为基础的三级所有的产权制度

三级所有是人民公社、生产大队、生产队三级所有,以生产大队所有为基础改变为以生产队所有为基础。

1962年9月,中共八届十中全会通过了《关于进一步巩固人民公社集体经济、发展农业生产的决定》和《农村人民公社工作条例(修正草案)》。《农村人民公社工作条例(修正草案)》在原草案的基础上,做了如下重要修改:将农村人民公社的基本核算单位改为生产队(即原来的生产小队),三级所有,队为基础,三十年不变。从此以后,"三级所有,队为基础"的集体土地所有制形式在全国范围内逐步建立,农民既不享有土地所有权,也不享有土地流转权。

1963年3月20日,《中共中央关于各地对社员宅基地问题作一些补充规定的通知》做了具体的规定:第一,社员的宅基地,包括有建筑物的宅基地和没有建筑物的空白宅基地,都归生产队集体所有,一律不准出租和买卖,但仍归各户长期使用,长期不变,生产队应保护社员的使用权,不能想收就收,想调剂就调剂。第二，宅基地上的附着物如房屋、树木、厂棚、猪圈、厕所等，永远归社员所有，社员有买卖房屋或租赁房屋的权利。房屋出卖以后，宅基地的使用权即随之被转移给新房主，但宅基地的所有权仍归生产队所有。第三，社员需新建房又没有宅基地时，由本户申请，经社员大会讨论同意，由生产队统一规划，帮助解决，但尽可能利用一些闲散地，不占用耕地，必须占用耕地时，应根据《六十条》规定，报县人民委员会批准，社员新建住宅占地无论是否耕地，一律不收地价。第四，社员不能借口修建房屋，随便扩大墙院，扩大宅基地，来侵占集体耕地，已经扩大侵占的必须退出[①]。

4. "文化大革命"时期的农村土地产权制度

在这个历史时期，党、国家和人民遭受了新中国成立以来最严重的挫折和损失。土地制度停滞不前，甚至倒退。1967年12月4日，中共中央发出《关于今冬明春农村文化大革命的指示》，重申农村人民公社现有的三级所有、队为基础的制度，一般不要变动。但是，随着农村极"左"思潮泛滥，一些地方为了限制所谓的"资本主义自发势力"，违反《农村人民公社工作条例（草案）》（《农业六十条（修正草案）》）的有关规定，突击并队，实行大队核算。"文化大革命"的十年，尽管不少地区"复制"了"大寨模式"，但是，总体而言依然保留着"三级所有，队为基础"的农村集体土地所有制。1975年的《宪法》第七条规定："现阶段农村人民公社的集体所有制经济，一般实行'三级所有、队为基础'，即以生产队为基本核算单位的公社、生产大队和生产队三级所有。"至于农民的宅基地和自留地，在一些地区被收归、调整或改变使用方式。从总体上看，涉及农民宅基地和自留地的政策相对稳定。关于自留地，1975年的《宪法》专门提及："人民公社社员可以经营少量的自留地和家庭副业。"

粉碎"四人帮"以后，虽然"三级所有，队为基础"的农村土地产权制度已经成为"共识"，但是，1977年12月18日，中共中央将普及大寨县工作座谈会的意见转发各地，又强调了基本核算单位由生产队向生产大队过渡，此后，一些地区又刮起"过渡风"。1978年的《宪法》第七条[②]采取了谨慎态度。关于"自留地"，其第七条第二款规定"在保证人民公社集体经济的发展和占绝对优势的条件下，人民公社社员可以经营少量的自留地和家庭副业，牧区社

---

① 刘正山. 当代中国土地制度史（上）[M]. 大连：东北财经大学出版社，2015：182-183.
② "农村人民公社经济是社会主义劳动群众集体所有制经济，现在一般实行公社、生产大队、生产队三级所有，而以生产队为基本核算单位。生产大队在条件成熟的时候，可以向大队为基本核算单位过渡。"

员可以有少量的自留畜。"

3.2.2 "三级所有"土地产权制度的评价

以生产队为基础的三级所有的农村土地产权制度一直持续到1978年。在看似明确的"集体所有制"下，包括土地在内的生产资料的所有者主体实际界定不清。同一土地究竟是生产队所有、生产大队所有还是公社所有？生产大队可以任意调配生产队的土地，公社同样可以任意调配生产大队的土地，但即便是公社也未必就是土地的实际所有者——如果成立县联社，县联社同样可以调配公社的土地。土地所有权层层往上，但与土地有关的各项负担则层层往下：生产队不仅需要担负农业税、完成征购派购任务，同时还要向上层集体组织交纳资金，以完成所谓的"过渡"物质准备；生产大队或者公社能够任意调配生产资料，但是身为大队或公社成员的人员却不能因此得到任何直接的经济收益。

生产队这一层组织与农民之间的关系最近，与农业生产现场最近，是最基层的核算单位，但是没有任何权力；生产队不是任何生产资料的所有者，不能主动安排、组织任何生产活动，不能自由处置任何生产产品，不能决定任何收益分配。这一切权力主要集中在人民公社一级组织，而人民公社本身的性质是复杂的：既是集体经济组织，又是国家政权组织，他们对农村生产活动的指挥，既有可能以集体所有制代表身份进行，也有可能以国家基层政权主体身份进行。然而，这两种身份是有可能存在冲突的，从而造成在事实上集体经济组织就演变为国家政权的附属物，经济效益不是生产决策的主要目标；更何况人民公社在进行生产决策的时候，还面临着巨大的信息不对称与不充分问题。

实践证明，人民公社对农业生产活动的决策造成了低效甚至无效后果，不负责任的"瞎指挥"与"浮夸风"盛行，失去生产资料甚至部分生活资料的社员也因此失去生产积极性，各类消极怠工行为非常普遍，出工不出力成为常态[①]。这种消极行为贯穿了人民公社制度始终，一直到人民公社制度最终被废除。由于广大农民对产品分配与劳动成果脱钩的做法深感不满，除以"磨洋工"的方式消极抵制外，部分群众与基层干部还尝试了更为负面的方式。

---

① 礼乐公社发放工资后10天左右，出勤率普遍降了五六成；管理区领工资的有600人，出勤的只有300人，且劳动效率和劳动质量也普遍下降；实行工资制之前，大家劳动积极，担肥下田的效率高，实行工资制后，大家原来每天可送200担肥，后来只送50~60担肥，过去一人能担50公斤，后来只担25公斤，过去一人挑的，后来变成二人抬。（王琢，许浜.中国农村土地产权制度[M]. 北京：经济管理出版社，1996：130.）

第一种方式是"瞒产私分"①。当时，从中央到基层的各级领导都普遍认为这是"本位主义"思想的体现。但是，在第二次郑州会议上，毛泽东同志对此做出过实事求是的分析，认为这种行为的出现固然有"本位主义"的影响，但更重要的是：在所有制上，过早地否定了生产队在现阶段的所有者主体地位；在分配上，公社集中了过多的生活资料，分配过度地强调了平均主义②。

第二种方式是"包产到户"。1957年，部分地区曾经实行过"包产到户"，但是很快就因"两条道路"之争而被否定；当高级社进一步发展到人民公社的时候，部分地区再一次实行了"包产到户"，这不仅受到了农民的拥护，甚至得到了部分基层（包括地区一级）领导干部的支持，如河南省新乡（镇）就是其中一个典型的例子③。到1961年初，由于全国经济形势非常严峻，"包产到户"在部分地区再一次实行④。

农民以及基层干部的强烈抵制行为持续了20年，直到人民公社制度退出历史舞台为止。然而，这20年给中国农村社会、农业生产与农民生活带来的负面影响是非常严重的，直到1978年，全国还有大约一亿农民没有解决温饱问题，虽然这其中存在诸如人口增长等因素的影响，但农业生产落后、农村发展停滞是不争的事实，人民公社制度的改革已势在必行。

---

① 1958年秋收以后，农村普遍出现了基层干部在农民群众支持下"瞒产私分"的风潮。例如，广东省雷南县，收晚稻时全县平均亩产在千斤以上，但派征购任务时，全县的平均亩产只报289斤。县委集中全县的生产小队长以上干部4000余人开大会，迫使交代瞒产、私分粮食共7000余万斤。(王琢，许浜. 中国农村土地产权制度[M]. 北京：经济管理出版社，1996：131.)

② "六中全会的决议写明了集体所有制过渡到全民所有制和社会主义过渡到共产主义所必须经过的发展阶段，但没有写明公社集体所有制需要有一个发展过程，这是一个缺点。因为那时我们还不认识这个问题。这样，下面的同志也就把公社、生产大队、生产队三级公有制之间的区别模糊了，实际上否认了目前还存在于公社中并且具有极大重要性的生产队（或者生产大队，大体上相当于原来的高级社）的所有制，而这就不可能避免要引起广大农民的坚决抵制，从1958年秋收后全国性的粮食、油料、猪肉、蔬菜'不足'的风潮，就是这种反抗的一个集中表现。一方面，中央、省、地、县、社五级（如果加上大队就是六级）党委批评生产队、生产小队的本位主义，瞒产私分；另一方面，生产队、生产小队却几乎普遍地瞒产私分，甚至深藏密窖，站岗放哨，以保卫他们的产品。我以为，产品本来有余，应当向国家交售，而不交售的这种本位主义确实是有的，犯本位主义的党员干部是应该受到批评的，但是有很多情况并不能称之为本位主义。即使本位主义属实，应该加以批评，在实行这种批评之前，我们也必须首先检查和纠正自己的两种倾向，即平均主义和过分集中倾向……上述两种倾向，都包含有否认价值法则、否认等价交换的思想在内，这当然是不对的。凡此一切，都不能不引起各生产队和广大社员的不满。"(《农业集体化重要文件汇编(1958～1981)》)

③ 新乡（镇）地委书记耿起昌认为，社会主义集体生产和集体生活方式对农民卡得过死，剥夺了他们的自由，打乱了生产秩序，没有了生产责任制，农民生产不积极。他说，农业合作化以后，我们把农民的劳动力拿过来了，农民不能自由劳动了；公社化以后，把生活吃饭的事也拿过来了。在他的倡导下，新乡（镇）地区60%以上的生产队，有的重新丈量，把土地分配到户，有的出现了"父子田""夫妻田""姐妹田"，回到了一家一户的生产形式。(《农业集体化重要文件汇编(1958～1981)》)

④ 据估计，当时全国有20%的生产队搞了"包产到户"，其中：安徽省80%、甘肃宁夏地区74%、浙江新昌县70%、四川省江北县70%、广西龙胜县42.3%、福建连城县42%、贵州省40%，搞了"包产到户"，广东、湖南、河北和东北三省也都搞了"包产到户"。(《农业集体化重要文件汇编(1958～1981)》)

3.3 改革起步期的农村土地产权制度 (1979~1985年)

3.3.1 家庭联产承包责任制的确立

1978年,发轫于安徽的"包产到组""包产到户"改革,拉开了中国农村经济体制改革的大幕,此后,土地产权制度改革进入一个新的探索时期,而中国农村经济社会发展也进入一个新的历史阶段。

1. 家庭联产承包责任制的发展进程

家庭联产承包责任制在发展的初期并非一帆风顺。在1978年的秋季,部分地区的农民群众自发地恢复了曾经被证明行之有效的生产责任制形式,包括"包工""三包一奖""包产到户"等多种形式;但是,与基层群众的实践形成对比的是,中央层面存在思想路线上的讨论,而且出台的某些政策实际上已经不能用于指导农村实践工作[①]。虽然没有得到中央政策支持,不少地方基层干部与群众依然顶着巨大的压力,不仅普遍实行责任制,还在联产到组的基础上创新若干形式,而且在全国范围内迅速铺开,改革趋势在农村基层已经明确且不可阻挡地向前发展[②]。

1980年初,小岗村的改革经验得到安徽省委的肯定和支持;同年9月,中共中央下达75号文件即《关于进一步加强和完善农业生产责任制的几个问题》,在文件的推动下,联产责任制发展得更为迅速,并由包产到组进一步发展到包产到户(包干到户),无论是经济相对发达的沿江沿海地区还是经济相对落后的西部偏远地区,几乎都采取了各种形式的责任制形式[③]。

1982年1月1日,中央以"一号文件"形式下发了1981年12月的《全国农村工作会议纪要》,这也是中央第一次以"一号文件"形式对"三农"问

[①] 1979年,先后制定的《中共中央关于加快农业发展若干问题的决定(草案)》《农村人民公社工作条例(修正草案)》《中共中央关于加快农业发展若干问题的决定》(1979年中央4号文件)等文件主要是对"文化大革命"时期的一些过"左"的做法进行了改正,虽然强调不得将社员自留地当作"资本主义的尾巴"去批判,但依然坚持"三级所有,队为基础"的人民公社管理体制,"不许分田单干""也不要包产到户"。
[②] 据统计,到1980年3月,全国实行不联产的各种包工责任制的核算单位,占全国生产队总数的55.7%,包产到组的占全国生产队总数的28%,余者是实行包产到户和包干到户的生产队,或是未实行包工、包产责任制的生产队。
[③] 据1981年10月统计,全国农村基本核算单位中,建立各种生产责任制形式的已占97.7%,其中小段包工的占16.5%,专业承包的占5.5%,联产到组的占11.2%,联产到劳的占15.8%,包产到户的占10.9%,包干到户的占39.1%。

题做出政策指导。文件提出必须坚持集体土地所有制，同时也肯定了各种形式的生产责任制在性质上都属于社会主义农业经济。这是思想理论认识上的一个巨大转变，肯定了由农民自发开始的这一次生产力革命的社会主义性质，成为开启中国农村家庭联产承包责任制的历史转折点，"联产到组"形式更快地向着"双包"尤其是"包干到户"形式转变①。

1983 年 1 月，中央下发第二个"一号文件"（《当前农村经济政策的若干问题》），废除人民公社旧体制，全面确立了家庭联产承包责任制的新体制地位；同年 10 月，中央提出建立乡级政府、实现政社分开；同年 11 月 29 日召开的全国农村工作会议正式宣布，家庭联产承包责任制是农民在党的领导下的伟大创造，已经在中国农村得到全面确立②。

1984 年 1 月，中央下发第三个"一号文件"（《关于一九八四年农村工作的通知》），强调要坚持和完善家庭联产承包责任制；1985 年 1 月，中央下发第四个"一号文件"（《中共中央、国务院关于进一步活跃农村经济的十项政策》），明确指出家庭联产承包责任制和农户家庭经营长期不变。以家庭联产承包责任制为主要形式的各种责任制在全国范围内的农村中得到了百分之百的推行。

2. 家庭联产承包责任制的制度变迁分析

基于发生的历史背景与启动方式等基本情况③，家庭联产承包责任制可以被理解为是一次比较典型的诱致性制度变迁。对于 1978 年的凤阳县小岗村村民而言，制度变革的潜在成本与潜在收益对比非常显著："包产到户"不是新生事物，50 年代已有现成经验，制度设计成本几乎可以忽略不计；18 户几乎同样贫困的家庭，地多人少，在组织者个人权威下，土地"肥瘦"分配不难协调，组织成本也相对较低；最大的不确定性，也是最大的成本来自因上级政府

---

① 据统计，在家庭联产承包责任制中，"双包"比重由 1980 年 12 月的 14.4%上升到 1981 年 10 月的 45.1%，到 1982 年 6 月底和 12 月底，又分别达到 71.9%和 78.7%；在"双包"责任制中，包干到户所占比重由 1980 年 12 月的 5%上升到 1982 年 6 月的 67%，而包产到户则由 9.4%下降到 4.9%。毫无疑问，包产到户减少的部分原因是其向包干到户转化了。
② 据统计，到 1983 年年底，全国实行联产承包的生产队达 586.3 万个，占生产队总数的 99.5%；其中，实行大包干的达 98.3%。
③ 安徽省凤阳县小岗村是凤阳县最穷的地区之一。从 1966 年到 1978 年的 13 年中，全村 65%的粮食都依靠国家供应，社员对集体经济已失去信心。当时的副队长严宏昌召集小岗村生产队的全体队员召开秘密会议，会上全村民一致同意实行"单干"，并通过了三条规定：一、瞒上不瞒下；二、交粮油时，该给国家的按时交给国家，该留给集体的按时留给集体；三、万一走漏风声，严宏昌作为责任人而为此蹲班房，全体队员共同负责把他的孩子抚养到 18 周岁。三条规定便成了小岗村包干到户的"章程"。接着，严宏昌就指导大家把土地分包到户，其间，公社给小岗村施加压力，碰巧县委书记下乡视察，了解情况后允许小岗村试验一年"单干"，搞起了"大包干"。

压力,尤其是组织者作为个体而面临的极大的政治风险(幸运的是时任县委书记支持了小岗村的改革)。与此形成对比的是,潜在收益非常具有吸引力:在缴纳了国家与集体的收益部分之后,可以由家庭自由支配剩余部分;对于组织者而言,一旦成功,他获得的是"企业家精神"的人生价值实现。事实证明,这一制度变革是成功的:一年之内,小岗村的村民人均收入由30元上升到400元。家庭联产承包责任制能在短短数年时间里实现全国范围内的全面实行,是由于1978年关于真理的大讨论之后,党中央在理论上重新认识了社会主义,在政策上明确了该责任制的制度属性[①],消弭了农村基层进行这一制度创新所面临的最大成本,即政治成本,对于全体农民而言,其预期成本与潜在收益都已经可以被准确预期[②]。

3.3.2 农村土地产权制度的基本内容

1. 农村土地所有权的制度安排

在改革开放初期的集体土地所有制框架下,无论是耕地、宅基地或者自留地,其所有权都属于集体。虽然农村经历了从人民公社制度到统分结合的家庭经营制度的巨大转变,农民只有在"集体"层面上才是土地所有者的基本制度设计并没有发生任何改变,"集体"的代表则继续沿用之前的基本核算单位,即生产队或者生产大队。

集体所有制虽然得到明确的政策保留与支持,但是在法律体系内有很多问题没有得到说明:1954年,《宪法》确立的只是农民在名义上对土地的所有权,直到1978年的《宪法》第七条规定"公社、生产大队、生产队三级所有",都既没有明确身为集体成员的农民个人对土地的所有权关系,也没有明确农民一旦脱离集体后对土地的所有权关系。事实上,《宪法》不仅对集体土地所有制的主体界定存在讨论空间,对集体所有制的客体界定也并不明确,直到1982年《宪法》才明确集体所有土地的范围是指"农村和城市郊区的土地,除由法律规定属于国家所有的以外"。

[①] 1978年12月,党的十一届三中全会原则上通过了《中共中央关于加快农业发展若干问题的决定〈草案〉》;1979年9月,党的十一届四中全会正式通过《中共中央关于加快农业发展若干问题的决定》,把"不许包干到户"改为"除某些副业生产的特殊需要和边远山区、交通不便的单家独户外,也不要包产到户";1980年9月,《关于进一步加强和完善农业生产责任制的几个问题》规定在那些边远山区和贫困落后的地区"可以包产到户,也可以包干到户",它是"不会脱离社会主义轨道,没有什么复辟资本主义的危险,因而并不可怕"。
[②] 胡敏,陈阿江.制度变迁的"成本—收益"分析——以家庭联产承包责任制为例[J].前沿,2004,12:46-48.

2. 农村土地使用权的制度安排

在家庭联产承包责任制下，农民虽然实际上在使用土地，但是其权利的具体内容并没有得到任何法律法规的说明。政策重点强调的是农民"无权"进行哪些处置①，而不是明确农民"有权"进行哪些处置。这不仅在政策上强调对农民个人的土地使用权进行限制，而且更加在法律上强调农民集体组织对土地的处置权利也是受限的②。无论是农民集体还是农民个体，都因法律或法规限制而无法处置或流转农地，但1985年的中央一号文件允许农地以"入股"方式实现部分的权能流转。概言之，通过对使用权的严格限制，在事实上维持了土地集体所有制与土地国家所有制的不对等局面。

3.3.3 农村家庭联产承包责任制的产权解读

家庭联产承包责任制是农业生产与经营方式的变革，虽然它并不改变集体所有制的基本制度框架，但事实上却在集体所有制内部进行了权能调整，不仅在事实上重建了农民的家庭财产权，也重塑了农民个体与农民集体之间的利益关系。

1. 家庭联产承包责任制重建农民家庭财产权

家庭联产承包责任制的基本内涵简单明确：以多种方式将集体土地承包给农户家庭进行耕种。所谓多种方式，主要是确立两个问题：第一，究竟以何种标准来确定每个家庭可以承包的土地数量与质量？例如：根据全部人口均分；根据劳动力人口均分；根据以质量折算的劳动力人口均分；等等。第二，哪些集体土地可以用于责任承包？是全部集体土地用于责任承包，或者将集体土地划分为口粮田与责任田，然后根据不同标准予以承包？等等。

无论采取何种方式，这都会造成同一个实质性后果：农村集体土地的所有

---

① 1981年4月17日，《国务院关于制止农村建房侵占耕地的紧急通知》提出："必须重申，农村社队的土地都归集体所有。分配给社员的宅基地、自留地（自留山）和承包的耕地，社员只有使用权，既不准出租、买卖和擅自转让，也不准在承包地和自留地上建房、葬坟、开矿、烧砖瓦等。"1984年，中央一号文件规定："自留地、承包地均不准买卖，不准出租，不准转作宅基地和其他非农业用地。"

② 1982年，《宪法》第十条（"农村和城市郊区的土地，除由法律规定属于国家所有的以外，属于集体所有；宅基地和自留地、自留山，也属于集体所有。""任何组织或者个人不得侵占、买卖、出租或者以其他形式非法转让土地。"）规定与《国务院关于制止农村建房侵占耕地的紧急通知》大体一致，但不仅社员没有处置权，"任何组织或者个人"也没有处置权，唯有"国家为了公共利益的需要，可以依照法律规定对土地实行征用。"

权与经营权分离，集体所有权逐渐虚化。集体以所有制主体身份，拥有土地所有权；农户家庭拥有土地经营权；土地经营收益在集体与农民家庭之间以一定比例分享。基于社会主义社会制度属性的要求，农民集体在法律上被认可为农村土地的合法主体，但是这一所有者主体的权能在实践中已经表现得非常有限，这不仅表现在集体作为土地所有者主体无法取得与国有土地所有者主体同样的权能，也表现在集体作为所有者主体对作为集体内部成员的农民的权能也是有限的。由于中央强调承包制的长期稳定而进一步硬化了农民的经营权，集体对土地的处置权最后主要表现在：当集体内部成员发生数量变化时，如何应成员要求对承包土地进行调整。

与集体土地所有权逐步虚化形成对照的是，农民的土地经营权逐步实化。经过人民公社的改造之后，农民已经失去了土地革命之后得到的土地所有权，改革开放之后的家庭联产承包责任制也不可能在农村土地制度上再度回到人民公社之前的状态，即便是恢复到农业合作社这种农民所有、合作社占有的状态也不现实。但是，如何在不给予农民土地所有权的情况下又确保农民的生产积极性呢？答案被寄托在做实经营权这一途径上：农民可以凭借稳定的经营权自由安排生产经营活动，而且家庭经营收益与自己的劳动直接挂钩。虽然农民作为个体无法获得名义上的所有权，却在一定程度上行使所有权主体的某些权能并享受收益，通过在一定层面上让经营权对所有权进行迭代，政府暂时寻求到一条既保证社会主义公有制属性又能让个体利益在资源配置中发挥积极作用的两全其美的道路。

事实证明，这一方案在改革开放之后一个时期内是有着积极效应的，短短数年，中国农村家庭就解决了之前数十年未能解决的温饱问题，开始积累起一定数量的家庭财产。家庭财产积累的形成，部分来自原有集体资产的均分，在实行家庭联产承包制之后，绝大多数农村集体都将之前的集体资产均分或者出售给了农民家庭；但更多的增量部分，则来自农民在集体土地上通过家庭生产经营而获得的剩余产品。较之于人民公社制度下绝大多数农民都缺乏足以维生的生活资料的状态，家庭联产承包责任制虽然没有改变土地所有制的性质，却在农村逐步积累起相当数量的私人财产；而且，即便在土地均分的格局下，不同家庭的财产积累在数量与增速上都开始显示出差距，农村财产主体的多元化格局开始显现。

2. 家庭联产承包责任制形成了集体统一经营与家庭分散经营相结合的体制

家庭联产承包责任制虽然以农民家庭分散经营为主,但是并没有否定集体统一经营的必要性,制度设计力图将二者结合起来。人民公社模式之所以失败,其原因在于高度的政社合一体制完全否定了农业生产与经营的微观主体性,甚至连生产队这样一个最基层的劳动生产组织都不具有任何独立组织生产、从事经营的功能。家庭联产承包责任制将可以由家庭独立完成的经营决策职能重新返还给家庭,这些基本职能包括:如何配置资金;如何安排劳动力;如何使用生产资料;如何销售产品;如何决定剩余产品的消费与储蓄比例;等等。大致而言,农民以家庭为决策单位,可以完成农业劳动的生产与再生产全过程。

较之人民公社无所不包的情况,此时集体经济组织能够开展的统一经营的范围相对非常有限,主要包括:对农用地承包进行发包、收费以及调整等事务性管理工作;利用集体经营性建设用地开展非农产业经营活动;为农民家庭经营提供各种有偿或无偿服务;为当地社区提供公益性服务;等等。但从实际情况看,在改革开放之后一个时期内,集体经营在多数地区主要限于发包、收费等内容,真正的经营活动少之又少,集体经济组织有名无实的情况非常普遍[①]。尤其是较之于改革开放初期家庭经营的迅速发展,集体经济日渐衰败,无力维护农村基础设施或提供社区公共产品,对农民的向心力日渐涣散,农民不再关心集体与组织,而建立在均分田地基础上的农民家庭经营不久之后就遭遇了生产与经营的"天花板"。农村经济新的增长点在哪里?

尽管如此,农村改革将农业生产经营的主要决策单位返还给农民家庭,是正确的选择,因为较之于集体经营,家庭经营更符合国情下的农业生产实际情况:第一,基于中国几千年来乡村社会的历史事实,虽然新中国成立后中国农村家族内部的宗法关系被彻底废除,但是中国农村家庭内部依然具有极强的凝聚力,以家庭为单位开展农业劳动生产经营,能够以最低的组织与协调成本激发出最大的生产积极性。第二,农业生产受到各种复杂的自然与地理环境影响,中国农民数千年来的小农生产方式,已经为家庭提供了一套非常完整的如何应对变化进行调整的农业生产经验知识体系,能够及时、有效地应对大多数自然

---

① 据中共中央政策研究室和农业部(现为农业农村部)对农村固定观察点的调查,1990 年,274 个调查村集体统一经营占的比重为:在耕地经营中占 1.1%,在园地经营中占 9.9%,在林地经营中占 46.9%,在牧地经营中占 57.8%,在水面经营中占 42.1%。

变化对农业生产造成的影响。第三，虽然经历了新中国成立后农业生产力的大发展，而且农村的农业生产基础设施也得到了极大的改善，但是由于中国农村区域极为广泛，整体而言农村的农田水利设施建设依然比较落后，并不足以支持大规模、集体性、机械化农业作业的展开；就农村劳动力素质条件而言，短期内很难要求农业劳动力达到现代农业生产方式的技术要求与管理要求，他们利用手工工具，采用传统农业生产方式进行生产，农业生产效率反而更高。甚至可以预期，即便中国农村的农田水利建设达到足以支持大规模作业的条件，即便农民素质普遍提高并足以掌握现代农业生产要求的技能方式，家庭经营生产方式依然有可能成为一种可行选择。虽然中国在改革开放之初因农村生产力落后而选择了这一方式，但这不意味着家庭经营方式本身是落后的或中国农村只能进行小农经营，可以成为佐证的是，在某些现代农业比较发达的国家中，采用家庭经营方式开展规模化生产经营的情况也并不鲜见。

3. 家庭联产承包责任制创立了劳动效益分配原则

作为一种农业经营方式，家庭联产承包责任制的优势比较明显；作为一种分配制度，家庭联产承包责任制同样产生了积极的激励效应。传统分配方式以工分作为标准，存在以下弊端：第一，工分可以作为活劳动参与分配的依据，但是不能作为物化劳动参与分配的依据；第二，工分作为活劳动参与分配的依据，只反映劳动时间的差异，不反映劳动质量的差异；第三，工分制的劳动时间，只是个别劳动时间，而不是社会劳动时间，产品的个别价值与社会价值之间存在巨大差异。由于这些弊端的存在，工分制的激励效果很不理想。较之而言，家庭联产承包责任制作为一种分配制度具有以下优势：第一，分配的客体是经过社会交换之后实现的产品价值，比较科学地体现了个别劳动与社会劳动之间的关系，鼓励劳动者提高劳动生产率；第二，分配的主体包括了集体与农民(国家征收农业税不在此分配范畴之内)，集体与农民之间的分配关系，在一定程度上可以被视为物化劳动与活劳动之间的分配关系，因为集体为农民的劳动过程提供了土地以及部分生产资料，在全部产品价值中有一部分物化劳动价值转移，集体理应获得这一部分的价值补偿。

最后需要指出的是，正是家庭联产承包责任制的快速发展加速了"政社合一"体制的解体。人民公社不仅是一种生产组织、经济组织或者社区组织，实际上也是一个基层政权组织，在实际运行中，由于不同主体之间的"责、权、利"关系含糊不清，多重身份叠加带来诸多矛盾。实行家庭联产承包责任制之后,"三级所有"的公社体制何去何从,成为一个需要加以解决的实际问题,生产队已经不再附属于基层政权,该如何建立农村的政治组织与经济组织,处理农村政治治理与社区治理之间的关系?1983年的乡(镇)政府建设迈出了实质性的一步,终结了延续25年的"政社合一""一大二公"的农村人民公社制度。

3.3.4 家庭联产承包责任制的阶段性绩效评价

家庭联产承包责任制是中国农民的成功经验,中国在不改变社会主义基本属性、不产生社会动荡的情况下,成功地实现了生产力的一次巨大释放;中国农村在较短的时间内就基本解决了温饱问题并开始向着小康迈进,家庭联产承包责任制为中国农村改革的进一步深化奠定了坚实的物质基础与制度基础。虽然改革尚在进行之中,但四十年的改革历程也可以总结出若干阶段性的经验。

1. 农村土地家庭联产承包责任制促进了农业生产的大发展

以生产力标准衡量,家庭联产承包责任制的成功是巨大的:耕地数量、劳动力数量没有增加,生产资料与生产技术几乎没有发生重大变化,改变的只是生产组织与产品分配的方式,却让农村生产力释放出巨大的能量,人尽其才,地尽其力,财尽其利,物尽其用,农村经济社会发展一改衰败凋敝景象,走上繁荣道路[①]。

2. 农村土地家庭联产承包责任制为商品经济发展做出了贡献

早在"一五计划"执行之初,基于服务赶超型工业发展战略的需要,国家对农产品施行了统购派购制度。家庭联产承包责任制的推行,让统购派购制度失去了可行性,上级政府不能再依赖有名无实的生产队完成收购任务,更不可能直接面向上亿个农村家庭下达收购任务。家庭联产承包责任制的推行,也让统购派购制度失去了必要性。统购派购制度产生的时代背景之一是城市人民生

---

① 据世界银行的《1986年世界发展报告》记载,1978~1984年较1957~1978年,我国谷物总产量年均增长率从2.1%增长到4.9%;棉花从1.3%增长到18.7%;油料从1.0%增长到14.6%。而单位面积产量年均增长率,则分别从2.6%增长到6.1%,从2.1%增长到11.5%,从3.1%增长到10.2%。据林毅夫教授研究,1978~1984年,各项改革所致的生产率变化构成产出增长的48.64%,在各项改革中,从生产队体制向家庭联产承包责任制的转变是最重要的,仅制度改革一项就使产出增长了约46.89%。(林毅夫. 制度、技术与中国农业发展[M]. 上海:上海人民出版社,1994:94.)

活与工业化发展所需的农产品严重匮乏,但家庭联产承包责任制被推行之后,各类农产品产量大幅度提高,国家收购的各类农产品数量超过历史最高水平,完全无须再使用统购派购制度。

各类农产品的商品化率不断提高,要求城乡之间建立起相应的商品流通体制:农产品能进入城市,农民所需的生活资料与生产资料能进入农村,否则不仅农民生活,甚至农业再生产都会受到影响。城乡之间如何交换?计划经济时代的不等价"剪刀差"形式已经不能再延续,农村改革必须从生产领域被进一步推入交换领域。1985年,中共中央颁发《关于进一步活跃农村经济的十项政策》,该文件的第(一)项就明确提出改革农产品统购派购制度,代之以合同定购、市场收购等更加符合市场经济基本规律要求的方式①。

3. 农村土地家庭联产承包责任制为乡镇企业发展提供了基本生产要素

实行家庭联产承包责任制后,农村家庭基本都积累起一定量的私人财产,而均分土地决定了农民很难在有限的土地上进行扩大再生产,农村剩余资金需要寻找合适的投资渠道。如果说资金的"过剩"在某种程度上意味着一种发展中的烦恼,那么另一项要素的剩余所造成的后果则可能严重得多,即农村劳动力的大量剩余。劳动力剩余在中国农村的存在为时已久,在改革开放之前很长一段时期,由于制度失误导致劳动生产率低下而造成农产品严重短缺,各级政府对劳动力过剩现象缺乏准确认识,认为农产品短缺说明农业劳动力投入存在不足。实施家庭联产承包责任制后农业劳动生产率的迅速提高、农村生产力的迅速发展,很快刺破这一假象。"田多人少"假象破灭,"田少人多"真相显露,而各级政府,尤其是城市政府对此既缺乏正确的思想认识,又没有充分的政策准备。在计划经济体制下完成的城市化与工业化并没有为农民向城市产业的大规模转移预留生活空间或者就业渠道,何况城市本身也需要解决大量待业人员的就业问题。虽然1984年中央在"一号文件"中提出,允许农民进城务工经商,但"离土不离乡"实际上成为解决农村剩余劳动力的基本原则,发展

---

① 文件指出:"从今年起,除个别品种外,国家不再向农民下达农产品统购派购任务,按照不同情况,分别实行合同定购和市场收购。粮食、棉花取消统购,改为合同定购。由商业部门在播种季节前与农民协商,签订定购合同。""生猪、水产品和大中城市、工矿区的蔬菜,也要逐步取消派购,自由上市,自由交易,随行就市,按质论价,放开的时间和步骤,由各地自定。""其他统派购产品,也要分品种、分地区逐步放开。""取消统购派购以后,农产品不再受原来经营分工的限制,实行多渠道直线流通。农产品经营、加工、消费单位都可以直接与农民签订收购合同;农民也可以通过合作组织或建立生产者协会,主动与有关单位协商签订销售合同。任何单位都不得再向农民下达指令性生产计划。"

乡镇企业就成为最主要的渠道。从农民的角度考虑，政策已经初步营造了包括劳动力流动在内的城乡要素流动的大环境，农民会根据其个人的成本-收益分析进行理性选择，较之进城务工，选择乡镇企业就业显然具有更低的成本、更小的不确定性，更能满足农民以兼业形式分摊务农收入来源风险的要求。

农村剩余劳动力问题早已存在，但一直没有显露出来。家庭联产承包责任制的发展让这一问题最终浮出水面，又为解决这一问题提供条件。首先，农产品的增长，为大量劳动力离开农业生产成为产业工人提供基本的生活资料；其次，农村商品经济的发展让农民有了一定的资金积累，这些资金积累成为乡镇企业资金原始积累的重要来源之一，在东部以及沿海地区，这一点表现得尤其典型与突出；除农民个人资金积累外，部分地区的集体经济发展情况相对较好，集体资金积累也成为乡镇企业资金原始积累的渠道之一。

4. 农村土地家庭承包使农村经济成为国民经济新的生长点

首先，家庭联产承包责任制直接推动农业生产大发展，又在此基础上催生了乡镇企业，在改革开放初期，中国农村前所未有地成为中国经济生活中最富有增长性的一个区域。农业与农村经济在国民经济增长中占据重要比重，虽然1984年之后农业对国民经济增长的贡献比例下降，但是蓬勃发展的乡镇企业以及各类农村非农产业随即迅速补上了增长的空档，到1990年，农村国民收入已经占全国国民收入比重的54.36%，成为名副其实的半壁江山，农村经济在国民经济中有着非常突出的表现。同时，农业和农村经济的发展对改善国家财政收支状况做出了贡献。这其中，乡镇企业功不可没，1979~1992年，乡镇企业上缴国家的税金由22亿元上升至470.2亿元，13年间增幅高达2037%。需要指出的是，在这个时期，农业与农村对国家财政的贡献逐年增加，但国家财政对农业与农村的支出却在不断减少。改革开放至90年代初的这十余年时间内，国家财政用于农业的支出虽有起伏，但整体比例已经从1979年的13.7%下降到了1990年的8.9%,这其中固然有因农产品供给充足而财政补贴支出下降的原因。在一个较长的时期，由于农产品匮乏，用于国内农产品提价、农产品进口以及农资进口等项目的各类补贴占据了财政支出中一个非常大的比例，但1984年之后上述补贴都被大幅削减，而在以下两个方面，国家财政严重缩减，产生了一系列严重后遗症：第一，农村的交通、通信与道路等基础设施，以及科教文卫等各类公共服务与公共产品的供给，财政拨付严重不足，乡村面貌改善速度较慢，农业生产所需基础设施日渐老化；第二，乡镇基层政府经费拨付不足，同时，超岗、超编的情况不断恶化，基层政府运行困难，从而向乡镇企业或者农民转移费用负担，给乡镇企业发展造成压力，更直接影响了农村社会秩序的稳定和谐。

其次，农业和农村经济的发展促进了工农关系和城乡关系的改善，尤其对于城市居民生活改善与城市经济发展而言，农业与农村经济的发展具有积极的促进作用：第一，作为供给方，农业与农村经济有效地改变了城市工农产品长期以来的供需矛盾，彻底消除了困扰城市居民几十年的基本生活资料匮乏，为城市废除农副产品票证配给制奠定了坚实的物质基础；第二，作为需求方，逐渐解决温饱问题的农民向着富裕的生活继续迈进，他们需要更多的生活资料与生产资料以改善生活、发展生产，为各类城市产业发展开辟了一个全新、广阔的市场空间。城乡经济关系在这个时期才真正开始进入相互关联、相互支持的新阶段。

3.4 改革探索期的农村土地产权制度 （1986～2006年）

3.4.1 农地集体所有权制度规定

1986年4月12日颁布的《中华人民共和国民法通则》对农村土地的集体所有进行了规定[①]。1992年6月，国家土地管理局政策法规司在关于对《中华人民共和国土地管理法》有关问题请示的答复中指出了农村集体经济组织应具备的基本条件以及所有土地等问题[②]，但是，相关文件或管理部门都没有明确界定"村民小组相应的农业集体经济组织"究竟是什么。

根据2002年《中华人民共和国农村土地承包法》有关规定[③]，"集体"被限定为"农民集体""农民集体所有的土地"被解释为"村农民所有"或"村内两个以上集体经济组织的农民集体所有"，但是对"村农民"的范围以及"村内两个以上集体经济组织的农民"范围，没有做出明确的界定。2004年修订

---

① "集体所有的土地依照法律属于村农民集体所有，由村农业生产合作社等农业集体经济组织或者村民委员会经营、管理。已经属于乡(镇)农民集体经济组织所有的，可以属于乡(镇)农民集体所有。"
② "农业集体经济组织必须有一定的组织机构、管理人员、资金，具有一定的民事权利能力和民事行为能力，能够以自己名义独立承担民事责任。""在生产队解体为村民小组后，原生产队所有的土地，可以属于该村民小组相应的农业集体经济组织的农民集体所有，不应理解为村民小组拥有集体土地所有权。"
③ 第十二条："农民集体所有的土地依法属于村农民集体所有的，由集体经济组织或者村民委员会发包；已经分别属于村内两个以上农村集体经济组织的农民集体所有的，由村内各该农村集体经济组织或者村民小组发包。村集体经济组织或者村民委员会发包的，不得改变村内各集体经济组织农民集体所有的土地所有权。"

通过的《中华人民共和国土地管理法》再一次把"集体"笼统地限定为"农民集体",没有对"农民集体"的边界做任何明确的界定。

关于集体土地所有权的行使代表,《宪法》未做出具体规定。2004 年《宪法》第十七条"集体经济组织在遵守有关法律的前提下,有独立进行经济活动的自主权"强调的是"集体经济组织"的"自主权"。2004 年《中华人民共和国土地管理法》第十条①强调的是"集体经济组织或者村民委员会"经营和管理"农民集体所有的"土地。但是,实践中,集体土地所有权的行使代表往往变成村委会,村委会替代村集体经济组织(或村民小组)行使集体土地所有权②。

3.4.2 农地集体使用权制度规定

在这个时期,有关农村集体土地使用权的流转改革基本处于停滞状态,甚至在一定意义上出现了逆市场化方向的倒退,这一点可以从 1988 年的《中华人民共和国土地管理法》有关规定③,以及 1998 年《中华人民共和国土地管理法》和 2004 年《中华人民共和国土地管理法》的有关规定④中得到印证。一直到进入 21 世纪之后,改革才继续得以向前推进,其标志性事件就是 2002 年 8 月第九届全国人民代表大会常务委员会第二十九次会议通过了《中华人民共和国农村土地承包法》⑤。集体土地使用权或者承包经营权的合法地位在法律层面与政策层面都继续得到肯定与强化,但是其产权权能在若干领域依然存在可能引发讨论的问题,主要包括:第一,使用权主体的处分权能并不完整,使用权主体只拥有附加多项限制条件的转包、互换以及转让等处分权能。例如,超出一定范围(本集体组织成员拥有优先权)的流转行为被视为无效;在未经发包方(集体组织)同意的情况下发生的转让行为在法律上被视为无效⑥;等等。第二,农民经营土地的收益权得到了明确的保障,但是交易行为中的收益权则缺乏明确的规定与保障。无论是农民集体还是农民个

---

① "农民集体所有的土地依法属于村农民集体所有的,由村集体经济组织或者村民委员会经营、管理;已经分别属于村内两个以上农村集体经济组织的农民集体所有的,由村内各该农村集体经济组织或者村民小组经营、管理;已经属于乡(镇)农民集体所有的,由乡(镇)农村集体经济组织、经营、管理。"
② 刘正山. 当代中国土地制度史(下)[M]. 大连:东北财经大学出版社,2015:67-78.
③ "国有土地和集体所有的土地的使用权可以依法转让。土地使用权转让的具体办法,由国务院另行规定。"
④ "农民集体所有的土地的使用权不得出让、转让或者出租用于非农业建设;但是,符合土地利用总体规划并依法取得建设用地的企业,因破产、兼并等情形致使土地使用权依法发生转移的除外。"
⑤ "通过家庭承包取得的土地承包经营权可以依法采取转包、出租、互换、转让或者其他方式流转。"
⑥ 参见 2005 年《最高人民法院关于审理涉及农村土地承包纠纷案件适用法律问题的解释》(法释〔2005〕6 号)第十三条规定。

体，在土地交易环节的自主权利都是相对有限的，在不充分、不对等的谈判过程中，农民或集体的收益没有得到有效的保障，最典型的表现在土地征收行为中。第三，在这个阶段，承包经营权依然是一个统一概念，但事实上承包行为与经营行为在现实中已经出现了越来越多的分离现象，如何界定承包权与经营权之间的关系成为越来越需要得到重视的问题，一些地方为了确保土地得到耕种而将承包权界定给经营主体，这种直接取消集体组织成员承包权流动的做法引起了强烈的反对与争议①。

3.4.3 农村宅基地产权制度安排

1. 农村宅基地制度的基本规定

1986年6月颁布的《中华人民共和国土地管理法》第四十一条②允许城镇非农户口居民使用集体土地建住宅；1989年，国家土地管理局《关于确定土地权属问题的若干意见》有关规定对此问题也并未禁止③。1990年1月，《国务院批转国家土地管理局〈关于加强农村宅基地管理工作的请示〉的通知》首次明确"对……非农业户口的，不批准宅基用地"，但之后政策条例或者法律条例在这一问题上并没有保持一致，在允许与禁止两者之间摇摆不定④。一直到1998年，修订版的《中华人民共和国土地管理法》才首次从法律上明确排除了城镇非农户口居民获得农村集体土地为宅基地的可能性，将宅基地的申请主体由"农村居民"修改为"农村村民"，删除城镇非农户口居民可以使用集体所有土地建住宅的规定，并明确规定，除兴办乡镇企业、村民建设住宅、建设乡(镇)村公共设施和公益事业可以使用农民集体所有的土地外，任何单位和个人进行建设需要使用土地的，必须依法申请使用国有土地。虽然排除

---

① 刘正山. 当代中国土地制度史(下)[M]. 大连：东北财经大学出版社, 2015：70-78.
② "城镇非农业户口居民建住宅，需要使用集体所有的土地的，必须经县级人民政府批准，其用地面积不得超过省、自治区、直辖市规定的标准，并参照国家建设征用土地的标准支付补偿费和安置补助费。"
③ "农民集体经济组织将原集体土地上的建筑物出售给全民所有制单位、城市集体所有制单位或城镇非农业户口居民，其用地属于国家所有。城镇及市郊农民集体土地上的房屋出售给本集体以外的农民集体或个人，其所售房屋占用的土地属于国家所有。"
④ 例如，1991年1月《中华人民共和国土地管理法实施条例》又规定："城镇非农业户口居民建住宅需要使用集体所有的土地的，应当经其所在单位或者居民委员会同意后，向……申请。……报县级人民政府批准"。1992年7月9日最高人民法院《关于范怀与郭明华房屋买卖是否有效问题的复函》规定："房屋买卖要式法律行为。农村的房屋买卖也应具备……手续后，方能认定买卖有效"，该复函并未禁止城镇居民购买农村房屋。1993年11月1日起施行的《村庄和集镇规划建设管理条例》规定："城镇非农业户口居民在村庄、集镇规划区内需要使用集体所有的土地建住宅的，应当经其所在单位或者居民委员会同意后，依照前款第(一)项规定的审批程序办理。回原籍村庄、集镇落户的职工、退伍军人和离休、退休干部以及回乡定居的华侨、港澳台同胞，在村庄、集镇规划区内需要使用集体所有的土地建住宅的，依照本条第一款第(一)项规定的审批程序办理"。

了城镇居民获得农村宅基地的可能性，但是 1998 年的《中华人民共和国土地管理法》却并未禁止城镇居民在农村购买房屋，因为《中华人民共和国土地管理法实施条例(2011 年修订)》有关规定[①]并未禁止宅基地使用权转移，因此当地上建筑物转移时，必须依法变更土地使用权。

1999 年以来，禁止城镇居民购买"宅基地房"的文件或者规定，大都属于部门规章形式[②]，并不能作为确认农村房屋买卖合同是否无效的法律依据，但是这些规定确实对法院判决农村房屋买卖合同的效力产生了影响，而司法实践的法律依据明显不足，虽然《中华人民共和国土地管理法(2004 年修订)》第六十三条[③]规定集体所有土地不得用于非农业建设，但宅基地本身是建设用地而非农业用地，其使用权主体的变更(无论是否变更为城镇主体)不改变宅基地的性质，该条款并不适宜用作解释。

概括起来，从产权角度看，无偿使用、无限期使用和限制性转让三个基本特点构成该时期农村宅基地产权制度的基本架构。第一，除法律规定属国家所有以外，农村宅基地产权归集体所有，集体可以依据法律规定，将本村集体建设用地分配给村集体范围内的个人无偿使用。农民可以无偿获得宅基地的长期使用权。第二，虽明确规定宅基地产权归集体所有，但在实际操作中，宅基地产权与使用权之间的界限并不清晰，国家对农民的宅基地使用权进行了一定程度的出让，即通过让渡部分产权权益保障农民宅基地使用权益。第三，规定宅基地只可有条件、有范围地流转。宅基地并非农民私有财产，宅基地使用权仅限本集体经济组织范围内的村民无偿享有，本村村民只可在本村申请宅基地，且申请到宅基地使用权后，村民只能自建房屋供自己使用，不可转让。村民之间买卖房屋时，宅基地产权经相关部门批准后方可一并转移[④]。

---

① 第六条："依法改变土地所有权、使用权的，因依法转让地上建筑物、构筑物等附着物导致土地使用权转移的，必须向土地所在地的县级以上人民政府土地行政主管部门提出土地变更登记申请，由原土地登记机关依法进行土地所有权、使用权变更登记。土地所有权、使用权的变更，自变更登记之日起生效"。
② 主要包括：1999 年 5 月，国务院办公厅《关于加强土地转让管理严禁炒卖土地的通知》(国办发〔1999〕39 号)规定，"农民的住宅不得向城市居民出售，也不得批准城市居民占用农民集体土地建住宅，有关部门不得为违法建造和购买的住宅发放土地使用证和房产证"。2004 年，国务院《关于深化改革严格土地管理的决定》(国发〔2004〕28 号)规定，"禁止农村集体经济组织非法出让、出租集体土地用于非农业建设"，"改革和完善宅基地审批制度，加强农村宅基地管理，禁止城镇居民在农村购置宅基地"。2004 年，国土资源部《关于加强农村宅基地管理的意见》(国土资发〔2004〕234 号)规定，"严禁城镇居民在农村购置宅基地，严禁为城镇居民在农村购买和违法建造的住宅发放土地使用证"。
③ "农民集体所有的土地的使用权不得出让、转让或者出租用于非农业建设；但是，符合土地利用总体规划并依法取得建设用地的企业，因破产、兼并等情形致使土地使用权依法发生转移的除外。"
④ 杨英法. 中国农村宅基地产权制度研究[J]. 社会科学家，2016(2)：65-69.

2. 部分地区农村宅基地制度的改革探索

山东省德州市土地管理局于 1988 年初开始农村宅基地有偿使用试点改革，其基本内容是：农村宅基地归集体所有，农户只有使用权；农民建房要符合村镇规划，先提出申请，按规定程序依法审批；宅基地使用期间，按每平方米缴纳 0.1～0.5 元的使用费，超过规定面积加倍收取。农村宅基地有偿使用费用于本村各项公益事业。1989 年 6 月，山东省人民政府办公厅发布《转发省土地管理局〈关于农村宅基地有偿使用试点工作情况的报告〉的通知》，肯定了德州试点，并要求各地区参照执行。1990 年 1 月，《国务院批转国家土地管理局关于加强农村宅基地管理工作请示的通知》（国发〔1990〕4 号）要求全国各地搞好农村宅基地有偿使用试点，加强对农村宅基地的管理。

到 1992 年，全国已有 28 个省、自治区、直辖市约 13 万个行政村实行宅基地有偿使用。但是，宅基地的收费引发农民对负担加重的不满[①]。1993 年 7 月，中共中央办公厅、国务院办公厅《关于涉及农民负担项目审核处理意见的通知》（中办发〔1993〕10 号）明确提出取消农村宅基地有偿使用收费、农村宅基地超占费和土地登记费在农村收取的部分等 37 项；2001 年，国务院《关于开展农民建房收费专项治理工作的通知》重申取消收费；2004 年 11 月，国土资源部《关于加强农村宅基地管理的意见》（国土资发〔2004〕234 号）再次强调"各地一律不得在宅基地审批中向农民收取新增建设用地土地有偿使用费"。

3.5 改革新阶段的农村土地产权制度
（2007 年至今）

随着市场经济体制改革的不断深入，在维系土地所有权公有的格局下，大量的土地权利已经转移到企业和个人，土地利益格局已多元化，必然要求建立土地的归属和利用秩序。2007 年 3 月 16 日，第十届全国人民代表大会第五次会议通过了《中华人民共和国物权法》（简称《物权法》），标志着我国土地权利体系发生根本性变化。此后，中共中央十七大报告、党的十七届三中全会《中共中央关于推进农村改革发展若干重大问题的决定》、党的十八届三中全会《中共中央关

[①] 刘正山. 当代中国土地制度史(下)[M]. 大连：东北财经大学出版社，2015：71-77.

于全面深化改革若干重大问题的决定》、中国共产党第十九次全国代表大会的《决胜全面建成小康社会，夺取新时代中国特色社会主义伟大胜利》报告以及党的十三届全国人大三次会议的《中华人民共和国民法典》等构建了面向市场经济体系的土地制度框架，标志着我国农村土地制度改革进入新的阶段。

3.5.1 物权框架下的农地产权结构

改革开放以来，我国初步形成以土地所有权为基础、以土地使用权为核心的土地权利体系，但是相关法律规定在一定程度上已经滞后于改革实践发展，就农村土地权利而言，具体表现在以下几个方面。

第一，法律对集体土地所有权存在差别对待，不同土地所有权的法律地位不平等，土地所有权的移转只能是单向的、唯一的；法律对不同土地所有权提供的保护不同，采取有利于国家土地所有权的政策，不能依法证明争议土地归农民集体所有的，归国家所有；法律赋予不同土地所有权不同的权能，集体所有的土地不具有出让权。

第二，集体土地所有权主体缺乏明确的界定，关于集体土地所有权的行使代表，《宪法》没有规定，《物权法》和《中华人民共和国土地管理法》说法不一致，前者称其为集体土地所有权行使代表，而后者称其为集体土地的经营管理者，实践中集体土地所有权的行使代表往往变成村委会，导致多数干部和农民对集体土地所有权缺乏更深的认同感。

第三，土地承包经营权权能残缺，处分权不完整，法律只赋予承包人部分处分权能（如转包、互换、转让等），且附加很多限制，而且收益权不完整，承包权与经营权的关系缺乏界定。另外，法律对土地承包经营权缺乏足够的保护，没有具体规定集体土地所有权主体行使土地所有权的组织形式和程序，造成实践中集体土地所有权主体"错位"，所有权实际代理人（往往是村民委员会）以集体所有者的名义替农民做主；不仅如此，地方政府征地行为的扩大化也对土地承包经营权造成消极影响。

2007年3月，第十届全国人民代表大会第五次会议召开并通过《物权法》，自2007年10月1日起施行。《物权法》建立了不动产统一登记制度，完善了土地征收补偿制度，构建了以土地所有权、土地承包经营权、建设用地使用权和宅基地使用权为主要内容的土地物权体系。

在农村土地所有权方面，集体土地所有权归本集体成员集体所有。归村农民集体所有的，由村集体经济组织或者村民委员会代表集体行使所有权；分别归村内两个以上农民集体所有的，由村内各该集体经济组织或者村民小组代表集体行使所有权；归乡镇农民集体所有的，由乡镇集体经济组织代表集体行使所有权。为了公共利益的需要，国家依照法律规定的权限和程序可以征收集体所有的土地；国家对耕地实行特殊保护，严格限制农用地转为建设用地，控制建设用地总量。

土地承包经营权被确定为用益物权，土地承包经营权人依法对其承包经营的耕地、林地、草地等享有占有、使用和收益的权利。承包期内发包人不得收回承包地。取得方式为承包，但无代价。耕地的承包期为30年。承包期届满，由土地承包经营权人按照国家有关规定继续承包。土地承包经营权人依照农村土地承包法的规定，有权将土地承包经营权采取转包、互换、转让等方式流转。流转的期限不得超过承包期的剩余期限。未经依法批准，不得将承包地用于非农建设。通过招标、拍卖、公开协商等方式承包荒地等农村土地，依照规定，其土地承包经营权可以转让、入股、抵押或者以其他方式流转。党的十七届三中全会通过的《中共中央关于推进农村改革发展若干重大问题的决定》提出"三个不得"①基本原则。2014年11月，中共中央办公厅、国务院办公厅印发《关于引导农村土地经营权有序流转发展农业适度规模经营的意见》，并提出"四个不得"②基本原则。

农村宅基地使用权人依法对集体所有的土地享有占有和使用的权利，有权依法利用该土地建造住宅及其附属设施。法律没有规定宅基地是否有收益权，但规定"已经登记的宅基地使用权转让或者消灭的，应当及时办理变更登记或者注销登记"，这意味着宅基地使用权可以被转让。法律没有规定其权利期限。

在土地担保物权方面，可以抵押的土地产权包括建设用地使用权(法律另有规定的除外)以及以招标、拍卖、公开协商等方式取得的荒地等的土地承包经营权，而不得抵押的土地产权包括土地所有权以及耕地、宅基地、自留地、自留山等集体所有的土地使用权(法律规定可以抵押的除外)。乡镇、村企业的建设用地使用权不得单独抵押③。

---

① 土地承包经营权流转，不得改变土地集体所有性质，不得改变土地用途，不得损害农民土地承包权益。
② 土地经营权流转不得违背承包农户意愿、不得损害农民权益、不得改变土地用途、不得破坏农业综合生产能力和农业生态环境。
③ 《中华人民共和国担保法》第三十六条规定："乡(镇)、村企业的土地使用权不得单独抵押。以乡(镇)、村企业的厂房等建筑物抵押的，其占用范围内的土地使用权同时抵押。"依照《中华人民共和国土地管理法(1998年修订)》第四十三条："任何单位和个人进行建设，需要使用土地的，必须依法申请使用国有土地；但是，兴办乡镇企业和村民建设住宅经依法批准使用本集体经济组织农民集体所有的土地的，或者乡(镇)村公共设施和公益事业建设经依法批准使用农民集体所有的土地的除外。"

在征地补偿方面,《物权法》也进行了完善：土地征收必须以保护耕地为前提；土地征收必须具备法定条件，即必须是为了公共利益的需要，必须依照法定的权限和程序，必须依法给予征收补偿；土地征收的法定补偿范围包括土地补偿费、安置补助费、地上附着物补偿费和社会保障费用[①]。

3.5.2 农村土地产权的权能扩展

党的十八届三中全会通过的《中共中央关于全面深化改革若干重大问题的决定》公布后，引起了社会广泛关注，其中的土地改革条文明确了赋予农民以土地为主的财产权利，这是极为重要的突破。农民应不应该有财产权、要不要给农民财产权？这是两个长期被讨论的问题。温家宝总理 2011 年 12 月 28 日在中央农村工作会议上的讲话中代表中央指出："土地承包经营权、宅基地使用权、集体收益分配权等，是法律赋予农民的合法财产权利，无论他们是否还需要以此作为基本保障，也无论他们是留在农村还是进入城镇，任何人都无权剥夺。推进集体土地征收制度改革，关键在于保障农民的土地财产权，分配好土地非农化和城镇化产生的增值收益。"但是，当时中央文件未纳入这一表述。

2012 年 6 月 11 日公布的《国家人权行动计划(2012~2015 年)》要求"切实保护农民的土地承包经营权、宅基地使用权和集体收益分配权。"党的十八届三中全会通过的《中共中央关于全面深化改革若干重大问题的决定》（简称《决定》）提出："产权是所有制的核心。健全归属清晰、权责明确、保护严格、流转顺畅的现代产权制度。公有制经济财产权不可侵犯，非公有制经济财产权同样不可侵犯。""国家保护各种所有制经济产权和合法利益，保证各种所有制经济依法平等使用生产要素、公开公平公正参与市场竞争、同等受到法律保护，依法监管各种所有制经济。"这是一个极大的进步，同时也是清除市场壁垒、提高资源配置效率和实现公平原则的必要条件。《决定》提出"赋予农民更多财产权利"这一农村产权制度改革的突破性举措。

社会各界对此有不同意见。一种意见认为，农民获得的土地改革红利巨大，有利于刺激消费、扩大内需，还能使中国人的粮食成本降低，而且红利效果将越来越大。但是也有意见认为，改革对中国农村的影响将是深远和长期的，并非立竿见影，因为大多数农民的宅基地和经营性用地并不具有流转的优势条件，即使可以流转，价格也会比较低；而且，如果务农收入难以增长，那么农

---

① 刘正山. 当代中国土地制度史(下)[M]. 大连：东北财经大学出版社，2015：197-200.

地也很难流转。将土地视为"财产权利",也不可避免地引发了"农地私有化趋势"。例如,《决定》公布后,温铁军立即在《中国乡村发现》上发表了文章《农村底线是不搞土地私有》,而华生则直指"增人不增地,减人不减地"就是实质的农地私有化。

1. 集体经营性建设用地流转

集体所有权权能扩大的一个表现是允许集体经营性建设用地入市流转。集体建设用地的流转从20世纪80年代开始一直隐性存在,但并没有得到政策层面的认可与支持。党的十七届三中全会通过的《中共中央关于推进农村改革发展若干重大问题的决定》提出:"改革征地制度,严格界定公益性和经营性建设用地,逐步缩小征地范围,完善征地补偿机制""逐步建立城乡统一的建设用地市场"。党的十八届三中全会通过的《中共中央关于全面深化改革若干重大问题的决定》提出:"缩小征地范围,规范征地程序,完善对被征地农民合理、规范、多元保障机制。"2013年,《中共中央关于全面深化改革若干重大问题的决定》提出"允许农村集体经营性建设用地出让、租赁、入股,实行与国有土地同等入市、同权同价""完善土地租赁、转让、抵押二级市场"。2014年1月,《关于全面深化农村改革加快推进农业现代化的若干意见》提出"在符合规划和用途管制的前提下,允许农村集体经营性建设用地出让、租赁、入股,实行与国有土地同等入市、同权同价,加快建立农村集体经营性建设用地产权流转和增值收益分配制度。"

党的十八届三中全会的《决定》对农村集体经营性建设用地入市做了突破:集体经营性建设用地可以和国有建设用地一样进行出让、租赁、入股;集体经营性建设用地与国有建设用地在同一个平台上合法入市交易。集体经营性建设用地与国有建设用地按照市场规则形成价格,享有同等权利。此次三中全会的《决定》首次将"同地同权"写进执政党的最高文件,意义重大,影响深远。当然,文件也明确指出集体经营性建设用地进入市场的限制,即必须符合规划和用途管制。

自从党的十七届三中全会的《决定》提出"逐步建立城乡统一的建设用地市场"之后,虽然中央多次强调不能再靠牺牲农民土地财产权利来降低工业化与城镇化成本,要提高农民在土地增值收益中的分配比例,但由于征地收益成为地方政府重要的财政来源,改革很难取得突破。党的十八届三中全会的《决定》就深化财税体制改革提出多项政策举措,要求建立与事权和支出责任相适应的制度,发挥中央和地方的积极性,有助于在建立城乡统一的建设用地市场的改革上取得突破。同时,《决定》中的提法意味着是对现行法律法规的突破,需要尽快修改相应的法律法规和出台相关的政策措施。

2. 农村土地承包经营权流转

2007年,中共中央十七大报告中提出:"按照依法自愿有偿原则,健全土地承包经营权流转市场,有条件的地方可以发展多种形式的适度规模经营。"2008年,《中共中央关于推进农村改革发展若干重大问题的决定》提出"建立健全土地承包经营权流转市场。"2014年9月,中共中央全面深化改革领导小组第五次会议审议了《关于引导农村土地承包经营权有序流转发展农业适度规模经营的意见》《积极发展农民股份合作赋予集体资产股份权能改革试点方案》,建议在坚持农村土地集体所有的前提下,促使承包权和经营权分离,形成所有权、承包权、经营权三权分置以及经营权流转的格局。2014年11月,中共中央办公厅、国务院办公厅印发了《关于引导农村土地经营权有序流转发展农业适度规模经营的意见》,鼓励承包农户依法采取转包、出租、互换、转让及入股等方式流转承包地。

在地方改革方面,例如,广东省南海市(现为广东省佛山市南海区)农民将承包经营的土地以股权形式流转给村集体成立的经联社(或经济社)统一经营,随后这种新的土地流转方式向中国东部沿海地区以及山东、山西、河北等地铺开。南海区农户土地承包经营权股权化的主要特点是将原社区集体经济组织发包给农户的承包地经营权作股,组建新的股份合作组织,对入股土地实行统一规划、开发和经营。股份合作组织直接经营土地,或者代表股东与企业签订合同进行租赁。2014年9月,广东省佛山市南海区出台《南海区集体建设用地使用权流转实施办法》,引导集体建设用地通过"出让"实现使用权证的有效转移,进而明晰产权。①

3. 农村宅基地流转

在城镇化推进背景下,全国每年有超过千万的农村人口转移到城镇地区,而客观上又不可能强制收回其闲置的房屋和宅基地,这实际上造成土地资源的极大浪费,但又为宅基地流转市场的形成提供资源储备。从某种意义上说,农

---

① 刘正山. 当代中国土地制度史(下)[M]. 大连:东北财经大学出版社,2015:208-212.

村中一直存在宅基地私下流转的市场,但是法律与政策一直没有认可这种流转行为,也缺乏明确而统一的市场规则。

事实上,要实现对宅基地使用权的充分利用,除要明确其归属外,流转是实现其价值的有效途径。党的十八届三中全会的《决定》提出:"保障农户宅基地用益物权,改革完善农村宅基地制度,选择若干试点,慎重稳妥推进农民住房财产权抵押、担保、转让,探索农民增加财产性收入渠道。"在试点范围内,农民的宅基地使用权可以随同住房财产权一并用于抵押、担保、转让,因为《民法典》第三百九十七条规定"以建筑物抵押的,该建筑物占用范围内的建设用地使用权一并抵押。以建设用地使用权抵押的,该土地上的建筑物一并抵押。"这一改革举措是对集体经济产权制度和相关法律的重大突破,也有助于积极探索农民财产权的可能实现形式。保障农户宅基地用益物权,其关键是能否在《民法典》规定的保障宅基地占有权、使用权的基础上,增加收益权。实践证明,推进农民住房财产权抵押、担保、转让,是探索增加农民财产性收入的重要途径。但是,由于宅基地制度的复杂性和特殊性,《决定》增加了"选择若干试点"和"慎重稳妥"两个限定语。

4. 农村土地的抵押与担保权能

长期以来,法律并未赋予农民对土地承包经营权的抵押、担保权能。2007年3月16日,第十届全国人民代表大会第五次会议通过的《物权法》第一百八十四条规定:"下列财产不得抵押:(一)土地所有权;(二)耕地、宅基地、自留地、自留山等集体所有的土地使用权,但法律规定可以抵押的除外……"①。《物权法》的这一规定表明,农民对承包地只享有占有、使用、收益的权利,并没有处分权,所以土地承包经营权是不允许抵押、担保的。抵押、担保是一种处分权,土地一旦用于抵押、担保,而抵押人到期无法偿还贷款,那土地就变成别人的了,从而变成事实上的农村土地买卖。

现实中农民发展家庭经营,特别是发展现代农业,迫切需要金融机构的贷款资金支持,商业银行每一笔贷款都要求贷款者提供有效抵押物,而农民缺乏有效抵押物,这就造成了实际上的贷款难。为破除农民贷款难,各地进行了不少探索,其中成效显著的是林地抵押贷款。到2012年底全国林权贷款金额达

---

① 2020年5月22日,第十三届全国人民代表大会第三次会议通过的《民法典》第三百九十九条规定:"下列财产不得抵押:(一)土地所有权;(二)宅基地、自留地、自留山等集体所有土地的使用权,但是法律规定可以抵押的除外……"。

到 530 亿元人民币，抵押贷款林地面积为 3850 万亩，平均每亩贷款近 1400 元人民币。至于农地的抵押贷款则进展不快，探索较早的地区如成都市，2009 年底决定将"三权"——土地承包经营权、集体建设用地使用权和农村房屋产权进行抵押贷款试点，并在国内首次就农村产权抵押贷款主体、贷款申请、债权实现等做了明确规定。

2013 年 11 月，《中共中央关于全面深化改革若干重大问题的决定》提出："完善土地租赁、转让、抵押二级市场""稳定农村土地承包关系并保持长久不变，在坚持和完善最严格的耕地保护制度前提下，赋予农民对承包地占有、使用、收益、流转及承包经营权抵押、担保权能，允许农民以承包经营权入股发展农业产业化经营。"《决定》把经营权从承包经营权中单独分离出来，扩大承包经营权的权能，新增抵押、担保功能。2014 年 1 月，中共中央、国务院印发《关于全面深化农村改革加快推进农业现代化的若干意见》提出："在落实农村土地集体所有权的基础上，稳定农户承包权、放活土地经营权，允许承包土地的经营权向金融机构抵押融资""在保障农户宅基地用益物权前提下，选择若干试点，慎重稳妥推进农民住房财产权抵押、担保、转让。"2014 年 4 月，国务院办公厅印发《关于金融服务"三农"发展的若干意见》，要求中国人民银行会同相关部门制定农村土地承包经营权抵押贷款管理办法并进行试点。2014 年 11 月，《关于引导农村土地经营权有序流转发展农业适度规模经营的意见》提出，按照全国统一安排，稳步推进土地经营权抵押、担保试点，研究制定统一规范的实施办法，探索建立抵押资产处置机制。这一改革举措是对集体经济产权制度和相关法律的重大突破，但承包权作为物权依然不许抵押，政策设计希望的是，既能缓解农民的贷款难，又能做到风险可控。

各地政府在这一领域也都在进行试点[①]，但是，土地经营权抵押贷款在改革实践中也遇到了法律难题，因为《物权法》《中华人民共和国担保法》《中华人民共和国农村土地承包法》均对通过家庭承包方式取得的耕地等的承包经营权抵押采取限制态度，而且农村土地登记确权制度不完善，缺乏土地承包经

---

① 各地的试点实践包括：2014 年 7 月，中国人民银行长沙中心支行与湖南省人民政府联合出台《湖南省农村土地承包经营权抵押贷款试点方案》（长银发〔2014〕80 号），在 10 个县(市)开展农村土地承包经营权抵押贷款试点，试点县(市)金融机构可结合自身业务发展实际，制定农村土地承包经营权抵押贷款操作细则；2014 年 11 月，《河北省农村土地经营权抵押贷款管理暂行办法》正式出台，明确农民承包土地经营权预期收益可作为质押向金融机构贷款，主要服务于通过家庭承包方式取得农村土地经营权的农户，以及通过其他承包方式和流转方式取得农村土地经营权的专业大户、家庭农场、农民合作社、农业企业等新型农业经营主体；2014 年 7 月，黑龙江省人民政府办公厅下发《创新农村金融服务推进方案》，提出将农民承包的土地经营权、草原承包经营权、林地承包经营权、拟购置农机具等纳入抵(质)押担保范围，实现土地承包经营权抵押贷款业务在"两大平原"现代农业综合配套改革试验区内全覆盖；等等。

营权的评估机构，缺乏土地承包经营权流转市场，农业保险机制不完善，这些都在不同方面、不同程度上影响了改革试点实践的推进。

回顾新中国成立至今的农村土地制度，尤其是土地产权制度的变化，1949~1952年的土地改革完成后，中国农村的土地制度可以被视为一种自耕农土地所有制[1]，农民获得土地，拥有了土地的经营权、出租权和买卖权[2]，马克思对这种土地制度的正向激励作用曾经有过肯定性的评价，这种正向激励作用也得到了当时中国农村社会发展的事实验证。随后，中国农村土地制度经过了一段曲折的探索时期，直到1978年，中国农村开始在维持集体土地所有制不变的前提下构筑集体所有权与家庭经营权"两权分离"的土地产权架构，并通过《中华人民共和国农村土地承包法》等一系列正式的法律法规予以清晰的界定与保障。如今，中国农村土地制度正在进一步探索"三权分置"的新改革，将从传统理论的聚焦所有权进一步拓展到更加丰富的产权束探讨，改革要解决的将不仅是具体改革举措或技术路线问题，也将有可能形成对社会主义土地理论与思想的一次突破。

---

[1] 张霞. 社会主义土地思想在近代中国的历史演变[J]. 贵州财经学院学报，2010(1)：75-80.
[2] "劳动者对他的生产资料的私有权是小生产的基础，而小生产又是发展社会主义生产和劳动者本人的自由个性的必要条件。诚然，这种生产方式在奴隶制度、农奴制度以及其他从属关系中也是存在的。但是，只有在劳动者是自己使用劳动条件的自由私有者，农民是自己耕种的土地的自由私有者，手工业者是自己运用自如的工具的自由私有者的地方，它才得到充分发展，才显示出它的全部力量，才获得适当典型的形式。"（马克思. 资本论(第1卷)[M]. 北京：人民出版社，1975：830.）

第4章 新中国农村土地管理制度变迁

4.1 国民经济恢复时期的农村土地管理制度 (1949~1952年)

土地管理是国家为维护土地制度、调整土地关系、合理组织土地利用所采取的行政、经济、法律和技术方面的综合措施。一般而言,国家把土地管理权授予政府及其土地行政主管部门。因此,土地管理也是政府及其土地行政主管部门依据法律和运用法定职权,对社会组织、单位和个人占有、使用、利用土地的过程或者行为所进行的组织和管理活动。

4.1.1 农村土地管理工作

1. 土地管理机构的设置

1949年11月1日设置中央人民政府内务部,下设地政司,作为全国土地管理机关,履行土地管理职责。地政司的职责是:土地测量、登记,土地证的发放,土地征收(用),城市房地产政策的规划,公共房地产的管理、分配和保护,城市营建计划的审核等。土地估价和征收房地产税由财政部负责。

省、自治区、直辖市的土地管理机构设置有三种情况:东北各省地政机构的设置与中央政府一致,民政部门掌管地权,财政部门掌管土地评级及公粮征收,农林部门掌管农林土地利用;天津、上海设立直属市政府的地政部门,天津市设有直属市政府的地政处,上海市则专设地政局;南方各省情况比较复杂,有的地政工作归民政部门管理,有的归财政部门管理。

在农村进行土地改革的区域,自1950年初起,县级以上政府,都有土地改革委员会,负责土地改革法令、条例的起草和土地改革的行政指导等工作。在土地改革期间,土地改革委员会还兼管农林、水利、渔业等部门。土地改革完成之后,土地改革委员会就结束工作,农林、水利、渔业等部门划归财经委员会指导①。

2. 农村的地籍管理

《中华人民共和国土地改革法》第三十条规定:"土地改革完成后,由人民政府发给土地所有证,并承认一切土地所有者自由经营、买卖及出租其土地的权利。"1950年11月10日通过的《城市郊区土地改革条例》第十七条规定:"城市郊区土地改革完成后,对分得国有土地的农民,由市人民政府发给国有土地使用证,保障农民对该项土地的使用权。对私有农业土地者发给土地所有证,保障其土地所有权。"

1950年11月25日,中共中央内务部发布《关于填发土地房产所有证的指示》(简称《指示》),统一地籍登记发证工作的规范,发证的范围是:凡土地改革已经完成的地区,不论是农民新分的土地还是原有土地,均应一律颁发土地房产所有证,对土地改革后分给地主的土地及房屋也发给所有证。发新证时,根据《中华人民共和国土地改革法》规定,土地制度改革以前的土地契约,一律作废并予以缴销。内务部统一制定土地证样式,但各大行政区和省可以依据不同情况予以变通。土地证以户为单位填发,但在证上要列出该户所有成员,以表示土地房产为该户成员共同所有,妇女也拥有土地房屋所有权。

《指示》第二条规定:"组织发证委员会,由财政部门及民政部门派人参加,分工合作,以组织发证工作的进行。"财政、民政部门同样是地籍的管理机关。《指示》第四条规定:"在发证前,必须注意解决土改中的遗留问题,及群众间土地房产纠纷问题。不然,潦草填发土地证后,会引起群众纠纷,而影响群众的生产与团结。"这次发证是一次全国范围内的农村地权清理。《指示》第五条规定:"填发土地证应与清理土地的工作密切结合起来,以求得土地亩数的大致准确,但一般的可不实行普丈,而采取自报公议、重点抽丈的方法进行,以免拖延发证时间,使群众感到地权不稳,影响生产情绪。"

关于地籍成果的管理,《指示》第七条规定:"发证时,乡或行政村政府,应备置土地清册以便查考。"由于没有要求县人民政府承担保管和变更地籍档案的责任,地籍整理成果也没有被上报到中央,时间一久,地权变动,农村地籍渐趋混乱②。

---

① 刘正山. 当代中国土地制度史(上)[M]. 大连: 东北财经大学出版社, 2015: 118-120.
② 刘正山. 当代中国土地制度史(上)[M]. 大连: 东北财经大学出版社, 2015: 120-125.

3. 土地交易管理

新中国成立初期，存在多种土地所有制形式，包括国有、公有和私人所有等，其中，国有荒地，凡是依靠自力耕种进行开垦者，可以取得所有权，但因城市与工矿区及军事等特殊需要的荒地，经政府准许耕种者，只有使用权；城市私人资本可以投资农牧业，雇工经营，开荒种粮，也可以领用国有荒地、草地，并取得 10~20 年的土地使用权；承领国有荒山荒地造林者，可取得森林所有权，经政府核定，该项林权可以转让。

在新中国成立初期的多种所有制形式当中，私有占主体。《中华人民共和国土地改革法》规定："承认一切土地所有者自由经营、买卖及出租其土地的权利。"因此，土地交易（土地所有权或使用权的流转）在各地普遍发生。各地也出台一系列土地管理法规，如东北人民政府 1950 年 10 月 17 日颁布的《土地暂行条例》、1948 年 10 月颁布的《哈尔滨市共有土地出租暂行条例》和 1950 年 11 月热河省人民政府颁布的《关于解决农村中土地问题的指示》等。

对于农民所有的土地，经村政府证明、乡人民政府审核后，报县（市或区）人民政府批准，以及办理登记、换证和缴纳契税后，可以买卖、典当其所有权，转让其地上权、地役权（继承或离婚带走等可不交契税），但也有限制：不务正业、企图逃避农业生产者和以土地偿付非法债务或作违法交易代价者不得卖地，烟民不得卖地。

4.1.2 征地制度

我国《宪法》在 2004 年区分"土地征收"与"土地征用"为不同概念，但在此之前，这两个概念都被统称为"征用"。新中国成立初期，在土地法规、规章中，最早提到土地征用的是上海市人民政府于 1949 年出台的《处理无主土地暂行办法》的第九条规定[①]，中央人民政府政务院对征地制度最早的法律规范是 1950 年 6 月出台的《铁路留用土地办法》[②]，同年 9 月政务院对《铁路留用土地办法》进一步做了相关解释[③]，同年 11 月政务院公布的《城市郊区土地改革条例》的

---

① "代管土地如政府有征用必要时得予征用之。"
② 该办法第五条规定："铁路因建筑关系，原有土地不敷应用或有新设施需要土地时，由铁路局通过地方政府收买或征购之。"
③ 该办法规定："至于地价问题，凡接收国民党政府时期之路基地产经过征用程序有案可稽者，一般不予补发地价。对确实贫困之所有权人，可酌情补助，其未办征用程序以及新占用者，在未进行土改以前，应照原办法第六条由铁路局通过地方政府收买或收购之。""征用公地无须补发地价，如所征土地系《土地改革法》第三条但属于学校、孤儿院、养老院、医院等依靠土地收入维持费用者，应通过地方筹发地价。"

第十四条[①]对土地征用行为做出了规定：目的必须是为"市政建设"；补偿与安置的基本原则是"适当"。此条的"土地征用"主要指的是现在的"土地征收"行为。

部分地方出台有关征地补偿的地方性法规，例如，1950年4月17日，上海市军事管制委员会批准《关于军事需要征用房地产的补偿办法》。补偿标准：土地及房屋基地以免付公粮或地产税暂代补偿；房屋订定租额按月发放，地上农作物酌定损失数量一次性补偿。这类征用，不改变产权，属于征租性质。1950年8月15日，华东军政委员会公布《关于修建公路征用土地暂行办法》，凡新筑或拓宽路基用地，按原业主生活情形分别采取有代价或无代价的征用办法。对农民，尽可能在当地公地中调剂补还或在土地改革时补还；对地主的土地，无代价征用。1951年8月13日，上海市人民政府公布《修建道路、沟渠征用土地暂行办法》，规定征用土地于开工前登报公告，然后由工务、地政两局会同区政府分别通知当事人办理征用事宜。对私有非农业土地，由工务局会同当地区政府按照土地使用情况、所有人成分与生活情况、征用后余留土地受益程度，协议酌情给价或不给价。协议不成则由地政局裁定；对私有农业土地，如系种植人所有，应以适当公地与其交换或以合理价格协议征用[②]。

4.1.3 相关财税制度

1950年1月，政务院颁布《全国税政实施细则》，在规定的税种中，与土地房地产相关的是农业税、地产税。同年3月开征契税；7月将房产税与地产税合并为房地产税。农业税是对耕地征收的实物税，按单位耕地面积粮食作物的常年产量计征，增产不增税，实际上是一种财产税，其性质与田赋相同。[③]由于在此阶段依然存在土地私有制，土地允许买卖、典当等，1950年4月3日，政务院公布《契税暂行条例》，其中对有关土地买卖的契税做出了规定[④]；另外，《财政

---

① "国家为市政建设及其他需要征用私人所有的农业土地时，须给以适当代价，或以相等之国有土地调换之。对耕种该项土地的农民亦应给以适当的安置，并对其在该项土地上的生产投资（如凿井、植树等）及其他损失，予以公平合理的补偿。"
② 刘正山. 当代中国土地制度史（上）[M]. 大连：东北财经大学出版社，2015：120-125.
③ 刘正山. 当代中国土地制度史（上）[M]. 大连：东北财经大学出版社，2015：127-129.
④ 相关基本规定包括：契税在全国城市和完成土地改革的乡村施行，由土地房屋所在地的县（市）人民政府征收。凡土地房屋之买卖、典当、赠与或交换，均应凭土地房屋所有证并由当事人双方订立契约，由承受人依照本条例完纳契税。契税税率如下：买契税，按买价征收6%；典契税，按典价征收3%；赠与契税，按现值价格征收6%。先典后买之买契税，得以原纳典契税额，划抵买契税款但以承典人与买主同属一人者为限。继承原承典人之直系亲属及配偶以同属一人论。交换之土地房屋，两方价值相等者，免征契税，不相等者，其超过部分，按买卖税率纳税。

部关于借地或租地建屋于约定期满后产权移转的交纳契税办法》对约定期满后的契税做出了规定①。

4.2 社会主义改造时期的农村土地管理制度 (1953～1957年)

4.2.1 农村土地管理工作

新中国成立之初,土地管理工作,包括地籍测量、地籍管理、城市房地产管理、土地征用、土地房地产交易管理、土地估价、土地财税等,均集中在中央人民政府内务部的地政司。后来,土地管理的职能逐渐分散。1952年,地政司将城市营建规划及考核职能移交给新成立的建筑工程部。1954年,因农业合作化的发展和农村地籍的变化,撤销地政司,在农业部设立土地利用总局。1956年,在土地利用总局的基础上成立农垦部,主管全国所有荒地和国营农场建设工作。城市房地产管理工作被移交给新成立的城市服务部。土地管理工作形成了分散管理的格局。

1. 地籍管理

在地籍管理方面,新中国成立之初,通过土地改革最后步骤的土地登记发证等工作,在城乡建立了较为完善的地籍制度。城乡地籍制度的建立,也为农业税、房地产税、契税等的开征和土地管理打下良好基础。然而,农业合作化之后,农民土地归高级农业生产合作社所有。到1957年,全国大约有75.3万个高级社,即有75.3万个集体土地所有者,但是没有再进行土地登记和换发土地所有权证书。

2. 规划管理

在规划管理方面,1954年,农业部在苏联专家的帮助下,开展了国营农场的土地规划工作。1956年,农业部开始了农业合作社的土地规划。当时,

---

① 基本规定是:"(一)借地或租地建筑房屋,在约定期满后,房屋无条件归地主所有者,此项产权转移,应视同买卖关系,由取得房屋所有权人纳税领契。(二)在约定年限未满时,建筑房屋人将房屋顶典者,应按典当关系由承典人纳税领契。"

农业部土地利用总局和各省(自治区、直辖市)农业部门的土地利用机构负责这项工作。这一年,全国各地的280个社进行试点,此后全面铺开。到1957年底,全国已完成5000个农业生产合作社的土地规划工作。通过土地规划,对水利设施的布置、田间道路的规划等,均做到了合理安排,促进了农业生产建设。

3. 市场交易管理

自从农业社会主义改造运动开展以后,农村一般的土地买卖已日趋减少。1955年5月7日,《国务院关于农村土地的转移及契税工作的通知》规定:"对农村土地的买卖在法律上虽不禁止,但在实际工作中应防止农民不必要的出卖和出典土地,因此,今后农村土地买卖、典当及其他转移,均应首先报请乡人民委员会审核,转报区公社或区人民委员会批准(未设区的报县、市人民委员会批准),并取具区公所或区人民委员会的介绍信(未设区的应取具县、市人民委员会的介绍信),始得办理契税手续。上列各机关对于申请开具土地买卖,典当及其他移转介绍信的事项,必须查明其原因,分别处理。对于农民因生产、生活困难,而出卖、出典土地者,应帮助他们解决困难,以免他们出卖、出典土地;对于农民之间为了生产上的便利,而互相调换远近好坏土地的,则不应加以限制;对于以出租土地进行剥削为目的而购买土地者,以及对于无正当职业、不事生产而出卖、出典土地维持生活者、则不应开给介绍信。"对不必要出卖、出典土地的农民进行说服教育,必要时帮助其解决困难。因办理土地移转所得的手续费,应作县级财政收入,以免乡人民委员会为自筹经费或经办人为个人私利而促使土地过多地进行转移。县人民委员会对经过税契手续而发生的土地所有权的变动,应加以登记,并于每年年终时加以汇总,上报省人民委员会,转报国务院①。

4.2.2 征地制度

为规范征地行为、保证建设用地需求,中央人民政府政务院于1953年12月5日公布了《关于国家建设征用土地办法》,并于1954年4月27日颁布了《内务部关于执行国家建设征用土地办法中几个问题的综合答复》,使该办法得以完善。根据1953年《关于国家建设征用土地办法》的规定,对征地的范

---

① 刘正山. 当代中国土地制度史(上)[M]. 大连:东北财经大学出版社,2015:161-170.

围从之前的"市政建设"进行了扩大①，明确了征地的程序②，并指出征收之后的土地产权属于国家。关于征地补偿，就农村土地而言，包括以下方面："一般土地以其最近三年至五年产量的总值为标准，特殊土地酌情变通处理之"；对于被征用土地上的房屋、水井、树木等附着物及种植的农作物，应勘定现状之后按公平合理的价格予以补偿；当地人民政府负责协助被征地农民解决其生产所需之土地或协助其转业，用地单位应在条件许可的范围内尽可能吸收其参加工作；等等。

1954年9月20日，第一届全国人民代表大会第一次会议通过了中华人民共和国第一部《宪法》，其中规定："国家为了公共利益的需要，可以依照法律规定的条件，对城乡土地和其他生产资料实行征购、征用或收归国有。"这为《国家建设征用土地办法》的实施提供了法律依据。此后，所有有关征地的法规，均沿用此说法，即"为了公共利益"是征地的前提。

《国家建设征用土地办法》在执行过程中，暴露出许多问题，如少用多征、早征迟用、征而不用等浪费土地的现象不断发生；对农民的补偿、安置政策得不到落实，引起农民的不满；还有征用手续不完备、不按规定程序批地、越权批地和违法批地等。为此，国务院于1956年1月24日下发《关于纠正与防止国家建设征用土地中浪费现象的通知》，着重强调要本着节约用地的原则确定建设单位的用地数量，按照实际需要详细拟定计划，对已征用土地使用情况进行检查，发现浪费的现象应当及时纠正。

4.2.3 相关财税制度

与土地相关的税种是：农业税、房地产税和契税。这一历史阶段，农业税是重点。1953年8月28日，政务院发布《关于一九五三年农业税工作的指示》，规定：今后3年以内，农业税的征收指标稳定在1952年的实际征收水平上，不再增加。毛泽东在1956年的《论十大关系》和1957年的《关于正确处理人民内部矛盾的问题》两篇讲话中都阐述了兼顾国家税收、合作社积累和农民个人收入三方面关系的主张。他认为：国家要积累，合作社也

---

① 第二条："凡兴建国防工程、厂矿、铁路、交通、水利工程、市政建设及其他经济、文化建设等所需用之土地，均依本办法征用之。"

② 第四条："凡征用土地，均应由用地单位本节约用地的原则，提出征用土地计划书，按业务系统报经其上级领导机关批准后，依关于批准权限的下列规定，分别转请中央人民政府政务院或大行政区行政委员会或省、市、县人民政府核准公布征用之……"

要积累,但是都不能过多;要尽可能使农民在正常年景下,在增加生产的同时逐年增加个人收入;几年内要把征粮和购粮的数量大体稳定在八百几十亿斤的水平上,使农业得到发展,使合作社得到巩固,使农村中的一小部分缺粮户不再缺粮,使全体农民达到中农和中农以上的生活水平。从 1952 年到 1956 年,全国农业实产量从 2924 亿斤(细粮)增加到 3409 亿斤,增长 16.6%;而实征农业税仅从 358 亿斤增加到 367 亿斤,增长 2.5%;实征农业税占农业实产量的比重则从 12.2%下降到 10.8%[①]。

4.3 曲折发展时期的农村土地管理制度
(1958~1978 年)

4.3.1 全面建设社会主义时期的农村土地管理制度(1958~1966 年)

1. 农村土地管理工作

自 1955 年内务部的地政司被裁撤之后,全国不再有统一的土地管理部门,而是形成分散的土地管理局面。农业合作化完成之后,农村地籍管理工作也不复存在,但征用土地的划拨工作和土地权属遗留问题的处理工作,仍留在内务部,由民政司负责。征地的审批,1958 年归建筑工程部管理,1960 年归国家基本建设委员会管理,1961 年归国家计划委员会管理,1964 年则由国家经济贸易委员会管理,1965 年归国家建设委员会管理。农村土地利用,由农业部、农垦部、林业部、水利部等分管。农业部下设土地利用总局,负责人民公社的土地利用规划、水土保持、土壤改良等工作,1960 年改称水土利用局;1963 年,改称土壤肥料局。农垦部分管荒地勘测、规划设计等。水利部负责农田水利和水土保持。林业部负责林地的调查、权属管理等。

在农村土地权属管理方面,1962 年 9 月,中共八届十中全会通过了《农村人民公社工作条例(修正草案)》(《农业六十条》),确定"三级所有,队为基础"的集体土地所有制形式:集体的耕地、山林、草原、宅基地,大部分为生产队所有,公社和大队也有一部分归其所有的企业(连同其所占土地和山林)。1962 年,《农村人民公社工作条例(修正草案)》第二十一条规定:"生

---

① 刘正山. 当代中国土地制度史(上)[M]. 大连:东北财经大学出版社,2015:159-160.

产队范围内的土地,都归生产队所有。生产队所有的土地,包括社员的自留地、自留山、宅基地等等,一律不准出租和买卖。"第四十五条规定:"社员的房屋,永远归社员所有。社员有买卖或者租赁房屋的权利。"

在农地利用管理方面,人民公社时期的农村集体受到诸多管制,不能买卖和出租土地,必须完成上级特别是县政府的派购任务规定的农产品数量,按县政府的命令进行农田水利建设,按县政府指令进行农业生产劳动以及口粮分配等。至于农村宅基地,按照《中共中央关于各地对社员宅基地问题作一些补充规定的通知》(1963年3月20日)规定,社员需建新房而又没有宅基地时,可按规定程序申请。

在农地利用规划方面,人民公社化之后,农业土地生产规模迅速扩大,相应地,提出了土地整理的要求,包括规划耕作区、整理排灌系统、合并田块、迁居并村、重新配置居民点,等等。三年困难时期,人民公社土地利用规划工作完全停顿。1964年,为了"农业学大寨",建设旱涝保收、高产稳产基本农田,实现机械化的形势要求,人民公社土地利用规划工作开始恢复。农垦部规定:建设机械化国营农场,不进行土地利用规划的不予投资。这一时期,土地利用规划的内容,以平整土地、规划方田、田渠林路综合配套为中心。

1959年9月3日,农业部颁布了《关于加强人民公社土地利用规划工作的通知》,对土地利用规划的方针、任务、内容、要求和方法做了规定。这一时期,中国已由农业合作化进入人民公社化阶段,而土地利用规划工作被视为"是合理利用土地,挖掘土地生产潜力,提高劳动生产率,促进增产增收的一项重要措施"。该通知确定了土地利用规划的方针:"当前受益为主,群众自办为主,合理规划农、林、牧、副、渔等各项用地。"其原则之一是"国家计划和因地制宜相结合"。

1960年,农业部发出《关于善始善终完成土壤普查进一步开展土地利用规划的通知》,对全国土地利用规划提出进一步的要求。包括:第一,除重点进行耕地内部作物种植、渠系、道路等的规划外,对林、牧、副、渔等项用地要做出合理安排;第二,机耕区要做好机耕田块、道路的配置,其他地区要做出平整土地、小块并大块等规划,为实现机耕创造条件;第三,做好机耕,即机耕区、灌溉区和商品基地地区的规划。从该通知的内容来看,这一时期的土地利用规划都是为现代化的大规模农业建设服务的,在内容上始终关注的是耕地这一个方面,名为规划,实际上注重的是"当前的利益",缺乏长远的计划。

2. 征地制度

1956年社会主义改造完成之后，土地产权制度发生巨大变化，需要修订1953年颁布的《关于国家建设征用土地办法》。此外，1958~1960年连续三年的"大跃进"在土地利用上造成灾难性的后果，加之基建、水利大量占用耕地以及大面积的耕地改林、改牧和撂荒，需要对原有政策做出改变。

1958年1月，国务院修正并公布《国家建设征用土地办法(修正)》，在以下方面进行了修订：第一，必须贯彻节约用地的原则，一切目前可以不举办的工程，都不应该举办；需要举办的工程，在征用土地的时候，必须精打细算，严格掌握设计定额，控制建筑密度，防止多征、早征，杜绝浪费土地。凡有荒地、劣地、空地可以利用的，应该尽量利用；尽可能不征用或者少征用耕地良田，不拆或者少拆房屋。第二，关于征用土地的补偿费，发补偿费的对象由当地人民委员会会同用地单位和被征用土地者共同评定。一般土地补偿标准由原办法规定的最近3~5年的产量总值改为最近2~4年的定产量总值。第三，关于被征用土地者的安置问题，原办法是当地人民政府必须负责协助解决其继续生产所需之土地或协助其转业，修正草案强调当地乡、镇或者县级人民委员会应该负责尽量就地进行农业安置。第四，关于审批权限，修正草案规定，建设工程用地在300亩以下和迁移居民在30户以下的，可以向土地所在地的县级人民委员会申请核拨。

但是，《国家建设征用土地办法》在执行中没能管住土地乱占滥用等问题。例如，审批权限问题方面的规定，在用地数量上，只有上级约束下级，却没有横向约束，导致土地资源的浪费。1961年，国家将建设项目的审批权上收，属于中央各部管理的大型项目由国务院审批，小型项目由主管部门审批。1962年5月，国家又规定：所有大中型项目都须经国务院批准才能被列入国家计划，小型项目也要在国家批准的基建总额内，报国家计划委员会备案。同年，国务院规定不论用地多少，暂时将审批权全部收归省、自治区、直辖市掌握，这样才在一定程度上把基建规模连同基建用地压了下来。1964年，在经济形势全面好转、建设用地逐渐增多的情况下，国务院把征用土地10亩以下和迁移居民5户以下的项目审批权下放给市(州)和县(市)[1]。

---

[1] 刘正山. 当代中国土地制度史(上)[M]. 大连：东北财经大学出版社，2015：172-190.

3. 相关财税制度

与前一段时期相同，此期间开征的与土地相关的税种，包括农业税、房地产税和契税，但是，社会主义改造完成之后，由于土地被禁止买卖和转让，征收土地契税也就停止了。

新中国成立后，各地区曾根据不同情况制定了一些地区性农业税条例，但是税制上并不统一。1958年6月3日，全国人民代表大会常务委员会第九十六次会议通过了《中华人民共和国农业税条例》。这是新中国成立后颁布的全国性农业税税法，对农业税的纳税人和课税对象、农业收入的计算、农业税的税率、农业税的优待和减免、农业税的征收等做了较为详尽的规定。

但是，"大跃进"造成了农业税政策的错乱，主要表现在：农业税纳税人不统一，有的规定为人民公社，有的规定为管理区或生产大队，有的规定为生产队，还有的笼统规定人民公社为基本核算单位；不依税率计征，有的地区采取逐级分配任务的办法，应享受减免或补贴的地区不确定；地区之间负担不平衡，存在"鞭打快牛"的现象。而且，"大跃进"时期实行高税率，农民负担明显加重。

1958年12月20日，中共中央和国务院颁布《关于适应人民公社化的形势改进农村财政贸易管理体制的决定》，决定不再由国家征收专门的农业税，实行公社财政包干[①]。实践证明这一尝试行不通，1959年5月重新恢复由国家征收农业税。1961年6月17日，财政部党组向中央提出《关于调整农业税负担的报告》，决定调低农业税的实际负担率，农业税正税和地方附加的实际税额占农业实际收入的比例，全国平均不超过10%。

1962年9月24日，中共八届十中全会通过《关于进一步巩固人民公社集体经济、发展农业生产的决定》，并明确规定："除了国家正式规定的税收任务(包括正税和附加税)以外，不准各级机构自行加税，自行摊派。"1961～1962年，中国农业税在实际征收中，均比原定的指标有较大幅度的减少。此后，在整个国民经济调整时期以至"文化大革命"时期，中国的农业税总体上一直维持在一个较低的水平[②]。

[①] 文件规定："国家在农村中的农业税、工商业税、下放企业事业的收入、地方附加和其他收入，统一计算，扣除原来由国家开支的行政费和事业费……由公社按收支差额包干上缴。"
[②] 刘正山. 当代中国土地制度史(上)[M]. 大连：东北财经大学出版社，2015：193-199.

4.3.2 "文化大革命"时期的农村土地管理制度(1966～1976年)

1. 农村土地管理工作

在农村土地规划方面,"文化大革命"初期,土地利用规划工作受到批判,农业部土地利用局被撤销,土地利用规划工作全面停顿。1970年北方地区农业会议后,"农业学大寨"运动兴起,1971年《全国农业机械化发展纲要(1971～1980年)》发布,各地掀起了农田基本建设的高潮,以兴修水利、建设基本农田、实现机械化为内容的土地利用规划,在各地开展起来。

在土地利用管理方面,国家下放和扩大建设用地的管理权限,并实行基本建设投资大包干,加上计划工作被削弱,基建用地基本失去控制。1966～1976年,城镇人口绝对数量逐年增加,城镇建设用地仍有增加,国家的耕地显著减少,而且呈持续减少的趋势①。在这种背景下,1973年6月,国家计划委员会、国家建设委员会根据国务院领导同志的指示,联合下发了《关于贯彻执行国务院有关在基本建设中节约用地的指示的通知》,提出基建节约用地,尽量不占耕地良田;基建单位要结合施工计划进行开荒、改土、造田;做好群众安置工作;清理多征少用、征而不用、早征迟用;等等。

2. 征地制度

"文化大革命"开始之后,新增建设用地的需求大大减少。这一时期的征地工作,基本上由各地的"革命委员会"主管;关于征地工作,各地依据国务院的《国家建设征用土地办法》(1958年1月)出台了当地的征地办法并据此进行征地,国家在征地制度建设方面,主要出台了部队征地的相关规定。

3. 相关财税制度

"文化大革命"期间,各项工作均受到了影响,但是,农业税制在一定程度上有所完善。1973年9月26日,财政部发布了《关于农业税征收实物有关结算问题的通知》(财税字〔1973〕第035号),提出:"在农作物收获以后,应当坚持这样的分配次序:首先扣除应当向国家缴纳的税收;扣除生产费用(包

---

① 刘正山. 当代中国土地制度史(上)[M]. 大连:东北财经大学出版社,2015:205-210.

括应当归还的短期农业贷款和预购定金);扣除一定比例公积金(包括到期的长期农业贷款)和公益金。从总收入中扣除了这些必要的部分,然后再对社员进行分配。""农业税征收的实物是由纳税单位义务缴纳的,一律不给奖售物资。因此县级财政部门应该在农业税开征以前,根据实际情况,确定各纳税单位的实际征收数量,并在纳税通知单上载明。供销合作社应该根据纳税通知单上的征收数量,严格贯彻'先征后购'的原则,首先收清应征的部分,其余再作为统购或收购。"

4.3.3 徘徊时期的农村土地管理制度(1977～1978年)

在土地征用与管理方面,国家计划委员会、国家建设委员会、财政部于1978年4月22日公布《关于试行加强基本建设管理几个规定的通知》,提出"节约用地,尽量不占良田,少占农田;在有条件的地方,要帮助改土造田,支援农业。由征地而引起的费用应纳入设计概算。"

在地籍管理方面,一些地方为化解土地纠纷的需要,恢复了地籍管理工作。如1977年,黑龙江省开始进行国营农、林、牧场与社队,社队与社队之间的划界工作,调整插花地,确定土地权属界线,颁发土地证,减少了农场社队之间的土地纠纷[①]。在农业税方面,有两个新文件,一个是关于对校办农场征收农业税问题,另外一个则是关于围垦造田免农业税年限问题,对此不再赘述。

4.4 改革起步期的农村土地管理制度 (1979～1985年)

4.4.1 农村土地地籍管理

1. 农村土地普查工作

1980年5月5日,国家农业委员会的《关于商请参加组织全国土地资源调查制图工作的函》提出:"在两年内初步查清全国主要土地资源的面积和分布,编制成图,供中央和省一级使用。"随后从测绘、农业、林业、农垦等部门抽调专业人员组成专门技术队伍,概查结果于1984年8月29日被上报国务

---

① 刘正山. 当代中国土地制度史(上)[M]. 大连:东北财经大学出版社,2015:219-220.

院。根据全国第二次土壤普查与县级农业区划工作,许多县开展了土地利用现状调查,但是多为概查或用抽样推算。从 1985 年 7 月开始,农牧渔业部土地管理局会同全国农业区划办公室组织调查成果汇总,获得全国、省、地、县的面积以及耕地、园地、林地、牧草地、居民点及工矿用地、交通用地、水域和未利用土地等 8 种土地分类面积数据。这次概查是新中国成立以来第一次以县及农、林、牧场为单位进行的调查。

1984 年,国务院决定进一步开展土地资源调查工作,对土地资源进行详查,全面查清我国土地的类型、数量、质量、分布、利用状况并做出科学评价,但是这次土地调查工作直到 1997 年底才结束。1985 年,中国科学院自然资源综合考察委员会出版《中国宜农荒地资源》一书,系统阐述了全国宜农荒地资源的分类、评价、分布及重点片区的开发条件与利用方向。

2. 农村土地登记

在 1984 年中央一号文件下发之后,为完善土地承包办法,全国各地农村都进行了土地分等定级、调整承包地、建立土地档案和发放土地使用证等工作。例如,1985 年上海市成立土地管理局,在完成权属调查后,按照土地权属、土地使用人和用地性质三项基本要素,将土地划分成丘,并顺序编号,其中郊县的土地编号分为 4 级。农村为县、乡、村(集镇)、丘;县城、建制镇为县、镇、街坊、丘[1]。

4.4.2 农村村镇土地规划

1979 年以后,农业生产迅速恢复,农民生活水平比较而言有了很大提高,解决了温饱问题的农民需要进一步改善自己的居住与生活条件,于是农村大范围出现了"建房热"。1979 年 12 月 2~9 日召开的全国农村房屋建设工作会议集中讨论了有关农村住房的方针政策、规划设计、材料供应和组织领导等问题,会议重申农村住房属于生活资料,产权应当归社员个人所有。1981 年,第二次全国农村房屋建设工作会议通过了《村镇建房用地管理条例》,这是新中国第一部专门规范农村村镇建设的法规,它首次提出珍惜和合理利用每一寸土地是我国的国策;确立村镇建房的统一规划制度,授权省级人民政府根据不

---

[1] 刘正山. 当代中国土地制度史(下)[M]. 大连:东北财经大学出版社,2015:20-25.

同地区的不同情况规定社员建房的用地标准，建立了村镇用房的审批制度。但是《村镇建房用地管理条例》本身缺乏可操作性，如第九条规定[①]既宽松又没有具体的标准，根本无法执行；在用地审批方面也存在类似过于宽松的问题。此外，当时还没有制定《中华人民共和国土地管理法》，行政条例缺乏法律支持，难以发挥作用。

1982 年，国家建设委员会、国家农业委员会印发了《村镇规划原则》，提出村镇规划可分为村镇总体规划和村镇建设规划两个阶段。村镇总体规划是在全公社范围内进行的村镇布点规划和相应的各项建设的全面部署，是公社山、水、田、林、路、村综合规划的组成部分，是在总体规划的指导下，具体选定有关规划的各项定额指标。1985 年，城乡建设环境保护部印发了《村镇建设管理暂行规定》[②]。

4.4.3 农村建设用地管理

1. 征用土地的基本规定

随着中国城市发展以及各项基础设施建设的步伐不断加快，征地数量大幅度增加，征地的难度逐渐加大。1982 年，国务院颁布《国家建设征用土地条例》（简称《条例》），第一次写入"节约土地是我国的国策"，第一次明确规定，征用土地的补偿费包括土地补偿费、青苗补偿费、土地附着物补偿费以及农业人口安置补偿费，并在此基础上适当地提高了补偿标准等[③]。该条例的颁布实施，解决了各地建设的土地需求。《条例》规定了征地的适用范围，明确征用土地的所有权属于国家，用地单位只有使用权，确定征用土地的程序是：申请选址—协商征地数量和补偿、安置方案—核定用地面积并划拨土地。

[①] "社员建房用地，由省级人民政府根据山区、丘陵、平原、牧区、城效、集镇等不同情况，分别规定用地限额，县级人民政府根据省级人民政府规定的用地限额，结合当地的人均耕地、家庭副业、民族习俗、计划生育等情况，规定宅基地面积标准。"

[②] 刘正山. 当代中国土地制度史(下)[M]. 大连：东北财经大学出版社，2015：26-30.

[③] 征用土地各项补偿费的标准如下：土地补偿费，征用耕地（包括菜地）的补偿标准，为该耕地年产值的 3～6 倍，年产值按被征用前三年的平均年产量和国家规定的价格计算；青苗补偿费和被征用土地上的房屋、水井、树木等附着物补偿费的标准，由省、自治区、直辖市人民政府制定。安置补助费的标准如下：征用耕地（包括菜地）的，每一个农业人口的安置补助标准为该耕地每亩年产值的 2～3 倍，每亩耕地的安置补助费最高不得超过其年产值的 10 倍；征用园地、鱼塘、藕塘、林地、牧场、草原等土地的，安置补助费标准由省、自治区、直辖市人民政府参照一般耕地的安置补助费标准制定；征用宅基地的，不付给安置补助费。土地补偿费和安置补助费的总和不得超过被征土地年产值的 20 倍。用地单位支付的各项补偿和安置补助费，除被征用土地上的附着物中产权属个人的其补偿费应当付给本人、集体种植的土地上的青苗补偿费可以被纳入当年集体收益分配外，都应当由被征地单位用于发展生产和安排因土地被征用而出现的多余劳动力的就业和不能就业人员的生活补助，不得移作他用。

2. 农村宅基地管理

根据 1981 年的《国务院关于制止农村建房侵占耕地的紧急通知》、1982 年的《村镇建房用地管理条例》、1985 年的《村镇建设管理暂行规定》等文件分析，这一阶段，农村宅基地归农民集体所有，社员只有使用权，不准出租、买卖和擅自转让，但是按照 1982 年《村镇建房用地管理条例》的规定，允许因买卖房屋而转移宅基地使用权。宅基地用地强调利用山坡、荒地和闲置宅基地，尽量不占用耕地。城镇户籍居民(回乡落户的离休、退休、退职职工和军人，回乡定居的华侨)可以申请宅基地。

3. 隐形土地市场的管理

新中国建立之后，在相当长一段时间内，土地使用权流动限于以下情况：国有土地使用者之间的无偿划拨；国家对集体土地的征用(收、购)；公社、生产大队对生产队的土地进行平调；由于农民住宅产权转移而导致的宅基地使用权自然转移。但是，实践中，隐形的土地交易一直在城乡之间存在。1983 年，国务院办公厅在《关于清查租赁买卖或变相租赁买卖社队土地情况和处理意见的报告》(国办发〔1983〕89 号)中提出，所有租赁、买卖(包括变相租赁买卖)社队土地的"协议"或"合同"一律无效，出租、出卖社队土地的非法所得区别不同情况予以没收上缴，用于村镇建设事业等有关方面。同年，国务院发布《关于制止买卖、租赁土地的通知》，要求各地对买卖、租赁土地等非法活动进行检查、清理。但是，大量违法用地并没有得到处理，乱占滥用土地的行为继续蔓延[①]。

4.4.4 农村土地税收制度

1983 年 8 月，财政部发出《关于停止执行农业税起征点办法的通知》，停止实行农业税起征点办法，恢复征收农业税；同年 11 月，国务院发布《关于对农林特产收入征收农业税的若干规定》，规定农林特产农业税的税率一般为 5%～10%。从 1985 年起，农业税一般不再征收粮食，改为折征代金，折征代金统一按粮食"倒三七"比例收购价(30%按原统购价，70%按原超购价)计算。在契税方面，1978 年《宪法》公布后，城乡房屋买卖活跃起来，一些地区重新

---

① 刘正山. 当代中国土地制度史(下)[M]. 大连：东北财经大学出版社，2015：31-35.

恢复了契税工作，但偷漏税收等情况不断发生。1981年11月23日，财政部发出《关于改进和加强契税征收管理工作的通知》，恢复了契税征收工作[①]。

4.5 改革探索期的农村土地管理制度（1986～2006年）

1986年3月21日，中共中央、国务院《关于加强土地管理、制止乱占耕地的通知》（中发〔1986〕7号）下发；同年6月25日，全国人大常委会通过《中华人民共和国土地管理法》，并成立国家土地管理局。从1987年开始建立有计划的商品经济，1992年开始建立社会主义市场经济，2001年加入世界贸易组织，到2007年新一轮土地制度改革启动，这期间土地制度变革不断，体现在《中华人民共和国土地管理法》等法规的出台与修订、土地管理体制与机构的变迁以及土地产权制度的诸多变化等方面。

4.5.1 管理体制变革与法律修订

1. 国家管理机构的设置与变更

1986年6月，第六届全国人民代表大会常务委员会第十六次会议讨论通过了《中华人民共和国土地管理法》，规定"国务院土地管理部门主管全国土地的统一管理工作。县级以上地方人民政府土地管理部门主管本行政区域内的土地的统一管理工作，机构设置由省、自治区、直辖市根据实际情况确定。乡级人民政府负责本行政区域内的土地管理工作。"1986年8月，国家土地管理局正式成立，其主要职责是：贯彻执行国家关于土地的法律、法规和政策；主管全国土地的调查、登记和统计工作，组织有关部门编制土地利用总体规划；管理全国的土地征用和划拨工作，负责需要国务院批准的征、拨用地的审查、报批；调查研究，解决土地管理中的重大问题；对各地、各部门的土地利用情况进行检查、监督，并做好协调工作；会同有关部门解决土地纠纷，查处违法占地案件。

国家土地管理局成立后，就城乡土地统管问题进行过若干次讨论，1990

---

① 刘正山. 当代中国土地制度史(下)[M]. 大连：东北财经大学出版社，2015：45-47.

年，国务院机构改革办公室《对建设部、国家测绘局与国家土地管理局有关职能分工的意见》规定：国家土地管理局主管全国土地的统一管理工作。1994年，国务院确定的国家土地管理局"三定"方案中再次明确必须坚持全国土地、城乡地政统一管理。1998年，国务院进行机构改革，设立综合性资源管理部门，将国家土地管理局撤并到新成立的国土资源部。

1994年，国家土地管理局专门召开土地监察体制改革会议，确定土地监察机构实行垂直管理，监察机构提高规格，设立监察队伍（即执法监察队）作为辅助力量。但是在执法实践中发现，土地违法主体除了公民、法人之外，地方政府也成为违法主体之一。1995年，国家开始了对建立国家土地督察制度的研究工作。1996年，全国组织开展了耕地保护工作的调查研究，1997年发布了《中共中央、国务院关于进一步加强土地管理切实保护耕地的通知》（中发〔1997〕11号）。1998年修订《中华人民共和国土地管理法》对这一问题未能突破，但明确国务院土地行政主管部门具有土地执法监察权。1998年，国土资源部组建时再次提出设立国家土地总监的问题，但因故暂缓。

2. 国土督察机构的设立

2002年，全国范围内以开发区建设为典型的大范围"圈地运动"引发各界极大关注。截至2003年12月底，国土资源部共清查各类开发区6015个，规划面积达3.54万平方公里，超过城镇建设用地总量。2013年8月国家发展和改革委员会、国土资源部等五部委组成10个"联合督察组"，分3批对全国31个省、自治区、直辖市的土地市场秩序治理整顿情况进行督察，到2004年4月，全国撤销各类开发区3763个。督察组发现，在全国范围内兴起的开发区建设热潮已经产生了比较明显的土地资源浪费问题，不少地方为吸引外资，不惜以恶性竞争的方式压低地价，甚至出现零地租、零地价招商的情况，导致国有资产流失情况严重，地方政府作为行政主体存有不容忽视的违纪甚至违法现象。基于这一严峻现实，中央政府决定启动省级以下国土资源管理体制改革，其中一项重要内容就是建立国家土地督察制度。2006年9月，国家土地总督察办公室及9个国家土地督察局的编制方案获得批准，国家土地督察制度正式建立[①]；2017年，《中华人民共和国土地管理法（修正案）》（征求意见

---

① 刘正山. 当代中国土地制度史（下）[M]. 大连：东北财经大学出版社，2015：52-61.

稿)以新增一条作为第六条①的方式在法律上确立国家土地督察制度。

目前，国土资源部设立了国家土地总督察办公室②，设立国家土地总督察1名(由国土资源部部长兼任)、兼职与专职副总督察各1名。国土资源部向地方派驻9个国家土地督察局③，分别是北京局④、沈阳局⑤、上海局⑥、南京局⑦、济南局⑧、广州局⑨、武汉局⑩、成都局⑪与西安局⑫。国家土地督察局可以适时向其督察范围内的有关省、自治区、直辖市及计划单列市派出国家土地督察专员和工作人员进行巡视与督察。

3.《中华人民共和国土地管理法》的立法与修订工作

早在1962年，中共中央就曾准备起草土地法令，但由于各种原因，一直未能实质性开展。党的十一届三中全会提出要尽快制定和颁布土地法，其后，历经多次修改，直至1986年国务院向全国人民代表大会常务委员会提交了《国务院关于提请审议〈中华人民共和国土地法(草案)〉的议案》。但是，全国人民代表大会常务常委会最后将《土地法》更名为《中华人民共和国土地管理法》，重要原因之一在于当时《土地法(草案)》内容偏重土地管理与土地行政，决策层内部就此没有取得一致意见。尽管如此，《中华人民共和国土地管理法》的颁布实施依然开创了我国土地管理工作的新局面，实现了全国城乡土地统一管理制度，土地管理法律法规体系的框架初步形成，土地利用开始走上有序轨道。

《中华人民共和国土地管理法》的颁布和实施，在遏制乱占滥用土地、依法统一管理土地中发挥了重要作用。为适应形势发展的需要，1988年12月，

---

① "国家实行土地督察制度。国务院设立国家土地总督察，代表国务院对省、自治区、直辖市人民政府和国务院确定的其他城市人民政府土地利用和管理情况进行监督检查。"
② 国家土地总督察办公室的主要职责是：拟定并组织实施国家土地督察工作的具体办法和管理制度；协调国家土地督察局工作人员的派驻工作；指导和监督检查国家土地督察局的工作；协助国土资源部人事部门考核和管理国家土地督察局工作人员；负责与国家土地督察局的日常联系、情况沟通和信息反馈工作。
③ 派驻地方的国家土地督察局的主要职责是：监督检查省级以及计划单列市人民政府耕地保护责任目标的落实情况；监督省级以及计划单列市人民政府土地执法情况，核查土地利用和管理中的合法性和真实性，监督检查土地管理审批事项和土地管理法定职责履行情况；监督检查省级以及计划单列市人民政府贯彻中央关于运用土地政策参与宏观调控要求情况；开展土地管理的调查研究，提出加强土地管理的政策建议；承办国土资源部和国家土地总督察交办的其他事项。
④ 督察范围为：北京市、天津市、河北省、山西省、内蒙古自治区。
⑤ 督察范围为：辽宁省、吉林省、黑龙江省及大连市。
⑥ 督察范围为：上海市、浙江省、福建省及宁波市、厦门市。
⑦ 督察范围为：江苏省、安徽省、江西省。
⑧ 督察范围为：山东省、河南省及青岛市。
⑨ 督察范围为：广东省、广西壮族自治区、海南省及深圳市。
⑩ 督察范围为：湖北省、湖南省、贵州省。
⑪ 督察范围为：重庆市、四川省、云南省、西藏自治区。
⑫ 督察范围为：陕西省、甘肃省、青海省、宁夏回族自治区、新疆维吾尔自治区、新疆生产建设兵团。

第七届全国人民代表大会常务常委会第五次会议通过《关于修改〈中华人民共和国土地管理法〉的决定》，其中与农村土地有关的内容包括：增加"国有土地和集体所有的土地的使用权可以依法转让。土地使用权转让的具体办法，由国务院另行规定"；明确乡镇农村公共设施、公益事业建设需要使用土地的，由县级以上人民政府批准。

20世纪90年代后期，我国耕地保护再次面临严峻形势，人地矛盾日趋尖锐。在此背景下，1998年8月，第九届全国人民代表大会常务委员会第四次会议通过了《中华人民共和国土地管理法》（修订草案），并于1999年1月1日起开始实施。1998年修订的《中华人民共和国土地管理法》确立了新型的土地用途管制法律制度，规定"国家实行土地用途管制制度。国家编制土地利用总体规划，规定土地用途，将土地分为农用地、建设用地和未利用地。严格限制农用地转为建设用地，控制建设用地总量，对耕地实行特殊保护"。《中华人民共和国土地管理法》对土地征用制度进行修改和完善，包括上收征地的审批权限，提高征用土地的补偿标准，增加征地批准后"两公告一登记"制度，加强对征地补偿费用使用情况的监督检查等。

随着我国工业化、城市化进程的加快，征地规模不断扩大，因征地补偿安置引发的矛盾和纠纷日益突出，社会各界对改革和完善征地制度的呼声十分强烈。2004年8月，第十届全国人民代表大会常务委员会第十一次会议通过《关于修改〈中华人民共和国土地管理法〉的决定》，将总则第二条第四款"国家为了公共利益的需要，可以依法对土地实行征用"修改为"国家为了公共利益的需要，可以依法对土地实行征收或者征用并给予补偿"。由此，将"土地征用"区分为"土地征收"和"土地征用"，前者涉及所有权的转移，后者不涉及[①]。

4.5.2 农村土地登记与规划

由于历史原因，我国的地籍管理分为两大块，即城镇地籍和农村地籍，并采用不同的管理方式，农村地籍管理相对城镇地籍管理处于滞后状态。2001年8月21日，国土资源部下发《关于印发试行〈土地分类〉的通知》，统一城乡土地分类，但是这两种不同的分类体系为不同体系下的成果融合和转化设置了一定的障碍。

在农村土地登记方面，1986年8月1日，国家土地管理局正式成立，并设立

[①] 刘正山. 当代中国土地制度史（下）[M]. 大连：东北财经大学出版社，2015：61-67.

地籍管理司，统一管理城乡地籍。从 20 世纪 80 年代初开始，土地登记确认的土地产权为城镇房地产所有权、集体土地所有权、国有土地使用权、集体土地使用权等。从 1993 年开始，土地登记在土地管理工作中的地位上升。1997 年，国家土地管理局《关于认真贯彻中发〔1997〕11 号文件精神，切实加强变更土地登记工作的通知》指出"土地权属管理是土地管理的核心内容"。2001 年 11 月 9 日，国土资源部发布《关于依法加快集体土地所有权登记发证工作的通知》，农村土地登记工作被附加很多其他职能，包括保护耕地、征收税费以及公示物权、保护交易安全等。

4.5.3 农村耕地保护制度

1998 年，《中华人民共和国土地管理法》首次以立法形式确认了"十分珍惜、合理利用土地和切实保护耕地是我国的基本国策"，确立了耕地总量动态平衡的原则；同时，《中华人民共和国刑法》增设了"破坏耕地罪"、"非法批地罪"和"非法转让土地罪"。2004 年，中央"一号文件"《中共中央国务院关于促进农民增加收入若干政策的意见》提出要"不断提高耕地质量""各级政府要切实落实最严格的耕地保护制度"，确定一定比例的国有土地出让金用于农业土地开发和建设高标准基本农田。2005 年，《省级政府耕地保护责任目标考核办法》颁布，要求省级人民政府对规划确定的本行政区耕地保有量和基本农田保护面积负责。2006 年，国务院发布《关于加强土地调控有关问题的通知》（国发〔2006〕31 号）发出，将加强耕地保护作为土地调控的重中之重。

1. 基本农田保护制度

2006 年 3 月，第十届全国人民代表大会第四次会议通过的《国民经济和社会发展第十一个五年规划纲要》提出，18 亿亩耕地是一个具有法律效力的约束性指标，是不可逾越的一道红线。这是 18 亿亩耕地"红线"首次出现在官方公开的文件之中。2006 年 7 月，国土资源部组织完成了《全国土地利用总体规划纲要》，提出到 2020 年要达到耕地保有量 17.4 亿亩，基本农田 15.6 亿亩，但是同年 9 月 6 日的国务院第 149 次常务会议决定暂缓批准。1989 年 6 月，国家土地管理局召开了第一次全国基本农田保护会议，推动全国建立和落实基本农田保护制度。1992 年，国务院批转国家土地管理局、农业部《关于在全国开展基本农田保护工作请示的通知》，正式确定"基本农田"的概念。1994年，国务院颁布《中华人民共和国基本农田保护条例》，基本农田保护进入法制管理的轨道。《中华人民共和国基本农田保护条例》颁布后，国家在全国范围内开展了大规模基本农田规划编制、划定工作。2004年开展的全国基本农田保护检查结果显示，基本农田面积只有15.89亿亩。2005年2月，国土资源部发布的《关于加强和改进土地开发整理工作的通知》（国土资发〔2005〕29号）明确提出"当前和今后一个时期内，土地开发整理工作要以提高农业综合生产能力为出发点，大力开展基本农田整理"。同年9月，国土资源部、农业部、发展改革委、财政部、建设部等七部门联合下发《关于进一步做好基本农田保护有关工作的意见》。2005年10月，全国基本农田保护工作会议明确提出以建设促保护的新思路，逐步实现"基本农田标准化、基础工作规范化、保护责任社会化、监督管理信息化"的要求。

2. 耕地总量动态平衡

1996年6月，全国土地管理厅局长会议确立了"实现耕地总量动态平衡的土地管理战略目标"，国家土地管理局提出了实现此目标的保障性措施，包括：加强宣传教育；加强中央和省级政府对耕地保护的控制能力；修改和制定有关法律；发挥土地利用总体规划的整体控制作用；调整土地收益分配办法等。1997年4月《中共中央、国务院关于进一步加强土地管理切实保护耕地的通知》发布，明确要求各省、自治区、直辖市必须严格按照耕地总量动态平衡的要求，做到本地耕地总量只能增加、不能减少，国务院管理土地的职能只能加强、不能削弱。1998年修订通过的《中华人民共和国土地管理法》，明确指出必须做到耕地总量动态平衡，并将其上升为法律。

3. 土地整理与复垦

我国的土地复垦工作始于20世纪50年代。1988年，我国正式颁布实施了第一部关于土地复垦的专门法规《土地复垦规定》，第一次系统地对土地复垦的概念、基本原则、企业的义务、资金来源、政府和部门的职责等关键性问题进行了论述，土地复垦工作被纳入法制管理轨道。1995年，国家土地管理局组织对《土地复垦技术标准》进行了研究。1998年修订的《中华人民共和国土地管理法》第四十二条①对土地复垦做出明确的规定。随后,《中华人民共和国矿产资源法》《中华人民共和国环境保护法》《中华人民共和国煤炭法》《中华人民共和国铁路法》《中华人民共和国循环经济促进法》等相关法律通过修订和制定,也都对土地复垦有关内容做了补充和完善。2003 年,国土资源部启动了将《土地复垦规定》修订为《土地复垦条例》的工作,但是直到 2011 年才完成并出台。2006 年,国土资源部等七个部委联合下发了《关于加强生产建设项目土地复垦管理工作的通知》,提出要努力做到土地复垦和破坏数量平衡,实现"不欠新账、快还旧账"的目标,明确土地复垦义务人的义务,基本确立土地复垦的约束机制、监督机制和激励机制。

1997 年 4 月,国务院颁布《关于进一步加强土地管理切实保护耕地的通知》(中发〔1997〕11 号),要求"积极推进土地整理,搞好土地建设",土地整理的概念第一次被正式写入中央文件。1998 年 1 月,国家土地管理局土地整理中心正式成立,各地方政府土地管理部门也开始设立相应的专门负责土地整理工作的机构。1998 年修订的《中华人民共和国土地管理法》明确提出"国家鼓励土地整理"。该法同时规定,开征新增建设用地土地有偿使用费、耕地开垦费、土地复垦费等,从法律上解决了土地整理资金来源。2000 年,我国制定了《土地开发整理标准》,共包含《土地开发整理规划编制标准》《土地开发整理项目规划设计规范》《土地开发整理项目验收规程》三项标准。同年,我国还颁布实施了《国家投资土地开发整理项目管理暂行办法》和《土地开发整理项目资金管理暂行办法》。2003 年,我国制定《全国土地开发整理规划》《关于做好土地开发整理权属管理工作的意见》,并下发了《土地开发整理若干意见》。2005 年,国土资源部下发了《关于加强和改进土地开发整理工作的通知》,土地整理的管理制度体系逐步完善。

从立法角度看,我国土地整理程序立法体制属于"碎片化"立法体制。立法初具规模,但并无专门规定;土地整理法规大多冠以"管理"之名,将土地整理活动定性为一种政府就耕地保护而实施的行政管理活动,或至多是一种政府主导下的准行政合同行为;强调土地整理必须以国家鼓励、政府支持为前提,以政府制定的土地利用总体规划为依据,在这个过程中,凸显了政府职能部门相应管理职能的实现,但忽视了具体环节的农民参与②。

---

① "因挖损、塌陷、压占等造成土地破坏,用地单位和个人应当按照国家有关规定负责复垦;没有条件复垦或者复垦不符合要求的,应当缴纳土地复垦费,专项用于土地复垦。复垦的土地应当优先用于农业。"
② 刘正山. 当代中国土地制度史(下)[M]. 大连:东北财经大学出版社,2015:115-118.

4. 未利用土地开发

未利用地是重要的土地后备资源，因此成为各地进行土地利用规划修编时突破建设用地指标约束、破解保护耕地和保障发展难题的重要途径。2004年修订的《中华人民共和国土地管理法》第四条指出，"未利用地是指农用地和建设用地以外的土地"。《全国土地分类（试行）》（国土资发〔2001〕255号）较为含糊，将"农用地"和"建设用地"以外的土地笼统划归此项；下一级的分类被分为"未利用土地"和"其他土地"。2000年，国务院制定实施的国家西部大开发若干政策中包含了一些建设项目使用未利用地的优惠措施，但部分省份出台的配套政策与国家政策并不衔接。根据2004年《中华人民共和国土地管理法》第三十八条[①]、第三十九条[②]、第四十条[③]的规定，未利用土地开发利用政策主要是将未利用土地开垦为农用地和生态用地，我国在产权管理、市场管理、规划管理、项目管理、投入和收益分配机制等方面制定了一系列政策，而在将未利用土地转变为建设用地方面制定的较少。从2006年《国务院关于加强土地调控有关问题的通知》发布开始，建设占用未利用地指标与"建设占用农用地和耕地"同时被纳入计划管理之列[④]。

4.5.4 征地制度改革与建设用地管理

1. 征地制度改革的主要内容

与1982年的《国家建设征用土地条例》相比，现行《中华人民共和国土地管理法》及其1988年和1998年的修订版，提高了征地补偿标准，但是仍继续沿用按亩产值的倍数确定征地标准的做法。从1999年起，国土资源部开展了征地制度改革试点，2001年中央农村工作领导小组办公室也开展了相关调研，但是最终未能形成一个关于征地制度改革的文件。因此，这段时期征地制

---

① "国家鼓励单位和个人按照土地利用总体规划，在保护和改善生态环境、防止水土流失和土地荒漠化的前提下，开发未利用的土地；适宜开发为农用地的，应当优先开发成农用地。国家依法保护开发者的合法权益。"
② "开垦未利用的土地，必须经过科学论证和评估，在土地利用总体规划划定的可开垦的区域内，经依法批准后进行。禁止毁坏森林、草原开垦耕地，禁止围湖造田和侵占江河滩地。根据土地利用总体规划，对破坏生态环境开垦、围垦的土地，有计划有步骤地退耕还林、还牧、还湖。"
③ "开发未确定使用权的国有荒山、荒地、荒滩从事种植业、林业、畜牧业、渔业生产的，经县级以上人民政府依法批准，可以确定给开发单位或者个人长期使用。"
④ 刘正山. 当代中国土地制度史（下）[M]. 大连：东北财经大学出版社，2015：118-120.

度改革的主要内容是改变补偿标准，提升补偿额度。

在1998年的《中华人民共和国土地管理法》对征地补偿标准进行修订之后，2004年10月出台的《国务院关于深化改革严格土地管理的决定》（国发〔2004〕28号）提出补偿的基本原则是"被征地农民生活水平不因征地而降低"[①]。

2005年7月，国土资源部发出《关于开展制定征地统一年产值标准和征地区片综合地价工作的通知》，要求各地在2005年底完成征地统一年产值标准和区片综合地价的制订及公布工作，征地补偿依据从"前三年主要农产品的平均产值或产量"向"制定征地的统一年产值标准和区片综合地价"转变。补偿数额有一个底线，即"使农民保持原有生活水平"。在这个底线得到保障的前提下，补偿价格的算法为按照统一年产值标准或者征地区片综合地价进行计算，这在一定程度上适应了市场经济的要求。但是，从执行情况看，依然有很多农民不满意。

另外，在征地程序规范方面，相关法规也做出了明确规定：预征告知[②]；现状调查及确认[③]；征询意见，组织征地听证[④]；征地材料的组织、审核及上报；征地的审核、报批；"两公告一登记"，即征用土地公告，征地补偿、安置方案公告，补偿登记；征地补偿安置方案的批准和交付土地。但是，在执行中，征地程序不合理、不透明和公众参与程度不高的现象依然突出，且征地程序在制度设计上存在漏洞，具体表现为：土地征收目的合法性审查没有被纳入程序中；缺少对行政机关的监督机制。另外，征地程序中对被征地者的保护不足，主要表现在：土地征收程序透明度和公示性不够；被征地者在土地征收过程中缺乏表达自己意见的机会；对被征地者的救济措施规定不足；等等[⑤]。

2. 建设用地增减挂钩制度

1998年修订的《中华人民共和国土地管理法》第四条规定："国家实行

---

① "使被征地农民生活水平不因征地而降低。……依照现行法律规定支付土地补偿费和安置补助费，尚不能使被征地农民保持原有生活水平的，不足以支付因征地而导致无地农民社会保障费用的，省、自治区、直辖市人民政府应当批准增加安置补助费。土地补偿费和安置补助费的总和达到法定上限，尚不足以使被征地农民保持原有生活水平的，当地人民政府可以用国有土地有偿使用收入予以补贴。省、自治区、直辖市人民政府要制定并公布各市县征地的统一年产值标准或区片综合地价。"
② 《国务院关于深化改革严格土地管理的决定》（国发〔2004〕28号）中规定："在征地依法报批前，要将拟征地的用途、位置、补偿标准、安置途径告知被征地农民；……"
③ 《国务院关于深化改革严格土地管理的决定》（国发〔2004〕28号）中规定："对拟征土地现状的调查结果须经被征地农村集体经济组织和农户确认；确有必要的，国土资源部门应当依照有关规定组织听证。要将被征地农民知情、确认的有关材料作为征地报批的必备材料。"
④ 《关于完善征地补偿安置制度的指导意见》（国土资发〔2004〕238号）中规定："在征地依法报批前，当地国土资源部门应告知被征地农村集体经济组织和农户，对拟征土地的补偿标准、安置途径有申请听证的权利。当事人申请听证的，应按照《国土资源听证规定》规定的程序和有关要求组织听证。"
⑤ 刘正山.当代中国土地制度史（下）[M].大连：东北财经大学出版社，2015：127-132.

土地用途管制制度",在土地用途管制之下,新增建设用地受限于土地利用总体规划、建设用地指标等,并且要支付必要的费用。基于指标约束、后备耕地资源约束及农村建设用地相对丰富,改革实践中开始出现增减挂钩制度。经过前期尝试,2004年《国务院关于深化改革严格土地管理的决定》(国发〔2004〕28号)第十条明确提出:鼓励农村建设用地整理,城镇建设用地增加要与农村建设用地减少相挂钩。国土资源部2005年制定《关于规范城镇建设用地增加与农村建设用地减少相挂钩试点工作的意见》(国土资发〔2005〕207号)以及《关于天津等五省(市)城镇建设用地增加与农村建设用地减少相挂钩第一批试点的批复》(国土资涵〔2006〕269号)等相关具体文件。

"城镇建设用地增加要与农村建设用地减少相挂钩"简称为"增减挂钩"[①],"挂钩"实行先安置再拆迁,先使用规划周转指标再归还,是一个动态的过程。挂钩周转指标按照农村居民点和农村工矿废弃地等、农村建设用地整理形成的耕地面积等量核定,项目区内使用挂钩周转指标的建设用地报批实行项目区内建设用地总量和耕地面积双控制,即项目区内报批建设占用耕地规模不得超过经核定批准使用的挂钩周转指标规模,项目区内报批建设用地总规模不得超过农村建设用地减少的总规模,以最终实现项目区内建设用地总量不增加、耕地面积不减少。挂钩项目资金的来源,国家未做明确的规定,实践中该资金来源主要是:政府融资平台的借款、村民购房款或购房预付款、向村民借款、少量村集体补助资金[②]。

在增减挂钩的基础上,一些地方还探索出建设用地指标置换的办法。例如,2006年8月安徽省通过的《安徽省建设用地置换暂行办法》,将土地利用总体规划确定的城镇建设用地范围外原依法取得的建设用地复垦为耕地,建设用地复垦为耕地的数量与非农业建设项目新占用的耕地指标进行等量交换。建设项目使用置换指标占用耕地,实行先复垦还耕后占用的原则。建设用地置换指标不得大于复垦还耕面积。复垦的耕地用于建设用地指标置换后,不得再作为补充建设占用耕地使用。

建设用地指标置换与增减挂钩不同。城乡建设用地增减挂钩主要是农村建

---

① 增减挂钩,是指依据土地利用总体规划,将若干拟整理复垦为耕地的农村建设用地和拟用于城镇建设的地块共同组成建新拆旧项目区,通过建新拆旧和土地整理复垦等措施,在保证项目区内各类土地面积平衡的基础上,最终实现增加耕地有效面积、提高耕地质量、节约集约利用建设用地、城乡用地布局更合理的目标。增减挂钩的操作方法一般为:依据土地利用总体规划、农村建设用地整理规划和项目区规划等,对项目区内的村庄撤并和调整用地布局,对利用不合理、不充分和废弃闲置的村庄建设用地进行调整利用,并将经建设用地整理增加的耕地面积等量核定为建设占用耕地指标,用于农村居民点和城镇建设。

② 刘正山.当代中国土地制度史(下)[M].大连:东北财经大学出版社,2015:122-127.

设用地和城镇建设用地进行空间置换，一般拆旧区为农村建设用地。建设用地指标置换可以是城镇建设用地与城镇建设用地的空间置换，也可以是城乡建设用地与交通水利用地、其他建设用地进行空间置换，但是各项土地利用控制指标不能被突破。在工作程序上，建设用地指标置换是一种"等指标交换"和"先存后取"的做法。从政策后果看，建设用地指标置换使得中心城市的建设用地指标增加，周边县（市）的建设用地指标相应减少，不利于出售建设用地指标县（市）的长远经济发展，同时由于中心城市获得了更多的招商引资机会，其经济发展速度更快，从而进一步拉大了中心城市与周边县（市）经济发展的差距，也拉大了二者在基础设施、教育、医疗等各方面的差距。在实践中，这一做法还存在某地指标调剂规模较大且涉及大量的基本农田、违规调整土地利用总体规划、无依据收取建设用地指标款且支出混乱等问题。因此，建设用地指标置换存在各种争论。

3. 集体建设用地流转

1996年和1997年，经国家土地管理局批准或同意，江苏苏州和浙江湖州分别由市政府决定并发文，开展集体建设用地进入市场的试点。2000年，国土资源部把安徽芜湖列为改革试点。2001年，浙江省国土资源厅下发了《关于加强农村集体非农建设用地使用权流转管理的意见》，对浙江的农村集体建设用地使用权流转管理的基本原则、基本条件、基本方式、基本程序以及土地收益分配管理都做出了明确的规定。2005年6月，《广东省集体建设用地使用权流转管理办法》（粤府令第100号）规定：集体建设用地使用权可以出让、出租、转让、转租和抵押。允许集体建设用地进入市场，实际上就是缩小征地范围，这与征地制度改革是一件事情的两个方面。

集体建设用地入市中苏州模式的基本内容是：有限放开，出让时分配类似征地，其核心内容是依法取得的农村经营性集体用地使用权可以在不改变集体土地所有权的前提下进行出让、出租和作价入股，但流转的集体建设用地不得用于大型娱乐和高档房地产开发项目。湖州模式中的集体建设用地则包括存量集体建设用地和依法办理农用地转用审批手续后新增的集体建设用地。安徽芜湖模式主要由各乡镇基层政府推动，其既是土地流转组织者，又作为中介人具体参与其中。广东南海（广东省佛山市南海区）模式的特点在于社区股份合作制的发展，但在实践中发现，股权过于社区化，村委会控制力过大。结合南海模式等的实践积累，2003年广东省人民政府下发《关于试行农村集体建设用地使用权流转的通知》（粤府〔2003〕51 号），开始试行农村集体建设用地使用权流转。2005 年 10 月，广东在全国范围内首次正式允许集体建设用地使用权入市流转，《广东省集体建设用地使用权管理办法(草案)》明确规定广东省内的集体建设用地可以直接进入市场交易，除可用于农民自用外，还可以用于兴办各类工商企业、公共设施和公益事业，但受让方不得将其用于商品房地产开发和住宅建设。

2003 年，鉴于各地滥设开发区，国务院开始整顿城乡土地市场，在中央决策层面，集体土地入市改革试点已经停止，部分地方的入市改革虽然在进行，但是进展缓慢。在这一阶段，从各地试点的情况看，流转形式主要有出让、转让、租赁、作价入股、置换、抵押等，流转范围被限定为城市规划区外已经办理农转用和非农建设用地手续的集体建设用地、城市规划区内的存量集体建设用地，流转年限为原土地使用年限减去已使用年限后的剩余年限，流转后所有权性质不变，保留集体所有性质[①]。

4.5.5　农村土地税费改革

这一阶段，农业税经历了从减免到取消的过程。针对乱收费等现象，1985 年 10 月，中共中央、国务院联合发布《关于制止向农民乱派款、乱收费的通知》；1993 年 7 月，第八届全国人民代表大会常务委员会第二次会议通过了《中华人民共和国农业法》，首次以法律的形式将农民负担设定为法定义务，农民需依法缴纳税款(包括村集体提留和乡统筹费)，依法承担农村义务工和劳动积累工任务，该法同时对面向农民的收费、罚款、摊派、集资做出明确限制。一切面向农民的收费、罚款、摊派都必须有法律、法规的规定，集资必须实行自愿原则。农民有权拒绝没有法律、法规作为依据的收费、罚款和摊派。1994 年 1 月，国务院出台了《关于对农业特产收入征收农业税的规定》。1995 年 12 月 30 日，中共中央、国务院发布《关于切实做好减轻农民负担工作的决定》，规定国家的农业税收政策稳定不变。1998 年 8 月，国家税务总局发出《关于做好农业税、农业特产税、屠宰税征收工作的通知》，要求各地农业税收征收机关要严格执行农业税稳定政策。1999 年 6 月 2 日，国家税务总局印发《关于加强农业税工作的意见》，要求各地坚持依法治税，推进农村税费改革。1999 年 7 月，国务院在《关于做好当前减轻农民负担工作的意见》中提出，要严格

---

① 刘正山. 当代中国土地制度史(下)[M]. 大连：东北财经大学出版社，2015：132-138.

执行农业税收法规，严禁按照人头、地亩等摊派屠宰税。

自 2000 年开始，中共中央、国务院决定进行农村税费改革试点，2001 年 2 月，全国农村税费改革试点工作会议在安徽省合肥市召开。2001 年 4 月 24 日，国务院办公厅发出《关于 2001 年农村税费改革试点工作有关问题的通知》，提出在没有研究制定出妥善的解决办法以前，农村税费改革不宜全面铺开。2004 年 3 月，第十届全国人民代表大会第二次会议提出要继续推进农村税费改革。同年，国务院决定在黑龙江、吉林两省进行全部免征农业税改革试点，11 个粮食主产省农业税税率降低 3 个百分点，其他省份降低 1 个百分点。2005 年，中央和各地方进一步加大了农业税减免的速度，28 个省份全部免征农业税，其他 3 个省份农业税税率也都降到 2%以下。2005 年 12 月，第十届全国人民代表大会常务委员会第十九次会议经表决决定，《农业税条例》自 2006 年 1 月 1 日起废止，全面取消农业税。

为了更好地保护耕地，1987 年 4 月 1 日，国务院发布《中华人民共和国耕地占用税暂行条例》，共计 16 条，条例规定：占用耕地建房或者从事其他非农业建设的单位和个人都是耕地占用税的纳税人，以实际占用耕地面积计税，一次性征收，税额为每平方米 1~10 元。农村居民占用耕地新建住宅，按规定税额减半征收。1987 年 6 月 25 日，财政部发布配套文件《关于耕地占用税具体政策的规定》，规定耕地占用税的 50%留给地方，建立农业发展专项资金，用于开垦宜耕土地和整理、改良现有耕地。1989 年 2 月，国务院《关于切实做好耕地占用税征收工作的通知》规定，耕地占用税收入中央和地方的分成比例被调整为中央 30%、地方 70%。中央让出 20%给县级政府，省、地两级不得截留[①]。

4.6 改革新阶段的农村土地管理制度（2007 年至今）

4.6.1 农村土地利用规划和计划管理

严格制定及执行土地利用规划和计划管理，是市场经济条件下坚守耕地和生态保护的红线，也是促进资源高效利用，保障经济持续健康发展的重要手段。

---

① 刘正山. 当代中国土地制度史(下)[M]. 大连：东北财经大学出版社，2015：138-148.

1. 开展全国土地调查

我国于 2007 年 7 月 1 日部署启动第二次全国土地调查，国家为此投入 21 亿元人民币专项资金。同时国务院专门下发《关于开展第二次全国土地调查的通知》，并印发《第二次全国土地调查总体方案》，对调查的目标、内容、时间进度、组织实施、数据质量保障、成果应用等各方面都做了细化规定。2008 年 2 月 7 日，《土地调查条例》出台，其明确规定我国土地调查每 10 年进行一次，每年进行变更调查；调查所需经费，由中央和地方各级人民政府共同负责，并列入相应年度财政预算；调查内容包括土地利用现状、土地权属、土地条件及其变化情况；重点调查基本农田现状及变化情况；调查统一采用《土地利用现状分类》国家标准。第二次全国土地调查在 2009 年完成，2013 年 12 月 30 日，国土资源部、国家统计局、国务院第二次全国土地调查领导小组办公室发布了《关于第二次全国土地调查主要数据成果的公报》，数据显示，2009 年全国耕地 13538.5 万公顷（203077 万亩），比基于一次调查逐年变更到 2009 年的耕地数据多出 1358.7 万公顷（20380 万亩）。据官方解释，这是由于调查标准、技术方法的改进和农村税费政策调整等因素的影响。

在第二次全国土地调查数据库的基础上，相关部门整合建设用地报批、土地供应、土地利用总体规划数据以及矿产资源数据、土地利用现状数据、登记发证等各类与土地资源相关的业务数据，实现了对土地节约集约利用、违法用地查处、矿产资源管理、地质灾害防治等情况的综合监管，为坚守耕地保有量构建起"天上看、地上查、网上管"的国土资源新型管理模式。

2. 持续推进农村土地利用总体规划完善调整

2014 年 11 月，国土资源部启动了全国土地利用总体规划调整完善工作，编制了工作方案。2015 年国土资源部编制完成了《全国土地利用总体规划纲要（2006～2020 年）调整方案》（简称《调整方案》），2016 年 6 月，《调整方案》经国务院批准正式实施。该方案中有关农村土地的主要政策如下：第一，规划调整了主要土地利用指标，要求严守 18 亿亩耕地红线，确保在实有耕地数量稳定、质量不降低等原则下调整耕地。《调整方案》明确到 2020 年，全国耕地保有量和基本农田保护面积分别为 18.65 亿亩以上和 15.46 亿亩以上，且基本农田质量要有提高，建设用地总规模控制在 4071.93 万公顷（61079 万亩）之内。第二，明确了土地利用结构和布局优化政策，包括基本农田结构及其布局优化与建设用地结构及其布局优化，按照规划开展农村土地综合整治，引导农民住宅向集镇、中心村集中，提高集体建设用地利用效率。

3. 改进与加强农村土地计划管理

国土资源部重新修订了《土地利用年度计划管理办法》（简称《办法》），并于2016年5月正式公布施行，《办法》在现行土地计划管理基本框架下，突出计划和规划的相关性，强调计划对规划的落实作用，并细化计划管理的程序，创新多项具体制度[①]。《办法》统筹安排土地利用计划指标，服务于供给侧结构性改革，坚持区别对待、有保有压原则，着力统筹区域、城乡、产业协调发展，其中单列农村住房用地计划且规定农村住房用地不得被挪用，节余可以结转下一年使用。另外，《办法》以优质耕地和生态环境保护为前提，以区域空间格局优化为目标，统筹安排京津冀协同发展的各项土地利用任务，通过严格划定永久基本农田和大力推进农用地综合整治，确保耕地面积稳定、质量提升；通过统筹安排耕地保护与生态建设，发挥区域农用地综合功能，推动区域现代农业协同发展[②]。

4.6.2 耕地保护政策

《中共中央关于制定国民经济和社会发展第十三个五年规划的建议》提出，要坚守耕地红线不放松，实施"藏粮于地""藏粮于技"的战略，全面划定永久基本农田，实行特殊保护，大规模推进土地整治和高标准农田建设，确保粮食产能得到提升、谷物基本自给、口粮绝对安全。《中共中央　国务院关于落实发展新理念加快农业现代化　实现全面小康目标的若干意见》（中发〔2016〕1号）提出，要整合完善高标准农田建设规划，到2020年，确保建成8亿亩、力争10亿亩高标准基本农田，并将建设情况作为耕地保护目标责任考核的重要内容，对耕地实行数量、质量、生态"三位一体"保护；严格落实耕地占补平衡，探索土地整治新增耕地用于占补平衡及国家重大工程建设补充耕地国家统筹政策；全面推进建设占用耕地表土层剥离再利用，完善耕地保护补偿机制，

---

① 具体而言：一是创新计划指标的测算和下达方式，实行3年滚动编制、分年度下达；二是统筹增量和存量用地指标，最大限度地减少新增建设用地，将增减挂钩指标和工矿废弃地复垦利用指标纳入计划管理，统筹下达指标；三是计划指标差别化管理；四是完善计划执行考核体系，强化土地计划监督考核，将农村宅基地指标等的保障情况一并纳入考核。
② 高延利，李宪文．中国土地政策研究报告（2017）[M]．北京：社会科学文献出版社，2016：1-5．

加强耕地建设及调查和评价。从 2016 年开始，耕地保护政策重点为进一步完善耕地占补平衡制度，全面推进永久基本农田划定及强化耕地生态环境管护。

1. 划定基本农田

党的十七届三中全会通过的《中共中央关于推进农村改革发展若干重大问题的决定》明确提出要划定永久基本农田，建立耕地保护补偿机制，确保基本农田总量不减少、用途不改变、质量有提高。2009 年 9 月 2 日，国土资源部、农业部发布了《关于划定基本农田实行永久保护的通知》（国土资发〔2009〕167 号），提出：切实将基本农田落到地块和农户，真正落实保护责任；县级以上各级国土资源管理部门按照《基本农田数据库标准》（TD/T 1019—2009）要求，建立基本农田数据库，将基本农田保护图、表、册的内容，纳入数据库管理，并逐步实现省域内数据库联网互通。"永久"基本农田并不等于划定之后永久不动，"列入规划项目清单的建设项目占用规划预留的基本农田的，可不再补划基本农田，但必须完成补充耕地任务。"2014 年 11 月，国土资源部、农业部联合下发《关于进一步做好永久基本农田划定工作的通知》，要求在已有划定永久基本农田工作的基础上，将城镇周边、交通沿线现有易被占用的优质耕地优先划为永久基本农田，最大限度地保障粮食综合生产能力，确保实有耕地面积基本稳定和国家粮食安全。

2015 年初，国土资源部和农业部共同部署了永久基本农田划定工作，下达了 106 个重点城市永久基本农田划定任务。2015 年底中央经济工作会议、2016 年中央一号文件和《政府工作报告》都明确要求，2016 年要全面完成永久基本农田划定工作并对永久基本农田实行特殊保护。2016 年 8 月，国土资源部、农业部联合发布了《关于全面划定永久基本农田实行特殊保护的通知》，对全面完成永久基本农田划定工作和加强特殊保护做出了具体规定①。根据国

---

① 具体而言：一是明确了永久基本农田划定的目标任务，在坚持"依法依规、规范划定，统筹规划、协调推进，保护优先、优化布局，优进劣出、提升质量，特殊保护、管住管好"五项原则的基础上，将规划确定的基本农田保护任务落实到用途管制分区和图斑地块，结合农村土地承包经营权确权登记颁证工作，实现上图入库、落地到户。二是正确处理划定工作与规划调整的关系，在完成永久基本农田划定方案编制并通过论证审核后，才能报批规划调整方案。严格落实优进劣出要求，严禁借规划调整完善之机随意改变原有基本农田布局。三是切实落实全面划定各项任务。按照"落地块、明责任、设标志、建表册、入图库"等要求，全面落实永久基本农田划定的各项任务，及时形成划定成果。四是对永久基本农田实行特殊保护，严格执行管控性保护。加大建设性保护，整合涉农资金，拓宽投资渠道，在永久基本农田保护区和整备区开展高标准农田建设和土地整治。重视激励约束性保护，探索建立耕地保护补偿机制，调动农民保护永久基本农田的积极性，落实地方各级政府永久基本农田保护主体责任。(高延利，李宪文. 中国土地政策研究报告(2017)[M]. 北京：社会科学文献出版社，2017：5-9.)

土资源部公布的信息,这一工作在2017年已经完成①。

2. 实行耕地保护目标责任制,落实耕地占补平衡

2010年,大部分省级人民政府主要负责人与地市级人民政府主要负责人签订了耕地保护目标责任书,许多地方将耕地保护目标纳入地方党政领导干部年度绩效考核评价体系,探索耕地保护领导干部问责制。浙江、湖南等省开展了耕地保护和基本农田保护政府领导干部离任审计试点工作。四川、广东、甘肃等省建立了耕地保护补偿机制,其中四川省成都市还设立了耕地保护补偿基金。河北等10省(区)积极推进农村土地整治示范建设,新疆维吾尔自治区伊犁河谷地等10个土地整治重大工程实施进展顺利。全国耕地数量、质量都有所提高,基本农田面积稳定在15.46亿亩以上,通过土地整治工程新增耕地560.55万亩。总体来看,地方各级人民政府能够贯彻落实中央关于耕地保护的方针政策,落实耕地保护目标责任,开展农村土地整治,坚守18亿亩耕地红线。

2016年7月,国土资源部印发《关于补足耕地数量与提升耕地质量相结合落实占补平衡的指导意见》(国土资规〔2016〕8号,简称《指导意见》),要求通过旱改水等改造措施,对现有耕地质量进行提升,以数量补充和提质改造相结合的方式落实耕地占补平衡任务。《指导意见》的政策包括提质改造和补改结合两个方面。提质改造主要是针对现有劣质、低等级的耕地,通过实施土地整治来改善土壤和排灌等农业生产条件,或通过农田水利建设,将旱地改为水田,提高耕地质量;补改结合是针对新开垦的质量没有达到规定要求的耕地,通过对其实施提质改造工程,总体实现耕地占补平衡目标。为了更好地实施这两项耕地占补平衡的新举措,《指导意见》提出:一要加强规划统筹;二要严格管理提质改造项目;三要规范补改结合;四要强化监督管理②。

3. 耕地保护补偿机制

在耕地保护补偿机制方面,成都、广东等地通过建立耕地保护基金和基本农

---

① 根据国土资源部信息:截至2017年6月底,全国有划定任务的2887个县级行政区实际划定永久基本农田15.50亿亩,超过《全国土地利用总体规划纲要(2006~2020年)调整方案》确定的15.46亿亩保护任务目标,并全部落到实地地块。从全域看,水田和水浇地面积占划定面积的48%;坡度15度以下土地的面积占划定面积的88%。从城市周边看,共划定9740万亩,其中,新划入3135万亩,城市周边平均保护比例由45%上升到60%,做到了优质耕地应划尽划。永久基本农田以县级行政区为单位的划定成果100%通过省级验收,成果数据库100%通过质检复核,划定工作成果已广泛应用,效果逐步显现。(曹卫星. 永久基本农田保护任务超额完成 质量明显提升[EB\OL]. [2017-09-20]. http://finance.people.com.cn/n1/2017/0920/c1004-29547937.html.)
② 高延利,李宪文. 中国土地政策研究报告(2017)[M]. 北京:社会科学文献出版社,2016:5-9.

田补助专项基金的办法，积极开展了试点。成都市设立了耕地保护基金，实行"工业反哺农业、城市支持农村"，基金来源方面，在土地出让收益、新增建设用地有偿使用费和耕地占用税中提取一定比例，不足部分由市、县两级财政兜底。基金对耕地保护的补贴标准：一般耕地300元/亩，基本农田400元/亩。基金用途：10%用于耕地流转担保和农业保险补贴，其余90%用于承担耕地保护责任的农民养老保险的保费支出。广东东莞大岭山镇在2006年建立"基本农田补助专项资金"，按每年每亩200元的标准，补贴给有基本农田保护任务的村，这些资金被用于基础设施建设，村组在基本农田保护中得到了利益①。

2016年4月，国务院办公厅印发《关于健全生态保护补偿机制的意见》，提出到2020年要实现耕地等重点领域生态保护补偿全覆盖，明确要完善耕地保护补偿制度，要对在地下水漏斗区等地实施耕地轮作休耕的农民给予资金补助，逐步使25度以上坡耕地退出基本农田，并将其纳入退耕还林、还草范畴。2016年5月，国务院印发《土壤污染防治行动计划》②。2016年6月，国家发展和改革委员会等九部委联合印发《关于加强资源环境生态红线管控的指导意见》，提出要设定土地资源消耗上限，对新增建设用地占用耕地规模实行总量控制，严格设定用地矛盾突出地区的城乡建设用地总量控制目标，划定永久基本农田，落实耕地占补平衡，确保耕地数量不下降、质量不降低③。

另外，在与农地有关的税费方面，1987年国务院发布了《中华人民共和国耕地占用税暂行条例》，但是运行中发现，其保护耕地的作用日益弱化。2006年8月，国务院下发《国务院关于加强土地调控有关问题的通知》（国发〔2006〕31号），提出要提高耕地占用税征收标准，加强征管，严格控制减免税。2007年12月1日，国务院第511号令公布新修订的《中华人民共和国耕地占用税暂行条例》，主要在税额标准、内外资待遇、免税项目以及耕地占用等方面进行了修改④。

---

① 刘正山. 当代中国土地制度史（下）[M]. 大连：东北财经大学出版社，2015：223-225.
② 该计划的主要内容包括：划定农用地土壤环境质量类别，按照污染程度将耕地划为优先保护类、安全利用类和严格管控类，实施差别化管理措施；根据土地利用变更情况和土壤环境质量变化情况，定期更新各类别耕地面积、分布等信息；将符合条件的优先保护类耕地划为基本农田，高标准农田建设向优先类保护耕地倾斜；加强对严格管控类耕地的用途管理，逐步将其纳入国家新一轮退耕还林、还草实施范围，制定实施重度污染耕地种植结构调整或退耕还林、还草计划；实行耕地轮作休耕制度试点，加强纳入耕地后备资源的未利用地保护，有序开展污染土壤的治理和修复。
③ 高延利，李宪文. 中国土地政策研究报告（2017）[M]. 北京：社会科学文献出版社，2016：5-9.
④ 具体包括：提高了税额标准，将原条例规定的税额标准的上、下限都提高了4倍，各地具体适用税额由省、自治区、直辖市人民政府依照该条例的规定并根据本地区情况核定，占用基本农田的，适用税额在上述适用税额的基础上再提高50%；统一了内、外资企业耕地占用税税收负担；从严规定了减免税项目，取消了对铁路线路、飞机场跑道、停机坪、炸药库占地免税的规定；加强了征收管理，明确了耕地占用税的征收管理适用《中华人民共和国税收征收管理法》。（刘正山. 当代中国土地制度史（下）[M]. 大连：东北财经大学出版社，2015：250-251.）

在今后一段时期，中国的耕地保护任务依然会面临艰难的挑战，具体表现在：第一，受到优化国土空间布局、生态建设需求、人口政策变化等各类影响，耕地保护压力不减，落实规划中提出的 2020 年耕地保有量目标任务艰巨；第二，近年来各类新产业、新业态用地需求增加，占用耕地监管难度逐步加大，大量新兴产业项目多分布于城郊区域，项目落地与现有优质耕地布局重叠度较高，与土地利用规划衔接难度大，将是今后用地管理的难点和重点；第三，耕地保护从单一地类管理向自然资源统筹管理转变，耕地保护管理在实施中更多地侧重耕地，"多规合一"的实施将促使地类管理从注重耕地资源单一地类、数量计划管理，向多地类的资源统筹、优化空间布局和合理安排时序转变。

4.6.3 供给侧结构性改革背景下的土地管理制度

在供给侧结构性改革背景下，政府陆续出台了一系列稳增长、调结构、惠民生的用地政策，以进一步加强规划计划管理、推进不动产统一登记和农村土地制度改革，促进去产能、去库存、去杠杆、降成本、补短板，提升土地资源保障经济健康发展的能力。

1. 支持农村产业和经济社会发展的用地政策

2015 年，中央经济会议强调推进供给侧结构性改革，提出今后一段时期的主要经济任务为"去产能、去库存、去杠杆、降成本、补短板"，相应的土地管理工作以提高土地资源保障能力、促进经济稳定协调发展为主线，重点在做好重大工程和重大基础设施用地保障、支持新产业新业态发展和化解过剩产能、推进新型城镇化建设等方面制定了土地政策。

为推进农村第一、第二、第三产业融合发展，2015 年 12 月，国务院办公厅印发《关于推进农村一二三产业融合发展的指导意见》，提出要做好农村产业融合发展规划与土地规划的有效衔接，优化农村产业空间布局；通过单列建设用地指标，重点保障农产品加工、仓储物流、产地批发市场等辅助设施建设用地；推进农村土地综合整治，新增的耕地和建设用地，要优先满足农村产业融合发展需要；鼓励社会资本投资建设高标准农田、生态公益林等，对于连片面积达到一定规模的，在符合规划和依法审批的条件下，允许利用一定比例的土地开展观光和休闲度假旅游、加工流通等经营活动。

在推进新型城镇化建设的土地政策方面，重点维护进城农民土地权益，提升服务保障能力。深化农村土地制度改革，加快集体建设用地确权工作，完善权能及其实现形式，健全土地增值收益分配制度，维护进城落户农民原有合法收益权，探索实现农民住房财产权和宅基地使用权的抵押、担保、转让，引导进城落户农民依法自愿有偿退出宅基地使用权。改革审批制度，提高审批效率，为新型城镇化建设提供优质服务。

2. 节约集约用地政策

党的十八届五中全会审议通过的《中共中央关于全面深化改革若干重大问题的决定》提出，要坚持最严格的节约用地制度。《国民经济和社会发展第十三个五年规划纲要》进一步明确了未来五年节约集约用地的政策方向[1]。国土资源部2016年发布实施的《国土资源"十三五"规划纲要》提出了土地节约集约利用目标[2]。围绕以上目标要求，节约集约用地政策主要集中在实施人地挂钩政策、降低地耗目标、完善节地技术和用地标准等方面。

2016年10月，国土资源部等五部委联合发布《关于建立城镇建设用地增加规模同吸纳农业转移人口落户数量挂钩机制的实施意见》，提出要按照农村宅基地制度改革的要求，允许进城落户人员自愿有偿退出或转让宅基地使用权，规范推进城乡建设用地增减挂钩，盘活农村低效闲置的建设用地；2016年2月，国土资源部等九个部门联合印发《关于推行节地生态安葬的指导意见》，以进一步落实保护耕地、节约集约用地的基本国策。

3. 支持新一轮土地制度改革的相关管理举措

"建立城乡统一的建设用地市场""赋予农民更多财产权利"是中央关于深化土地管理制度改革提出的总目标和总要求，而破解城乡二元土地制度、土地市场化配置程度低、政府和市场边界模糊等深层次问题，是实现改革目标的关键。2016年中央批准进一步统筹协调推进农村土地制度改革三项试点，同时，国土资源部及相关部委创新和出台了土地计划管理、服务产业发展的用地

---

[1] 主要包括：严格执行新增建设用地管控，有效控制新城、新区和开发区无序扩张；着重推进城镇低效用地再开发和低丘缓坡土地开发利用；探索建设用地多功能开发、地上地下立体综合开发利用，促进空置楼宇、厂房等存量资源再利用；强化农村集体建设用地管控，逐步建立集体建设用地流转和收储制度，盘活农村闲置建设用地；"十三五"期间，单位国内生产总值建设用地使用面积下降20%；促进农业转移人口市民化，建立城镇建设用地增加规模同吸纳农业转移人口落户数量挂钩的机制等。

[2] 基本目标为："十三五"期间，建设用地总量得到有效控制，单位国内生产总值建设用地使用面积降低20%，进一步加大存量建设用地挖潜力度，健全用地控制标准体系，不断推广节地技术应用。

政策、重大基础设施用地政策、推进城镇化建设的土地政策、增减挂钩政策一系列相关政策[①]。

在农村不动产统一登记管理方面,《国民经济和社会发展第十三个五年规划纲要(2016~2020年)》提出,"十三五"期间要全面完成农村承包经营地、宅基地、农房、集体建设用地的确权登记颁证,要全面落实不动产统一登记制度。2016年中央"一号文件"提出,到2020年基本完成土地等农村集体资源性资产的确权登记颁证。为落实党中央、国务院要求,《国土资源"十三五"规划纲要》(国土资发〔2016〕38号)从完善制度、保障运行、建立信息平台等三个方面详细规划了"十三五"期间不动产统一登记的目标,具体包括健全法律法规和技术标准体系、规范登记行为、构建权籍调查体系、部署农村不动产权籍调查与登记发证工程、逐步建成并运行不动产登记信息管理基础平台等任务。

在有关农地产权抵押方面,国家层面出台《农村集体经营性建设用地土地增值收益调节金征收使用管理暂行办法》《农村集体经营性建设用地使用权抵押贷款管理暂行办法》,对农村集体经营性建设用地土地增值收益分配管理和使用权抵押贷款进行了规范,在关键改革环节上为试点地区指明方向和提供依据。

从2016年开始,《中华人民共和国土地管理法》进行第三次修正,重点集中在农村土地制度改革上,涉及农村土地征收、集体经营性建设用地入市、宅基地制度改革等方面。2016年10月形成修订案初稿,2017年5月底国家开展了为期一个月的社会意见征集,7月底修正案送审稿被正式上报国务院审议。本次修订的主要内容包括:解除农村集体建设用地进入市场的法律障碍,删除现行《中华人民共和国土地管理法》第四十三条和第六十三条规定,增加国家建立城乡统一的建设用地市场的条款;对农村土地征收制度进行多方面完善,取消年产值倍数法与区片综合地价作为计算土地补偿费和安置补助费的依据,增加对被征地农民住房补偿和社会保障的费用,完善征地程序;完善农村宅基地制度,保障和落实农民宅基地用益物权;将多年来土地管理改革的一些成熟做法纳入法律草案中,将国家土地督察制度上升为法律规定,同时将其与不动产统一登记制度相衔接等[②]。

---

① 高延利,李宪文.中国土地政策研究报告(2017)[M].北京:社会科学文献出版社,2016:15-23.
② 每日财经网.2017年最新土地管理法解读[EB/OL].[2017-8-19].http://www.mrcjcn.com/n/239642.html.

第5章 农村土地制度演变的理论解读

我国农村土地关系的演变是由生产力发展的客观要求决定的,居于主导地位的生产力与其他生产力间的关系、总体生产力与个体生产力的关系,都从不同层面上决定我国农地关系的变革。

5.1 我国农村土地制度演变的形式特征

5.1.1 农村土地制度演变的表现形式具有复杂性

1. 土地制度演变受到复杂因素影响

历史表明,我国农地制度演变的表现形式具有复杂性与多样性,因为制度演变总是存在于一定社会背景下的,在某一特定时期,影响制度演变的要素都具有一定的特殊性,各种要素间也存在着复杂的相互影响。尤其考虑到新中国自成立以来,面临着复杂多变的国际形势,国内政治环境与社会环境也并不稳定,无论是意识形态上的变化或是理论指导思想的改变都在农地制度的塑形中产生了至关重要的影响,具体表现在不同的历史时期,中国共产党实施了不同的土地政策:土地制度改革具有革命性意义,采用的是阶级斗争这一最为激烈与彻底的形式;而之后由于农民成了土地的主人,中国共产党的领导地位在中国已经非常牢固,于是就可以通过改革的方式来实现农地制度的变革,这反映了我国农地制度演变本身是复杂的。

就当前看,在推进农村土地制度改革问题上,各地方政府在不同领域内表现出相当的积极性,但是过程中已经出现了某些苗头性问题,例如:土地制度确权改革中存在的"一刀切"现象;流转改革中的耕地滥用问题;土地经营新型主体培育中的重数量、轻质量或者重建立、轻建设问题;资本进入乡村带来的治理问题；等等。"土地"一直是中国乡村经济发展与社会治理中的核心要素，其牵一发而动全身的地位意味着任何有关土地的制度变化所涉及的都并不仅仅是"投入-产出"关系，历史上如此，当前也如此，在今后一个较长的时期内，土地对中国乡村面貌乃至城乡关系的塑造都将以千丝万缕的方式继续产生影响力。

从当前及今后一段时期中国农村土地制度改革的主要方面看，其复杂性表现得非常突出。为满足社会主义市场经济不断发展的需要，我国农村形成了具有中国特色的所有权、承包权、经营权"三权分置"的土地制度。乡村振兴战略从产权入手将"三农"问题的政策提升到国家战略的高度，而进一步深化农村土地制度改革、完善"三权分置"是实施乡村振兴战略的制度前提[1]。保证农民与农民集体的土地权利，是改革的核心。土地制度改革的重点在于以下几个方面：第一，长期以来，某些用地政策在执行中实际起到了变相鼓励土地资源浪费的负面效果，造成了资源配置低效甚至无效的结果，种种违背市场机制基本原则的政策应被尽量废除；第二，土地的国有制与集体所有制在事实上被区别对待了，集体所有制无论是在权利体系构成还是权能运行方面都与国有制存在差异，必须对这些差异进行审视并认真予以弥补；第三，有关农地（农用地或者建设用地）的估价问题，无论是征用还是流转，一直存在诸多讨论，改革在这个领域已经取得了很大进展，但市场机制还未发育成熟，其始终制约着更合理的价格体系的形成；等等。《中华人民共和国农村土地承包法》向农民提供更有保障的土地权利，但只涉及土地的农业用途方面。同时，农民土地的法律地位得到逐步提高，但其权利也易受侵害。另外，对农民将土地投入市场或用于抵押或将之作为非农用途的限制，都制约了农民的发展机会。就农地制度改革而言，必须充分考虑诸多问题，包括：法律法规是否明确地界定和规范了农民有关土地的权、责、利内涵与外延，不同的法律法规之间是否存在相互冲突？在司法实践中是否存在有法不依、执法不严、违法不纠的情况？在地方行政主体存在侵权的情况下，农民是否得到了法律救助与保护，地方政府违纪违法行为是否得到了应有处置？依托市场开展的各项交易活动是否得到了明确的法律保护与约束，市场契约是否得到了法律的尊重？等等[2]。基于上述考虑，改革应遵循以下几个原则：①适应生产力的发展要求；②在尊重农民利益

---

[1] 赵晔. 乡村振兴战略与深化农村土地制度改革[N]. 中国县域经济报，2017-11-27.
[2] 国务院发展研究中心"中国土地政策改革"课题组. 中国土地政策改革：一个整体性行动框架[J]. 改革，2006(2)：5-18.

的前提下处理好各利益主体间的利益关系;③处理好农业生产中公平与效率的关系。

2. 作为制度具体形式之一的法律体系具有复杂性

制度的具体表现形式之一为法律。土地法律体系中包括各类不同效力等级的法律规范,以调整各类土地关系,具体包括宪法基本规定、土地管理基本法律、一般土地管理配套法规、地方性法规、相关法律部门有关土地的法律规定等基本内容。以我国为例,《宪法》对我国的土地公有制、土地所有权以及土地使用权等做出的规定是制定各项土地法律法规的根本依据;有关土地的基本法律,虽然从严格意义上而言,由全国人大制定和修改的法律称为基本法律,而《中华人民共和国土地管理法》由全国人大常委会制定和修正,属于一般法律,但鉴于《中华人民共和国土地管理法》基本涵盖了关于土地产权、土地利用、土地市场及行政执法等主要方面的相关内容,而全国人大制定的基本法律如《中华人民共和国民法通则》中虽然有涉及土地的相关内容,但并未为此专门立法,因此在一定意义上也可以将《中华人民共和国土地管理法》视为我国土地基本法律;至于其他由全国人大常委会制定以调整土地关系某一方面的法律则为一般法律,包括诸如《中华人民共和国城市房地产管理法》《中华人民共和国森林法》《中华人民共和国城市规划法》等非土地专门性法律中的相关条款;土地管理行政配套法规一般是由国务院根据有关法规的基本原则而制定的实施与操作法规,如《中华人民共和国土地管理法实施条例》《中华人民共和国农业法基本农田保护条例》等,其法律效力更低一个层次;再下一个层级则是各省级人大及其常委会,以及省、自治区所在地的市和国务院批准的较大城市的人大及其常委会制定的有关土地管理方面的法规。

虽然我国的土地法律体系在基本内容方面比较完备,但不同效力层级的法律法规体系本身还没有实现充分的自洽,其间尚有冲突抵触之处;同时,法律作为一类特殊的上层建筑,始终处在与经济基础之间相互适应的调整过程之中。历次《中华人民共和国土地管理法》的修订所引发的各类讨论及争议即具有代表性。概言之,我国的土地法律体系还远远不是一个成熟完善的法律体系,在某些方面并不完全适应改革发展的要求。

以当前及今后一个时期作为改革重点任务的"三权分置"为例,其将在今后相当长一个时期内成为农村土地制度改革的基本方向,学术界将持续就这个领域的诸多问题进行研究并展开讨论,尤其是关于政策指导与法律制度之间究竟如何调整相互关系，存在很多争论。一方面，较法律而言，政策表现出了更强的调整灵活性、阶段针对性以及区域试点性，对于还处于不断优化调整过程中的农村土地制度改革而言，这种灵活性是必要的；另一方面，政策是否具有合法的效力，归根到底需要得到法律的确认，虽然法律制度本身也会存在调整，但法律本身相对而言更具有稳定性与普适性，在某些阶段或区域内，政策有可能并没有得到法律的支持，就"一时一地"而言，或者能被"试点"予以包容，但若从政策最终上升为法律，则不能不就其中可能存在的学理或法理冲突进行辨析：相对稳定的法律制度与相对灵活的政策设计之间是否存在兼容问题，政策设计是否得到现行法律法规的释义支持，或者能否被纳入法典体系的变化之中？

"三权分置"改革在现行政策上是得到明确支持的，但是如果细究法律支持，则其中还存在若干模糊或争议领域。"三权"概念中有关所有权、承包权等基本内容在现有的《中华人民共和国民法典》《中华人民共和国农村土地承包法》《中华人民共和国土地管理法》等基本土地权利法律之中有比较明确的规定，虽然其中某些条款也存在争议；有关经营权的制度设计则存在比较明显的空缺。法律制度本身要求具有相当程度的稳定性，法律关系本身是经济关系在上层建筑的表现，这已经表明了法律的成型较之于社会实践具有一定程度的滞后性。同时，中国改革采取的是渐进式推进道路，其首先选择一定区域进行试点，然后总结经验进行推广，这种边际调整会较多地考虑实践操作的可行性，但是未必能满足法律或法理的逻辑要求。"三权分置"改革基于中国农村土地制度运行中已经发生的若干事实：集体土地所有制下存在所有权与承包经营权的分离，承包经营权在实际运行中已经出现承包主体与经营主体的分离；中国农村区域面积广大、区域差距显著，而且新中国成立至今，农村土地产权制度也经历过反复变化，农村土地产权制度本身就不完善，要解释或容纳处于实践创新阶段的"三权分置"改革，对于现行法律体系而言实在力有不逮。经济学界或法学界对这一问题的讨论各有学科侧重，虽然某些议题具有交叉性，但关于成员权、用益物权或债券等性质的讨论很难进行折中调和，由此势必引发不同路径选择。

3. 作为制度具体形式之一的政策体系具有复杂性

制度的具体表现形式之一为政策。土地政策不仅反映对土地市场运行的基本需要，如对供求关系的协调；在特定的社会背景下，也有可能成为国家进行宏观管理的政策手段，在一定意义上与财政政策或货币政策发挥类似的熨平周期的功能。当然，对于土地政策是否应成为宏观调控政策工具，学术界也存在很大争议。无论基于何种视角认识土地政策的基本性质，其基本目标都应包括如何实现较为合理的人地关系，它在技术上表现为如何实现土地的科学配置与可持续利用，而在社会关系上则表现为如何协调各个相关利益群体之间的土地利益关系。不同类型的土地政策，或者土地政策体系的不同组合，都会产生不同的激励或约束效应，引导经济主体进行相应的经济决策并进而产生不同的资源配置效率。这既是一个复杂的宏观政策的目标确定与工具选择问题，涉及一系列复杂的政策机制过程，又是一个复杂的微观主体的利益追求与决策行动过程，涉及一系列复杂的预期、决策与实施问题，其复杂性不言而喻。尤其在土地稀缺性不断变化的经济发展过程中，围绕土地利益而产生的各类有关公平与效率的争议也不断增加，政策协调的难度与日俱增，如"三权分置"改革有明确的政策目标与改革原则，但是具体到不同的人地条件下，究竟该如何实施，依然需要各地不断进行实践。

更为复杂的问题在于，如何理解政策与法律之间的关系？由于各类原因，在我国经济社会中，以政策取代法律甚至凌驾法律的情况，客观上一直存在。仍以"三权分置"改革为例。2017年3月颁布的《中华人民共和国民法总则》在首章基本规定中确定民法法源的基本内容，改变了《中华人民共和国民法通则》第六条将国家政策作为法源的规定，政策不能再成为法源，"三权分置"的政策因此不具有法源的地位，根据国家政策而直接修改法律法规，其合法性得不到支持[①]。在此之前，农村集体土地制度的立法都是政策先行然后法律确认，如"两权分离"就是首先政策倡导然后民法确认；今后，虽然政策对某些法律规范依然具有一定的指导意义，但是将越来越限于指导诸如行政规章等部分法律效力层级较低的规范，如果事关诸如物权、合同等基本规则，基本的原则是必须遵循法律自身的逻辑体系，政策必须适应法律体系而不是改造法律体系，然后才能在法律环境中保障政策实施[②]。

我国现有物权体系是"所有权-用益物权"二元物权体系，由此出发，则逻辑推理上"三权"的权利性质应为所有权、成员权、用益物权。承包权之所以为成员权，是由集体所有权衍生的，商事法中有关股权或社员权等的规定可以用于对承包权基本规则进行界定，民事基本法可以统辖商事特别法。集体所有以团体为组织载体而存在，并不能分解为集体内个人所有，而农村集体所有

---

① 张红. 民法典之外的民法法源[J]. 法商研究，2015，32(4)：16-22.
② 陈金钊. 再论法律解释学[J]. 法学论坛，2004，19(2)：23-33.

是土地承包权的前提。至于土地的经营权，如果政策支持以经营权为抵押获得金融融资，则经营权在法律上必须被视为用益物权。在法律的逻辑上，承包权是一种成员权，必须由所有权派生而来；在政策的提法中，承包权是由"承包经营权"再度分解为"承包权"与"经营权"而来，而"承包经营权"已经被界定为用益物权，不可能再度分解出具有成员权性质的承包权。之所以出现这一矛盾，在于政策上设计"两权分离"的时候，没有在法律体系中明确集体所有权与承包经营权（或宅基地使用权）的具体权利规则；"三权分置"将承包权从土地承包经营权中分离，并不是否定成员权派生自所有权的法律逻辑，恰恰相反，它遵循了法律权利设置的基本原则，可以由此明确承包权应是由所有权派生出来的一类用益物权。如果说"两权分离"在某种意义上体现的是政策逻辑与法律逻辑之间的模糊状态，那么"三权分置"将有助于厘清政策逻辑与法律逻辑之间的正确关系。

"三权分置"政策要求合理的法律制度设计。相对灵活的政策如果要被纳入民法典，其基本路径是应以所有权、成员权或经营权等法律概念进行表达；就物权体系内部的稳定性而言，"所有权"与"用益物权"是一个稳定的二元物权体系，所有权、承包权（成员权）与经营权（用益物权）可以契合这样一个物权体系。虽然承包权（成员权）带有身份属性，但物权法中的成员权并不具有身份法上的伦理性本质，成员权是基于财产性因素所衍生的，不能以成员权的身份性质否定成员权为财产权利的本质进而否定民事权利体系，"三权"在民法典之中可以被表达为财产权（物权）的法律结构。当然，这确实也会导致一些困难，如"稳定农村承包关系"政策与现实之间存在矛盾，这就需要对成员权性质的特殊性做进一步的理解，因为团体性质不同，派生出的成员权也会具有不同特征，法律上或政策上农村集体中的成员在实质上是农户而并不是农民个体，权利主体具有专属性，即仅由农户享有成员权，而且限于土地承包权与宅基地权。

《中华人民共和国土地管理法》等法律中有关承包经营权（或宅基地使用权）的规定都在一定程度上体现了对农民基于其身份而得到的某种福利的保障，是成员权的应有之义。有关成员权的法律规范，既需要有一般原则性的规定，如与共益权有关的表决、选举、知情、监督等权力，也需要有针对诸如承包权这一类特定类型成员权的具体规则。《中华人民共和国民法典》第三分编《用益物权》第十一章明确了承包经营权与宅基地使用权的用益物权性质。而"三权分置"改革则通过"资格权"这一具有"成员权"性质的概念来进一步彰显承包经营权与使用权的用益物权性质。

需要指出的是，承包权为成员权，来源于集体所有权，但承包权不能由此产生用益物权性质的经营权，经营权作为用益物权，只能由集体经济组织作为监控主体设立、变更或消灭，这也意味着，无论是集体内的农户或是其他经营者要成为经营权初始取得主体，都必须直接与集体组织签约；经营权的主体变更，如再流转土地经营权或依法依规设定抵押，须取得集体经济组织的同意；经营权的内容变更，主要是主体权利义务的变更，也应当依法向集体经济组织备案。

但是，将经营权界定为用益物权，也与流转实践之间存在一定的冲突。在各种流转方式中，债权性流转具有短期性和较大的变动性，难以产生稳定的权利预期，而物权性流转因为涉及土地经营权主体的变更而受到现行法律限制。"三权分置"改革政策的功能发挥必须有赖于法律制度的支持与保障，否则，出现所有权逐步虚化、承包权逐步僵化、经营权"一家独大"的可能性（尤其在工商资本一旦大规模获得经营权的情况下）并非杞人忧天，这说明在今后一段时期，农地产权制度改革的重点将是将"三权"置于合理的法律结构之中并设置权利义务的基本规则，处理好农民与土地的关系，包括处理好土地流转中承包农户和经营主体的关系。这需要学术界继续探讨政策与法律之间的适用关系，特别是关系民生的农村土地改革政策与确定产权的基本法之间的调适关系[①]。

5.1.2 农村土地制度演变的表现形式具有多样性

马克思与恩格斯在《德意志意识形态》一文中归纳了三种主要的土地所有制形式，即部落所有制、古代公社所有制和国家所有制以及封建的或等级的所有制，并进一步将之概括为公有制与私有制，但是，在不同民族的不同生产方式的具体历史条件下，不仅公有制有着向私有制转变的或长或短中间阶段，而且每一种所有制自身也有非常多样化的表现形态[②]。农村土地制度变迁的多样性，非常典型地表现为农村土地制度中产权关系实现形式多样化。土地改革之

---

① 许中缘，夏沁. 农村集体土地"三权分置"中政策权利的法律归位[J]. 烟台大学学报（哲学社会科学版），2017，30(4)：25-39.
② "一个民族本身的整个内部结构都取决于它的生产以及内部和外部的交往的发展程度。一个民族的生产力发展水平，最明显地表现在该民族分工的发展程度上。……分工发展的各个不同阶段，同时也就是所有制的各种不同形式."（马克思，恩格斯. 马克思恩格斯选集（卷1）. 北京：人民出版社，1995：25-26.）

后，中国农村土地基本实现了农民所有，农村土地的所有权与使用权在农业劳动者手中得到了统一，与之对应的生产方式是非常典型的小农经济方式，以家庭为单位分散经营。在从互助组到高级社的"升级"过程中，所有权与使用权都出现了变化：一方面，所有权越来越向集体集中，农民的土地所有权由个人所有转变为集体所有；另一方面，使用权也越来越向上转移，集体对农民的家庭生产经营从干预到替代，最后演变为公有制下的两权统一。家庭联产承包责任制在全国实行以后，农村土地制度的变革都是在其基础上的发展和灵活应用，实现了经营权流转的市场化。

1. 历史中的封建土地所有制具有多种表现形式

如果从历史过程来看，中国的农地所有制及其实现形式的变化，贯穿于中国历史，即便其中延续最为典型的封建土地所有制，在不同朝代或同一个朝代的不同阶段也可能有差异显著的表现，因为不同时期经济基础与上层建筑之间的耦合状态一定存在各自的特征。以我国封建社会土地所有制的表现形式而言，奴隶制瓦解之后古代中国形成了封建土地所有制，但受制于生产力水平低下，初期的封建土地所有制在很大程度上受到奴隶制的国家土地所有制影响而采取了封建国家土地所有制形式；随着生产力的逐步发展，伴随着周王室逐渐衰落、各个诸侯国连年争霸的政治变化，到战国末期已经出现封建地主土地所有制与自耕农小土地所有制，尤其在铁器广泛运用、井田制瓦解、土地买卖出现并扩大之后，以往只是出现在封建统治阶级内部的地权下移已经超出了封建统治集团的范围，封建地主土地所有制逐渐成为封建土地所有制中的主要形式。在战国初期，各类形式的封建国家土地所有制包括国家对农民各类形式的"授田"、封君占有土地、官吏禄田及山林川泽未垦荒地等，但是到了后期，人地数量关系的变化使得"授田制"难以为继，越来越多的未垦荒土地转化为自耕农私有土地，工商财富的增加又刺激了土地买卖的扩大化，土地占有与政治权力原本的高度结合日益松散，国家对土地的垄断也日渐削弱，买卖、继承、让渡、赠送以及军功赏赐等各种方式都成为获得土地所有权的途径[①]。

再以西汉为例，封建地主土地所有制中的所有者主体包括皇帝（皇室）、封君贵族地主、官僚地主、豪强地主、中小地主、大工商业者等多种身份，他们共同构成了"封建地主"这样一个阶级，并分别以不同的形式占据土地：皇帝

---

① 齐振羿. 试论战国封建土地所有制的主要形式[J]. 辽宁大学学报，1982(4)：64-68.

(皇室)主要占有山海池泽荒地、陂田、草田和都城附近的苑囿园池、皇陵土地、祭田,以及各类私府土地甚至民间土地等;封君贵族地主占有政府封地并通过兼并方式占有民间土地;官僚地主也多凭借政治地位侵占土地,并与地主、大工商业者身份逐渐融合;豪强地主虽相对缺乏政治特权,但多以经济势力以及宗法关系等强取豪夺而占有土地;中小地主虽然势力不及前者,但也足以依靠土地剥削农民;大工商业者占有土地则首用于财富保值需要。除了封建地主土地所有制之外,西汉又存在封建国家土地所有制,包括政府占有的土地(无主之地)、官田以及抄没土地等,这些土地主要用于赏赐、政府经营获利、军队屯田等用途。同时,西汉时期也存在自耕农小土地所有制,在前期的"休养生息"时期,自耕农小土地所有制相对还比较稳定,但自耕农也始终都承受着比较沉重的剥削[①]。

最后以唐朝为例,唐中叶前后,封建土地所有制发生了重要而显著的变化,在此之前,曾有过数个由国家颁布并在全国范围内推行的田制(包括"井田制""授田制""屯田制""占田制"以及"均田制"等);唐中叶之后近千年,中国封建社会各朝代再无全国性田制推行。唐初期土地政策着重抑制兼并、平均占田,通过尽量恢复和发展自给自足的小农经济以稳定初始成立的封建政权;但是至唐中叶,地主制经济已经壮大,在强烈要求土地私有的各类势力(包括王公与官僚、工商业富豪以及庶族土地所有者等)的不断冲击下,即便政府并非无田可授,均田制也已被破坏,原有政策出现局部调整,逐步放弃对民户土地的控制与干涉,直至"两税法"的实施在事实上宣告了均田制的历史性终结。农户占有的土地(包括耕垦闲荒土地)普遍私有化,此前由国家控制的各类型土地也不断被私有化。"两税法"的历史意义并不在于抑制兼并或减轻对农民的剥削,而在于既适应了地主经济逐渐发展的客观事实,也在一定程度上放松了对农民的控制与束缚。唐朝土地制度出现的这种形式变化并不改变封建土地所有制的本质属性,但是标志着中国封建土地所有制就其形式而言进入了一个新的历史时期,此后宋、元、明、清各朝的土地制度均受到它的深远影响[②]。

[①] 张世德. 西汉封建土地所有制的几种形式[J]. 历史教学问题, 1985(2): 11-13.
[②] 孔经纬. 唐朝土地所有制形式的发展变化[J]. 史学月刊, 1955(7): 5-9.

2. 当前的农村土地集体所有制具有多种表现形式

以农村土地集体所有制表现形式而言,在近年来的改革实践中,已经涌现出丰富多样的实现形式,包括土地股份合作社统一经营、合作农场(集体农庄)探索农业公司统一经营、统一经营集体建设用地等[①]。事实上,自从确立农村土地集体所有制这一基本制度之后,其实现形式就一直在发生变化(从合作社到人民公社再到家庭联产承包责任制),在改革开放之后的三十余年间,农村土地集体所有制都在所有权与承包经营权相分离的两权结构当中运行;现在,"三权分置"改革在坚持所有权归农民集体所有、承包权属于集体内农户的前提下,突破和放开了经营权,通过培育新型农业生产经营主体、推进农业规模化经营,提升土地利用效率并保障农民土地财产权利。从"两权"发展到"三权",土地制度改革始终坚持了集体所有制的基本制度属性,这说明所有制具有多种表现形式,也说明改革对历史路径有依赖。

集体土地所有制的实现形式乃至于集体土地所有制本身的变化方向,学术界一直都存在各种讨论。"三权分置"改革是今后一个时期农村土地制度改革的重要内容,也是对既定土地制度的进一步发展,基于历史依赖、法理基础、实践基础以及政策操作等各方面的综合考虑,"三权分置"改革都是一项优选的改革方案:坚持了集体所有权的基本原则,明确了私有化不可能成为土地所有制的变化方向,也说明地方政府无权对农村集体土地进行干预、控制甚至侵犯;稳定了农户的承包权,在此之前中央已经就承包期限以及相关问题进行过多次强调,以稳定为主旨;提出放活经营权,突破了农业生产经营主体只能在集体成员内部形成的约束,通过引入与融入市场机制,赋予农业生产新的动力。但是,"三权分置"作为集体所有制的实现形式,自身也有若干问题需要解决,例如:集体及其成员的界定问题;集体管理的实现问题;承包权稳定与调整之间的关系问题;流转的相关法律的冲突问题;流转中的利益协调问题;等等。

更深刻地看,集体所有制虽然以农民集体为所有者主体,但是其实际运行中一直存在两条逻辑,一个是国家逻辑,一个则是国民逻辑[②]。在较长的历史时期内,农村土地制度的变迁很大程度上是由国家逻辑所主导的,在执政党的

---

① 关锐捷,赵亮,王慧敏. 探析农村土地集体所有的实现形式——基于天津、四川、江苏的基层调研[J]. 农村经营管理,2015(1):29-31.
② 宋振全,于云荣,王秀英."三权分置"视域下农村集体所有制实现:缘起、维度及思索[J]. 农业经济,2017(8):31-33.

领导下围绕国家建设总目标进行运作,而改革需要找到这两个逻辑之间的契合点,通过探索集体所有制新的实现形式,进一步激发农民的生产积极性,通过增加农民利益进而实现包括粮食安全在内的国家目标,同时,对资本进入乡村之后可能引起的农村社会结构变化、乡村基层干部或地方政府可能的权力寻租行为等都应有相应的讨论预案。

5.2 我国农村土地制度演变的决定因素

5.2.1 生产力发展对土地制度演变起决定性作用

生产力的变化决定着生产关系的变化,农地制度作为上层建筑的依据始终来自经济基础。中国在步入现代化进程之前,一直都是一个农业国家,农业是最主要的产业,土地是最重要的生产资源,自然经济是最典型的经济形态。在新中国成立之后,生产关系的变革有力地促进了生产力的发展,改革开放顺应了农村生产力发展的客观要求,在保证不变革集体所有制基本框架、不触及社会主义市场制度基本属性的前提下,农地制度改革通过所有权与经营权的内部分离,将经营权交回给农民家庭,很好地解决了农业生产在微观上长期缺乏激励的问题,进而顺利解决了农村生产力发展停滞问题,并在此基础上推动了工业部门与农业部门的协调发展,促进了整个国民经济的恢复发展。但是,自20世纪90年代之后,相较于非农产业突飞猛进的发展速度,农业发展明显落后了,这其中固然有农地资源限制问题,但更深层的原因在于中国城乡发展战略设计整体上没有实现统筹,农地制度变革所涉及的群体已经不限于农民这一群体,影响的产业也绝不仅仅是农业或者农村产业,而农村与城市的关系、农业与非农产业的关系、农民与市民的关系没有得到正确的处理,农地制度的变革也举步维艰。

农村土地所有制的制度属性、基本结构以及内部产权关系等,归根到底是由农村社会生产力发展水平所决定的。从历史经验看,在生产力发展水平低下的情况下,所有权(狭义)相较于其他权能而言,占据主导地位,起着支配性作用。随着生产力发展水平的逐步提升,一方面,所有权(狭义)的决定性意义得到维持;另一方面,其他权能的地位(尤其是占有与使用)逐步得到提升,越来越受到产权主体的重视。在中国改革开放的进程中,农村生产力得到迅速的发展和提高,所有权(狭义)最重要的意义在于其能够确保社会主义生产关系的制度属性,确保农村不再出现凭借土地所有权产生剥削以实现所有者主体的经济利益("三提五统"被取消就是明确的例证);与之对应的变化是,农民拥有的承包经营权在产权结构中的地位逐步提升,在土地经营产出的收益分配中,取代所有者主体的主导地位;在承包权与经营权分离之后,经营权的正当性进一步得到强化,相应的转让行为得到制度的认可与规范,进一步提升了产权主体的地位。这一切的变化,都在农村生产力水平不断提升的进程中依次展开[1]。

整体而言,我国农业还没有发展到现代农业阶段,尤其是在经济相对落后的中西部地区和偏远地区,不少家庭农业经营具有比较典型的传统特征。农村土地制度不可能脱离这一基本国情。生产力标准是指"以生产力自身水平或状况或是否有利于生产力的发展,作为划分一切社会发展阶段及衡量、检验、评判一切社会生活(包括经济、政治、文化等)合理与否的尺度。"[2]概言之,可以从三个方面理解生产力标准:生产力自身发展水平的高低;以生产力水平对某一个社会所处的基本阶段进行评判;以生产力水平对生产关系是促进还是阻碍进行评判。具体到农地制度变革的生产力依据,其就是要求以促进还是阻碍了农村生产力为标准来评判农地制度改革的成效。但是,需要指出的是,生产力不仅有量的要求,也有质的要求,以破坏生态环境的方式片面追求土地产出的数量最大化,并不符合对生产力概念的科学认识;同时,生产力既有总体的考察指标,也有个体的考察指标,二者之间也并不是简单加总,需要处理微观与宏观之间的关系。

农地制度变革的最终目的应定位于促进农村生产力提高,这一过程具体通过以下途径才能实现:提高劳动者与经营者的生产积极性与经营创新性;农业科学技术的进步与运用;农业生产组织形式与经营管理水平的现代化;等等。这一切归根结底需要充分激励起微观主体的主观能动性才能实现,即如何培育能适应现代化农业发展要求的新型农民。[3] "三权分置"改革的一个重要方面就是培育新型农业生产经营主体,不仅仅在集体经济组织之内进行培育,但是从改革实践看,要实现这一任务并不容易。大量土地流转依然发生在集体成员内部,这些流转行为就个体决策而言具有理性,能起到实现诸如风险抵抗或基本生活保障的功能,但是因流转期限以及流转规模等方面的限制,对规模经营

---

[1] 兰玲. 我国农村土地两权关系演变规律[M]. 北京:经济管理出版社,2017:82-89.
[2] 孟海贵. 中国当代生产力研究[M]. 北京:中国环境科学出版社,2002:102-144.
[3] 兰玲. 我国农村土地两权关系演变规律[M]. 北京:经济管理出版社,2017:145.

的促进意义则较为有限。因此,也有观点主张土地流转应更倾向于工商资本,但是由此可能产生的农村社会结构变化似乎具有某种不可控性,因农民无产失业而可能产生的政治与社会风险也需慎重对待。另外,实践中的一个突出表现是,城市周边农村、城中村等区域推进"三权分置"改革的进程明显更快,这些区域拥有区位优势,其改革的核心往往围绕集体建设用地经营展开,而农业用地领域的"三权分置"改革相对缓慢,地方政府的目标偏好使得改革未必遵循"三权分置"预定的路径前进。

5.2.2 生产关系对农村土地制度变迁的影响

在土地所有权集中于部分甚至少数所有者的情况下,要维持小农生产方式并实现土地资源与劳动者的结合,唯有通过产权的分离,在这种情况下,生产关系内部始终存在着矛盾的冲突与张力。新中国成立之后,曾经尝试通过农业合作化运动对小农生产方式进行改造,并将其与土地集体所有制形成匹配关系。然而,这一设想高估了当时的农村生产力水平条件,又未能有效地解决合作化过程中的监督与激励问题,过度倚重思想改造的方式而低估了经济手段的有效性,这一历史阶段的生产关系变革整体而言并不成功。改革开放之后,在坚持农村土地集体所有制的社会主义性质不发生变化的前提下,以集体经营与家庭承包经营相结合的方式对传统的小农生产方式进行了扬弃,一方面,确保了社会主义公有制下不产生以土地所有权为依据的剥削现象,另一方面,通过经济手段有效地激励了农业产出水平的提升。

我国仍处于社会主义初级阶段,社会主义初级阶段理论对我国的社会制度和发展阶段进行了科学的界定,社会主义的制度性质决定我国农村土地所有制应实行公有制,以保障农民的基本生活和生产。改革是社会主义制度的自我完善和发展,而农村土地集体所有制作为社会主义基本经济制度的内容不仅得到了宪法形式的肯定,《民法典》对集体财产的保护也做出了法律规定。从政策层面看,近年来的中央一号文件都强调坚持农村土地集体所有制,2018年的中央一号文件《中共中央国务院关于实施乡村振兴战略的意见》明确提出要"坚持农村集体产权制度改革正确方向",土地产权制度改革的焦点不是改变集体所有制本身,而是对集体所有制的组织方式和实现形式进行创新。

农村集体产权制度改革的正确方向是什么?改革开放之前的一个时期,农地各项权能高度集中,其与劳动者个体甚至集体的联系都非常微弱;改革开放之后，农地的各项权能在劳动者个体与集体之间进行了分配，劳动者逐渐掌握了若干重要的权能。随着市场经济体制的不断完善，农地集体所有制下的劳动者不仅占有了农地，而且将逐渐拥有内容更丰富、内涵更明确的多项产权。例如，进入土地市场进行交易的权利长期以来都由城市政府所拥有，而农村集体或农民个体的此项权利一直没有得到明确的界定，改革将允许劳动者个体或集体在满足相关条件的基础上更加自由地支配其占有或所有的土地，正确的方向应是鼓励劳动者更加合理地对土地进行长期性投资，从而在微观基础上解决农地可持续利用的激励问题。

集体所有制坚持一个基本原则，即农业劳动者必须是农村土地制度的受益者，在处理不同主体的土地利益关系时，这一基本原则必须得到强调与贯彻。虽然集体内部的成员流动会导致利益纠纷，但从实践看，更容易产生利益冲突或者利益冲突更激烈的，往往是农民集体组织之外的其他主体，尤其是具有行政强制力量的主体。在这个方面，必须更强调所有权的意义。另外，在有关农民群体内部的利益调整方面，从占有角度进行思考，具有更为有效的制度可行性。无论是改革的实践取向，还是理论观点的主流取向，在现阶段都更着眼于从放活经营权角度来解决效率问题，同时保障所有权与承包权的稳定[①]。

集体所有制改革需要着力解决的另一个问题是集体层面的经营问题。在改革开放之初，关于农村土地经营改革的基本思路是实行双层经营。从实践发展看，在经历过一个为期不长的阶段之后，农村的集体经济日益陷入发展乏力、后续不足的境地，这进一步放大了政府资金投入不足对农村社会发展造成的消极影响，包括各类生产基础设施与社会公共产品供给的短缺，这削弱了农业生产可持续性的基础，也阻碍了农村居民社会福利的提升。经营权流转的改革探索希望达到推动农村规模经营发展的目的，突破小农生产方式对扩大农业产出规模、提升农业产出效益的束缚。但是，规模经营生产方式的载体不能只依托于外来工商资本或者农业企业，集体组织应该成为非常重要的中坚力量，这不仅是因为集体组织在组织农业生产方面较外来工商企业具有更为明显的优势，也在于集体组织的使命之一就是维护和保障农民作为集体成员的合法利益，集体组织的培养与发育，对创新土地集体所有制实现形式具有重要的促进意义。

---

① 兰玲. 我国农村土地两权关系演变规律[M]. 北京：经济管理出版社，2017：150-151.

5.2.3 上层建筑对农村土地制度变迁的影响

生产力决定着生产关系的性质与变化,生产关系反作用于生产力,对生产力的发展起推动或阻碍的作用,生产力与生产关系的矛盾运动带来了经济基础与上层建筑的矛盾运动,产生了社会变革。马克思主义思想中社会发展的基本原理对理解中国农村土地制度变迁同样具有直接的指导意义,理解中国农村土地制度,不能脱离对有关政治制度、法律制度以及意识形态等上层建筑内容的考察。以封建社会时期的土地所有制为例,封建国家逐步形成了对土地私有化予以法律认可的规范体系,但是与此同时,为了维系皇权统治的稳定,同时塑造传统儒家道德观念下的理想社会形象,几乎每一个封建王朝都会以不同形式对土地私有权利进行程度不等的限制,以一方面缓和土地私有化可能引发的兼并弊病,另一方面防控伴随土地权利变化而产生的社会阶层变化对既定的统治秩序产生过大的冲击。整体而言,封建社会的一整套意识形态体系都服务于维系封建地主阶级的合法统治,同时,封建伦理思想(尤其是家族宗法思想)也在很大程度上起到了稳定小农生产方式的作用。在进入近代社会之后,中国的历史舞台上先后出现了不同的政治思想,它们试图为中国寻找一条救亡图存的道路,一直到中国共产党走上历史舞台,并通过不断的艰难探索,才逐渐明确了中国革命的指导思想与道路,领导中国农民完成了土地革命。在新中国成立之后的一段历史时期内,由于受到其他社会主义国家的影响,中国共产党在建设社会主义的道路选择上,一度出现了认识与行动的偏差;党的十一届三中全会重新确立了解放思想、实事求是的思想路线,在马克思主义思想的指导下逐步探索出一条有中国特色的社会主义道路,农村土地制度改革重新回到了适应中国现阶段农村生产力发展、符合中国社会主义基本制度的正确轨道上来。

毫无疑义,农村土地制度是中国特色社会主义基本制度这一上层建筑体系的内部构成之一,其在制度属性上必须坚持并体现社会主义公有制的基本原则,同时,必须适应中国特色社会主义市场经济体制这一现阶段的基本生产关系,处理好公平与效率两个目标的兼容问题。社会主义是中国的基本社会制度,土地制度毋庸置疑必须符合这一基本属性,加之土地制度涉及数亿农民切身利益,更不能任意突破底限。但是,一个正在变化的事实是,随着中国工业化与城市化进程的推进,中国农民将越来越多地转变为市民,而且这一过程不会在短期内结束,虽然来自土地产出的收入对于这部分群体而言其重要性相对下降,但是无论是基于公平的诉求还是基于农民收入构成的现实情况,农民都会坚持他们对土地所拥有的正当合法权利。如何既满足农民对公平的需求又满足土地产出的效率,是土地制度改革需要回答的重要课题。这种需求,并不只是来自农民的压力,在本质上它也是中国共产党作为执政党必须完成的政治使命之一,中国共产党必须代表包括农民在内的广大人民的利益,而在社会主义社会中,农民不能再接受历史上曾延续数千年之久的剥削。

5.3 我国农村土地制度演变的功能分析

5.3.1 农村土地制度变迁对生产力的影响

生产力的发展决定了农地制度演变的基本方向,同时,农地制度演变也对生产力发展起到推动或阻碍的作用,在生产关系适应生产力发展、上层建筑适应经济基础的条件下,农地制度安排将对提高农地产出、优化利用效率等起到积极的促进作用。当代中国农村土地制度的演变及其所产生的效果对此进行了非常鲜明的证实。通过土地革命,中国共产党在农村彻底消灭了存在数千年的土地剥削现象,广大农民转变为自耕农,农村生产力得到迅速的恢复和提高,并且有效地促进了新生政权的稳固;通过开展合作化(初期阶段),较好地解决了小农生产方式下难以解决的规模化问题以及农业基础设施建设问题;随后的高级社以及人民公社则从另一个角度说明了生产关系对生产力的反作用。农村家庭联产承包责任制不仅发展了传统的农业家庭生产经营模式,同时也开启了重构农村土地权利体系的新阶段,所有权(狭义)的地位与功能逐渐相对弱化,而农民获得的承包经营权逐渐得到拓展与深化,并从承包经营权当中分离出经营权。这一变化的出现,正是响应了农业生产经营的规模化要求,在家庭小规模生产经营方式的生产潜能逐渐耗竭的情况下,尝试以制度创新激发农业生产力的持续提升。

就乡村振兴战略而言,包括农村土地产权制度在内的农村集体产权制度的改革,对农村产业振兴具有基础性制度的意义。十九大报告已经提出"巩固和完善农村基本经营制度,深化农村土地制度改革,完善承包地'三权'分置制度。保持土地承包关系稳定并长久不变,第二轮土地承包到期后再延长三十年",可以预期相关管理部门将出台具体政策方案,并修改《中华人民共和国土地承包法》以及相关土地法律法规,有关农村集体经济组织的法人地位、成员资格等重大问题都正在或将会得到立法落实。就土地制度而言,比较重要的领域包括:近年来建立城乡统一的集体建设用地交易市场的改革进展相对而言并不如预期,因为涉及地方政府一些深层次的矛盾与利益问题,下一阶段的改革需要在财政与金融领域有配套性举措,才有可能进一步实现突破;农村产业振兴需要进一步大力发展现代农业,虽然各类新型农业经营主体正在兴起,但承包权与经营权之间的关系规范、土地经营权流转市场体系建设等方面还不能保证农地流转在更广的范围内有序进行[①];建设生态宜居的美丽乡村不仅需要加大对农村基础设施和公共服务的投入,也需要在村庄规划方面有更为科学合理的方案,而深入推进宅基地制度改革则有利于农村居住空间的分布更为集约与合理;等等。

5.3.2 农村土地制度变迁对利益关系的影响

通过历史回顾可以看到,每一轮土地制度性质的变革,都必然伴随着社会利益关系的重构,这种重构有可能通过相对温和的渐进式改良方式实现,但更多地表现为不同社会阶级或者阶层之间的暴力冲突形式,因为在人类历史非常漫长的时期内,围绕土地而产生的利益关系都是社会经济利益关系中基本与核心的内容之一,每一次土地制度演变,也无不造就了新的利益主体并最大化地体现了他们的利益。例如,中国历史上的封建地主土地所有制,在其形成的漫长过程中,一直伴随着各个利益主体之间的各类对抗,从"莫非王土"到诸侯分封,从国家所有到地主私有,代表新兴生产力的地主阶级最后在政治上确立了统治地位,得以通过封建土地制度的确立获得其利用土地进行劳动剥削的经济利益。

社会主义公有制的确立,以制度的方式从根本上消除了利用生产资料所有关系进行劳动剥削的可能性,国家、集体与个人之间的利益关系,在本质上是统一的,但是改革依然需要更好地解决三者之间的利益协调问题。在集体土地所有制下,农民的阶级地位得到了切实的保障,但是其经济地位的实现与巩固还需要建立在生产力不断发展的基础之上。从政府的角度看,农地制度的运行必须至少能实现以下基本目标:保障国家粮食安全,这是涉及国家长治久安的战略大计;稳定农村社会秩序,这是涉及数亿民众、事关国家安定的重要方面。从农民的角度看,经济利益是农民从事农业生产的直接目标,农民希望能稳定且不受干扰地运用使用权以有效地利用土地开展生产经营——而且不仅限于

---

① 张晓山. 实施乡村振兴战略的几个抓手[J]. 农村经营管理, 2018(1): 26.

自己家庭直接从事生产活动;农民也希望他们的土地产权能够得到更为有力的保护,不因集体所有制而被区别对待于国有土地产权。

我国农业部门与工业部门相比较,生产力水平差距相当大。新中国成立以来,我国农业对工业支持较多,现在提出工业反哺农业,如财政政策上取消农业税政策等,这是政策的一个重要转变,但增加农村的资金总量不能仅仅依靠财政支持,农民还需要获得更多的金融扶助,尤其是在强调农业规模经营或集约经营的趋势下,缺乏金融支持的农民很难基于家庭积累从事现代农业生产经营。十九大报告指出要保障农民财产权益,这为未来的改革设定了总体原则,保障农民的财产权益意味着要保证农民权利不能受损,这需要在改革方案的设定、改革推进的程序、改革的配套方案三方面同时入手。改革方案一方面要关注不同类型的集体资产改革任务的差异性,另一方面也要考虑地域的差异性,分类实施、试点先行[①]。

5.4 我国农村土地制度演变的方向讨论

5.4.1 私有化不是农村土地制度演变的方向

自改革开放以来,随着农村经济体制改革的逐渐深入,一度被视为改革深水领域的土地产权问题,其改革的现实紧迫性也越来越明显地表现出来。"三农"领域当中的大量改革重点或难点问题,都与土地制度问题有千丝万缕的联系,都直接或间接关系到农民的土地权利问题。在有关农村土地制度改革的方向与思路的学术讨论中,曾经出现过若干争议,但是在明确农民作为权利主体的法律地位、加强对农民土地财产权的法律保护等方面,不同的学术观点之间也找到了交集。也正因为基于产权,尤其是财产权保护对于农民土地利益实现的重要性,有观点认为,唯有在土地农民私有的制度框架下,才能确保农民的土地财产权利得到充分的排他性保障。

有关土地私有化的观点主要存在于学界讨论范围之内[②],从未得到过中央

[①] 赵晔. 乡村振兴战略与深化农村土地制度改革[N]. 中国县域经济报,2017-11-27.
[②] 早在 20 世纪 80~90 年代,一些学者就已经提出了土地私有化的改革方案,认为实行土地私有制才是农村改革和发展的方向;只要用土地私有制替代土地集体所有制,农业产业化问题、农村生态环境和城乡绿化问题、政府机关公务人员的寻租问题、农民富裕问题等都不难解决。甚至有学者认为,凡是对土地私有制长期信奉不疑的民族,都能逐渐完善以保障产权为核心的法律制度,从而演化出有广泛民意基础的经济-社会秩序,促成各阶层共生关系的深化与社会生活的和谐。

政策的响应，但这一思想的传播和影响确实以各种不同的方式存在。例如，在党的十七届三中全会之后，就农村进行的土地确权改革，部分学者从中解读出了"否定农村集体所有制"的结论，认为确权并不仅仅只是一个技术操作程序性问题，而且要终结实际所有者缺位所导致的集体所有制有名无实这样一种产权运行状态，一旦确权过程完成，即有可能出现大规模的土地流转。在此类观点的主张者看来，中国农村土地制度的改革实际上也在朝私有化的方向发展，如确权颁政就是迈向土地合法私有的一个步骤；集体经营性建设用地入市的改革探索同样体现了私有化；等等。对党的十八届三中全会文件改革精神的解读，这部分研究者都从私有化方向进行了表达，例如，有学者认为农村集体土地产权制度一直存在产权不清等制度缺陷，并对效率与平等这两个方面都产生了消极的影响，从长远看中国经济如果要实现持久发展，必须改革农村土地制度，但这些学者主张的改革路径都是私有化路径。

  事实上，一种制度的有效性必须置于具体的环境中才能进行理解与分析，土地制度的效率，即便仅仅考察经济效率，也并不只是土地投入产出的分析。可以观察到，在部分实行土地私有制的国家，其土地产出效率确实较高，但是这一点至少需要结合这些国家的社会制度、城乡关系、产业结构等基本条件才能得到说明，并不能在土地私有制与高效率之间进行直线联系。或许无须质疑私有化观点的出发点来自对农民土地利益的主张，但是当代中国已经进入工业化与城市化主导的现代化进程中，土地的自由交易固然有提高资源配置效率的潜在空间，但这样的美好愿景，也有可能最终幻灭，并出现农村社会两极分化、城乡社会动荡不安的场景[①]。

  集体土地所有制的某些弊端需要改革予以解决，但土地私有制是否确实可以成为一剂解药？有研究者对中越两国农村土地制度进行了比较，其研究结果具有较好的启示性。越南在20世纪90年代初进行了土地改革，并在进入21世纪之后，进一步通过法律修订等方式延续并强化了土地改革的思路，即土地国家所有、农民长期使用（使用权在50年以上），在使用权期限内，农民可以自由处置土地，包括出租、抵押与买卖。农民的土地使用权已经物权化了，改革已经暴露出来的问题包括：首先，由于农村没有集体建设用地，农地又不能转化用途，土地私有严重制约农村建设规划的实现，于是农村人口与土地之间不匹配的现象日益严重，人多地少与人少地多的矛盾同时并存，在根本上，农村

[①] 彭海红. 警惕土地私有化思潮对农村土地集体所有制的冲击[J]. 红旗文稿，2016(7)：21-23.

的"居者有其屋"已经没有制度作为保障了。其次,农民可以出卖其土地,理论上而言,农民可以将土地资本转化为货币资本,从而获得从事非农就业的资本或者进城定居,但是农地市场价格偏低,依靠售卖农地所得货币,几乎不可能进城定居,还是只能在乡村居住。再次,如果农民希望所售农地能够有更高的市场价格,就必须申请将农地转变为非农业用地,以获得土地用途转变带来的增值收益,但实际情况是,这种转变途径完全被控制在政府与少数群体手中,对于广大农民而言,即便申请成功,其分配所得比例也相当有限。最后,农民也可以继续在农地上从事规模化经营,因为存在以抵押方式获得银行贷款的可行性,但是,其一,银行并不愿意接受农地抵押,面向农地抵押的贷款利息,基本都超出了农民从事农业经营可以承受的限度;其二,越南的农地的状态也是高度分散化的,进行规模化经营需要农地进行流转,由于缺乏集体组织,流转很难顺利实现。事实上,自20世纪90年代越南土地改革以土地国有取代集体所有之后,越南农村的集体组织就被瓦解了,没有发育出类似中国的乡镇企业或其他农村集体经济组织,土地在事实上是私有的,而整个农村社会在事实上是分散的。在这种状态下,土地私有既没有带来农业生产经营效率与效益的明显提升,也未能形成对农民土地权利的真实保障,尤其在面对工商资本的强势进入或者政府不当行为侵犯的时候,个体状态的农民难以采取有效行动。[①]这一情况至少带来两个方面的启示:其一,农村土地制度本身并不仅仅用于解决农业产出问题,它对于维系整个农村社会经济的发展与稳定都具有基础性意义,对农村土地制度绩效的评价,也不能仅仅着眼于单一的经济效率标准,还需要考虑内涵更丰富的社会效益标准;其二,土地私有制具有其有效的一面,但是它也并不是在真空当中运行,需要特定社会经济条件的匹配,在制度与环境之间形成协调关系,脱离了对具体环境的分析来主张其有效性,是缺乏说服力的。

农村土地集体所有制确实存在弊端,但并不能由此做出"二选一"的改革主张,认为私有化就是必然的方向。在全球范围内,作为人口大国的发展中国家在迈向现代化的进程中,都出现了程度不等但往往是大规模化的城市贫民现象,而中国没有出现此类现象,这显然不能归因为某种幸运或偶然,中国的农村土地制度对此有积极的影响。另外,与之相伴的是,中国农民在工业化与城市化进程中的角色及地位也体现出一定的特殊性,在不同时期里进城务工与在乡务农两种职业活动轮流进行,这既是城市化与工业化发展水平不足带来的后

---

① 李昌平. 土地农民集体所有制之优越性——与越南之比较[J]. 华中科技大学学报(社会科学版),2009,23(1):11-14.

果,也是继续提升发展水平的潜力所在。农民始终是中国各阶层中人数最多的群体,历史经验证明,以限制农民自由的方式维持社会稳定并非上策,市场经济条件下的农民应享有自由流动的权利,他们在农业就业与非农就业之间的转换或者在农村与城市之间的迁移行为不应受到制度性的束缚,这也要求土地必须能稳定地被农民所占有使用。一旦土地放开私有化进程,一方面,可能会在乡村出现大资本裹挟家庭农户的情况,导致家庭经营难以为继,农户最终失去对土地的掌控;另一方面,大量难以在城市稳定立足的农民可能会因失去土地而面临有乡难返的窘境,或者其城市化过程也会因失去来自土地部分的收益支持而变得相对更漫长和困难。虽然集体所有制的制度设计初衷,未必契合当今中国城乡实际或今后一段时期中国的发展趋势,但在其制度框架本身还可以通过继续改革优化以适应农村生产力发展的情况下,进行长期改良的道路较为可取,而彻底改变的风险极大[①]。

5.4.2 改革中的农村集体土地所有制分析

农村土地集体所有制需要进行改革和完善,政策在这一点上已经给出了比较明确的方向,但仍有必要从理论上对此进行剖析,如何将集体所有制运行所需的效率条件显性化,使之能更加顺应劳动分工与市场机制的运行需要,是土地制度改革需要解决的问题。

国内学术界对土地集体所有制的理论解释,在学术传统上基于马克思主义政治经济学的基本原理;自20世纪90年代之后,新制度经济学及西方产权理论成为理解土地集体所有制的另一个重要理论框架。在传统的理解上,集体所有制与国家所有制是社会主义公有制的两种基本实现形式,在农村土地集体所有制的理论体系内,有土地集体所有、集体劳动与经营、实行按劳分配等基本内容。集体所有制是对小农私有制的扬弃,合作化则被视为解决小农分散经营弊病的途径,共同劳动、集体经营这一生产协作方式被视为集体所有制的内在要件。但是,这一理论中的土地集体所有制是在计划经济的框架下运行的,并没有考虑诸如组织成本、个体激励等问题(社会主义的实践曾经试图以"意识形态"改造来解决这些问题,但并不成功),而且,这一理论没有考虑一种可能性:集体土地所有制在市场经济体系下应该如何运行?因此,自20世纪90年代之后,新制度经济学及产权理论在国内风靡一时。

---

① 温铁军. "三农" 问题与农村土地所有制形式[J]. 资源导刊, 2009(2): 14-15.

随着农业生产力的增长与农业生产分工的深化，在市场经济条件下农民个体进行农业生产虽然有了更大的可选择性，但不确定性也越来越大，尤其是现代农业生产方式较传统小农生产需要更多的资本与技术要素，无论是技术创新或者组织创新等都对生产经营主体有更高的要求。在回答如何解决个人权利或个体激励等问题上，传统的马克思主义政治经济学似乎没有给出现成答案，而西方产权理论的结论则建立在私有产权制度的基础之上。

看起来，无论哪一个角度的解释，都难以给出中国农村土地集体所有制在市场经济体系下如何运行的直接答案，中国社会所展现的制度环境的基本特点，并不是这两种理论假设中的典型状态，而任何一种特定的制度设计，其背后的思想都包括了隐含假设或前置条件。制度结构不能等价于制度安排[①]，集体所有制被视为我国农村的基本经济制度，应被理解为一种制度结构，其中包含了一系列相关制度安排，而改革需要明确这些制度安排能有效运行的基本条件究竟是什么，以及如何创设。农村土地制度改革不应是某种形式上的理念响应，而应解决中国"三农"领域的关键问题：如何避免农村因土地集中而出现私人垄断问题？这事关农村社会基本秩序的稳定。如何提高农村土地资源配置效率，促进农业分工深化，促进现代农业生产方式发展？这事关农村社会持续发展与城乡社会和谐共存。解决这些问题并不是只依靠某一制度安排就能完成，需要一系列制度安排的配合，但其中关键性的结构关系是：农村土地必须归劳动者所有，农村土地收益的主要部分应由劳动者享有，农民与农民集体在不同层面掌握对土地经营管理的权力。

农村土地集体所有制解决的是中国国情下的难题，它的具体制度安排既不能因为同为公有制实现形式而简单套用城市土地国有制的制度安排，也不必因为与私有制具有本质区分而拒绝借鉴国外市场经济国家的某些经验。对农村土地集体所有制进行理论解释与制度设计的时候，必须认识到一些关键问题。

第一，制度的设计或变革，必须有助于促进人与人之间的平等合作。市场经济条件下不同主体之间的利益竞合关系，只有在彼此承认平等地位的基础上，通过交易与协商的基本途径才能形成。人与人之间的平等关系，并不限于农村社会内部，也包括城乡劳动者之间的关系。无论是集体所有还是国家所有，在更深层的本质上，都可以被理解为"劳动者所有"——无论劳动者是在农村或者城市，他们的利益在本质上是一致的，这是建立城乡统一的土地市场的利

---

① 秦中春. 农村土地集体所有制的阶段性特征考量[J]. 改革, 2015(10): 130-142.

益基础所在。

第二,农村土地集体所有制包括一系列与农村土地的资源配置和利益归属相关的制度安排。市场主体在占有、使用或者退出农村土地的过程中会产生各类利益关系,国家如何对此进行调节或管理,是集体所有制的重要内容之一。集体土地的所有权始终不是绝对意义上的集体所有,国家的角色一直在其中产生影响,改革并不是对其进行全盘肯定或者否定,而是需要厘清国家在何种权利类型上以何种方式发挥功能。

第三,劳动者必须是农村土地的主人,否则就会造成公平与效率两个方面的伤害。传统上的讨论焦点是土地的私有或者公有,但就改革实践以及未来一段时期的趋势看,更具有现实性、更重要的问题是如何处理劳动者个体、集体与国家之间的利益关系,"私有"并不意味着劳动者的个体利益就自然得到了保障,而从"集体所有"这一概念出发也不能得出个体利益就必须无条件被牺牲的结论,劳动者个体、集体与国家之间的利益关系,不仅是资源分配以及相关利益归属的客观理论依据,也是国家界定和保护各相关主体产权及利益的基本规则,前者涉及经济基础层面的讨论,而后者涉及上层建筑层面的讨论。

社会主义制度的基本属性不能允许非从事农业生产经营的群体掌控农村土地进而产生可能的剥削现象,劳动者必须是农村土地的主人;但是,"劳动者"这一概念的内涵与外延不是僵化的、一成不变的,正如"集体组织成员"这一资格也是动态和开放的一样。作为农民集合体的农民集体,其核心职能是为农民提供服务并进行管理,资金、资源或资产固然是集体管理的重要内容,但对人即集体成员的管理,更为重要,因为集体成员的利益,无论是土地利益或其他集体资产利益,归根到底是与集体成员身份关联在一起的。另外,改革中必不可少的内容是对政府的各项职能进行显性化梳理,明确政府应承担的职能并规范政府对公权力的运用范围与方式。当代政府的基本职能之一是为所有公民提供均等的公共管理服务,即便基于中国作为发展中大国的国情,政府在经济领域需要更大空间,政府在有关产权或权利领域的行动也应以谨慎为原则,在涉及资源配置的领域,政府行为尤其应受到必要控制[①]。

综合上述考虑,可以认为,集体所有制的确立与坚持,虽然源自历史,但更是因为其具有现实性与可发展性,"三权分置"改革将在集体所有制的框架下展开,而不是对集体所有制背离与否定。

---

① 秦中春. 农村土地集体所有制的阶段性特征考量[J]. 改革,2015(10):130-142.

第6章 乡村振兴战略下农地制度改革阶段性展望

6.1 乡村振兴战略的理论讨论

"三农"问题在中国经济社会发展中具有重要地位,一直是学术界研究的重点领域之一。虽然在"乡村振兴"这一战略概念被提出来之前,多数研究并未被冠以"乡村振兴"之名,但有关乡村建设、乡村发展、乡村生态、乡村产业、乡村文化以及乡村治理的研究一直都是"三农"研究的主要内容。"乡村振兴"作为继"新农村建设"之后指导中国农村发展的基本战略,与"新农村建设"具有不同的战略视野与内容,乡村振兴战略所要解决的改革实践问题也具有新的时代特征。改革开放初期,中国农村尚不能解决温饱问题,如今,中国农村在实现小康的道路上担负着振兴任务。因此,基于历史考察与现实认知,对乡村振兴战略的内涵进行理论理解,具有重要的时代意义与理论价值。

6.1.1 中国乡村发展方案的历史探索

"乡村振兴"的反义语是"乡村衰落"。福祸相倚,兴衰之间也存在相互交替又相互转化的关系。中国在现阶段提出"乡村振兴"战略,既是因为经过多年发展,中国已经具备了促进乡村发展所需的各类资源与条件,也是因为在不断推进的城市化进程中,中国乡村发展相对较慢,在某些时期或某些区域甚至有所停滞。如果从更长的历史时期看,中国古代社会的基础框架是农业社会结构,封建社会发展最为繁盛的唐宋时期也是中国古代历史中乡村发展最为兴盛的时期,以家族与血缘为纽带的乡村治理、以孔孟儒学为基础的社会思想,以及以自给自足的自然经济为特征的经济生活共同奠定了乡村社会的稳定基础。但是,自元、明时期之后,随着中国封建社会发展轨迹向下滑落,中国乡村社会日益走向封闭、落后与衰败,尤其是由明至清的历史时期,中国社会对内专制、对外封闭的程度与日俱增，而乡村最为集中地表现了中国封建社会的落后面，至鸦片战争之后，中国乡村衰败的面貌已经极为触目惊心。在中国现代化的历史进程中，曾经有过若干次非常具体的乡村重建方案和运动，包括新中国成立之前的乡村建设运动以及改革开放之后的社会主义新农村建设，这些方案和运动在其所处的具体历史阶段与时代环境中提出了不同的具体任务，最终也得到了某些成就，但是都没有真正实现中国传统乡村的现代化发展。尽管如此，这些方案和运动体现出的某些理念或价值观，对于理解当前的乡村振兴战略，依然有着必要的理论借鉴意义。

在新中国成立之前出现的乡村建设运动，试图回答"乡村如何实现发展"的问题，但是，在当时的时代背景下，"乡村发展"更多地带有"乡村社会转型"的含义。在20世纪前半叶，西方现代化的影响冲击了中国社会几乎所有方面，乡村社会更是表现出了全方位的落后与整体性的衰败。针对这种情况，晏阳初、梁漱溟以及费孝通等一批知识分子各自从不同角度提出了解决之道。晏阳初将中国农村的问题概括为"愚、贫、弱、私"四大病症，尤以"愚"为一切病症的根源，提出要"拯救乡村"必先治"愚"，以"平民教育"为途径改造"人心"，以"人的建设"作为"乡村建设"的核心，再造具有"知识力、生产力、强健力和团结力的新民"。梁漱溟从"文化"的角度提出了文化"化人"的理念，他认为中国农村的出路在于"中西具体事实之沟通调和"，主张以"新的礼俗"对传统文化进行创造性的转化，兼容并蓄传统儒家伦理与西方职业本位，以此为基础，通过逐步改良实现乡村自救。费孝通主张保存乡村的总体性和主体性，在合作基础上以乡村工业的发展为动力，逐步恢复中国乡村社会的有机完整性，他的理论方案强调有机与综合，从文化价值到社会结构再到乡村产业，具有更为系统化的理论思索。但是，上述方案，最终都无一例外地归于失败。究其原因，比较复杂，除了这些方案本身或多或少都带有一定的"乌托邦"色彩之外，一个重要原因在于：这些方案都强调以渐进改良方式实现乡村建设或自救，这意味着设计者实际上是冀望于由当时的政权力量来推动实施这些方案，其结果就是"号称乡村运动而乡村不动"。事实上，当时的乡村建设或改造运动，更多地体现为某些知识分子的理论构想，虽然也有部分主张在一定区域内得到过有限的实验，但终究脱离了真正的社会群众基础，而且时代也没有为这些思想实验提供足够的时间与空间。

新中国成立之后，中国共产党以革命的方式彻底改变了中国乡村社会的原有结构，"耕者有其田"不再仅仅是一句政治发动口号，中国乡村社会数千年的理想目标第一次成为现实,这一点非常明确地体现了中国共产党对中国革命特殊性的理解,以及作为无产阶级政党对马克思主义理论的中国化改造与运用。显然,"土地改革"与之前各类乡村建设方案具有截然不同的性质,它不是通过逐步改良进行推进,而是直接以财产权利的性质变更来重塑乡村社会的基本结构与秩序。但是,"土地改革"并不是终点,而是起点,其后的农业集体化运动历经波折,最终被证明违背了生产力与生产关系的基本规律,乡村建设固然具有"政治"色彩,但是若采取"政治运动"方式开展乡村建设、忽视甚至摧毁乡村社会内部动力,是无法在如此广大的农村区域实现改造的。

改革开放之后,农村实行了以家庭联产承包责任制为核心内容的农村经济体制改革以及以政社分开为核心内容的农村政治制度改革,但是自20世纪90年代之后,由于基层政府的税费汲取以及城乡"剪刀差"的持续性扩大等诸多因素的共同作用,"三农"问题的严重性日益凸显,在此背景下中央提出"社会主义新农村建设",这是一项系统性的农村社会发展方案。随着社会主义社会初级阶段主要矛盾的转变,"乡村振兴"战略以新的发展理念进入历史进程,它要解决的是如何促进乡村社会更加平衡与充分地发展,逐渐消解因城乡社会发展失衡而产生的诸多矛盾,从而实现乡村社会经济发展质的提升:将"生产发展"提升为"产业兴旺",不仅肯定了乡村生产已经具有的生产力基础,更重要的是突破了将乡村生产等同于第一产业发展的思维定式,通过"三产融合"进一步夯实乡村社会发展的物质基础;将"村容整洁"提升为"生态宜居",从外在环境整治转为更加强调生活质量,强调乡村居住的幸福感;强调"乡风文明",体现了精神文明建设与物质文明建设的统一关系;将"管理民主"提升为"治理有效",不只着眼于管理程序的民主性与合法性,更强调要以包括自治、法治与德治等在内的综合治理体系来实现协调利益关系、稳定乡村秩序的有效治理目标;将"生活宽裕"提升为"生活富裕",体现了让广大农民更加充分地享受发展成果的价值目标[1]。

乡村振兴的"战略"表述已经说明其高于政策的基本定位,因为战略必然带有全局性与综合性,战略的设计与实施都是一个宏观的系统工程[2]。从时间维度理解,中国社会主义的主要矛盾已经发生了转变,农民群众在追求小康的道路上渴望更加美好的生活,但是城乡之间发展的不平衡在很大程度上制约了农民群众的这一追求,"振兴"并不是对改革开放以来中国农村社会经济发展

---

[1] 叶敬忠. 乡村振兴战略:历史沿循、总体布局与路径省思. 华南师范大学学报(社会科学版),2018(2):64-70.
[2] 廖彩荣,陈美球. 乡村振兴战略的理论逻辑、科学内涵与实现路径[J]. 农林经济管理学报,2017,16(6):795-802.

成就的否定，恰恰相反，它是基于中国农村已经取得的伟大历史成就，在中国经济从高速发展向高质量发展转变的时刻，面向未来提出的历史使命，要解决的是现代化与城市化已经进入中期阶段的中国乡村在未来的定位问题，唯有乡村振兴得以实现，中华民族的复兴才在完整的意义上得以实现。

我国自古就是一个农业大国，农民一直是主要的社会阶层之一，在一定意义上，乡村社会可以被视为中国传统社会发展与更替的源头。直到进入近代社会，乡村社会对塑造中国社会基本形态的决定性影响才逐渐被削弱；在古老的中国逐渐向现代化国家转变的探索过程中，虽然不少有识之士都试图为中国的乡村建设寻找新的途径，但由于各类原因，中国的乡村始终因深陷在传统形态中而日渐衰败、难以重生。在中国终于进入现代化国家发展历史轨道之后，工业化与城市化的双重推动已经使得中国传统乡村社会形态发生了巨大改变，焕发出新的面貌，但是，即便已经进入21世纪，中国乡村社会中农业人口众多、农业生产效率不高、乡村社会发展相对滞后依然是客观事实，对比城市，这种差距让人担忧。

简要回顾新中国成立之后，中国乡村发展的历史阶段：自新中国成立之后，直到改革开放之前，在城市化与工业化最终被确立具有优先发展地位之后，乡村的重要功能是为工业发展提供原始积累，在"以粮为纲"的发展目标引导下，乡村社会的农业基础设施得到较为明显的改善，乡村社会也提供了某些基本的公共服务，但是由于一系列失误，到改革开放之前，中国农村社会已经成为与中国城市社会截然不同的存在，农业生产凋敝而农民整体处于贫困状态。改革开放之后，中国乡村社会进入一个飞速发展的阶段，国家连续5年（1982～1986年）下发"三农一号文件"，乡村行政体制改革以及家庭联产承包责任制的推进都有效地激发了乡村社会发展的内在动力，乡镇企业发展更迅速成为带动乡村经济发展的新引擎。但是，在世纪之交前后，乡村社会改革的原有动力已经逐渐消耗殆尽，中国乡村社会发展越来越明显地呈现出迟缓甚至停滞的状态。进入新世纪之后，2002年国家提出"城乡统筹发展"的新理念，从2004年开始，连续多年的"一号文件"再次将"三农"问题作为主题，"三农"问题成为新世纪乡村建设的核心内容；2005年，国家提出了新农村建设20字方针；2006年，国家取消了全部的农业税；2007年，十七大报告提出了城乡一体化发展；2013年，国家提出要形成新型工农城乡关系；等等。随着一系列改革措施的不断实施，"美丽乡村"的建设目标逐步得到实现，农村经济与乡村社会得到了发展与改变。但是，在工业化与城市化发展的强大引力作用下，越来越多的乡村地区出现了越来越明显的劳动力不断流失、乡村文化日渐衰落的景象,在这种背景下,2017年党的十九大报告正式提出了"乡村振兴战略",该战略要求彻底改变城乡关系中以城市为主导、乡村为附属的理念,寻找乡村独特的价值与功能,从乡村自身探求解决"三农"问题的发展之道。

乡村振兴战略的提出,不仅是基于中国乡村数千年来所积淀的深厚人文资源底蕴与强大的社会治理基因,也基于近代以来,尤其是新中国建立以来曾经在乡村中开展过的各类改造探索的经验。虽然乡村振兴战略的提出是为了解决当前中国乡村发展中出现的各类困境,但经过新中国成立之后70多年的发展,中国的乡村发展已经今非昔比,中国并不是在一穷二白、贫困落后的基础上实施乡村振兴战略,而是在实现小康的奋斗过程中追求乡村振兴。实施乡村振兴战略的基础条件包括:中国乡村已经具备了快速发展的基础与动力,2017年农村居民人均可支配收入13432元,扣除价格因素后比上年实际增长7.3%,是2000年的5.9倍;农民工月平均收入3485元,比上年增长6.4%;城镇人口占总人口比重(城镇化率)为58.5%;农村水电路网等基础设施与农业科技装备不断完善,科技观念与科技水平不断提高;城乡交通网络不断完善,互联网技术引发的信息流与物流变革等都极大地缩短了城乡之间的空间距离,改变了各类产品与资源的流动方式;土地制度改革逐渐走向深水区域,土地征用制度改革、集体经营性建设用地入市、宅基地制度改革试点以及"三权分置"改革等不断地协调城乡之间的土地利益关系、优化土地资源配置;社会重新审视乡村文化、乡村人文以及乡村生活,也将为城乡关系的平衡带来新的认知心理基础;等等。

6.1.2 国外乡村发展道路的借鉴比较

从更广的世界范围看,在城市化进程中,乡村发展由于相对滞后而逐渐走向衰败,在不同类型的国家曾有不同轨迹的表现。在发达国家,以英国为例,从17世纪开始,英国步入"世界工厂"的发展轨道,在这个过程中,农民大量转变为产业工人,农村面积不断缩小,经过约两个世纪的发展,英国最终成功转型为现代工业国家;从不发达国家的情况看,拉美国家的城市化成为一个反面的案例,乡村迅速衰败,但是城市化与工业化的发展也没有让这些国家走上现代化轨道,乡村衰败与城市混乱并存。实际上,这种情况虽然以拉美国家表现得最为典型与极端,但是在包括印度、南非等在内的新兴市场经济体国家中，都曾经或正在出现乡村落后衰败的景象。整体而言，在基本完成了城市化进程的发达国家，虽然也一度出现过乡村衰败现象，而且也普遍存在农村人口减少、乡村社会缩小等问题，但由于政府已经实施了各类发展计划[①]，就现状而言，其城乡一体化程度较高，乡村发展整体情况较好。在正在进行城市化与工业化的发展中国家中，一定区域内或一定程度上的乡村衰败几乎成为某种共性现象。

但是，承认乡村在经济社会发展过程中会在一定区域内或在一定程度上出现衰败，不能被理解为任由乡村地区衰败，而要结合具体的历史时期或区域条件进行分析。例如，欧洲国家在其工业化发展的一个较长时期，出现过乡村人口大量流失、乡村发展停滞甚至衰败的景象，但是在工业化发展到较高阶段之后，这些国家都逐渐认识到乡村与城市的发展不能偏废，从不同角度对乡村社会的发展进行了扶持，逐渐扭转了一度出现的乡村衰败趋势。又如，美国和澳大利亚是典型的新大陆移民国家，这些国家历史较短，有比较发达的农业以及相对富裕的农民阶层，但是没有典型形态的"农村"社会，它们有农业生产问题或农业人口问题，但是并不存在典型的"乡村衰败"问题。还有一些较为典型的国家或地区，如新加坡或者中国香港地区，几乎没有农业、农民或农村，不存在"乡村衰败"问题。

西方学者关于乡村发展的代表性观点比较集中地体现在发展经济学的有关经典理论当中，例如，刘易斯关于"二元经济结构"的理论，这一理论所引申出的政策主张将发展的载体寄托在城市空间，在市场机制的作用下，城乡之间不可能得到平衡，要素单向地从乡村流向城市，乡村的要素服务于城市化与工业化的需要，城市代表着现代化的发展方向；类似地，克鲁格曼的中心-外围理论中所谓的中心地带与外围地带在政策的意义上就对应着城市与乡村，城市以其极化效应并通过吸引要素而得到更快发展。这些理论曾经在第二次世界大战后对部分国家的政策产生了影响，但是也受到了批评，原因之一在于，这些理论在假设条件上主要参照的是发达国家具有较为完善的市场经济体制的现实，与绝大多数发展中国家市场经济体制的实际情况相悖，发展中国家很难直接采用由这些理论引申出的政策主张；原因之二在于，这些理论展现了农村与农业在城市化与工业化发展进程中的前景，但是没有充分考虑这其中可能存在的巨大负面效果。

---

① 比较代表性的包括：德国（原联邦德国）政府在20世纪60年代开展乡村竞赛发展计划；20世纪70年代，日本政府实施"造村运动"，同期的韩国政府实施"新村运动"；法国政府在21世纪初开展农村发展计划；等等。

因此，部分学者开始从城乡协调发展的角度来看待乡村发展问题，例如，Fei 和 Ranis 认为，必须大力发展农业与农村，才能为工业与城市提供劳动力以及剩余产品；Christaller 则提出建立城乡一体的居落系统，才能在城市与农村之间顺利实现工农产品的市场交换；Bai、McLaughlin、Liu 等学者从全球治理的角度探讨了有关乡村发展的理论问题。在更加具体的研究方面，例如，Gladwin、Johnson 等学者分别研究了农民的创业精神、农村的金融体系以及农村社区协作等要素对乡村振兴的作用；Greene、Ayobami 以及 Kawate 等学者分别研究了政府、社会志愿人士以及农村内部组织等不同行动主体对乡村振兴的作用或功能；Wood、Carr、Li、Miletic、Nonaka 等学者则分别考察了不同国家在乡村振兴实践方面的行动与经验[①]。

比对某些西方国家或地区，以国土面积或人口规模进行衡量，中国都是一个大国，不可能失去农业、失去农村或没有农民，中国的发展与进步必须要求城市与乡村协调发挥各自的功能。较农村而言，城市地区的功能比较明显地体现出"聚集"的特征，包括人口、资源与财富等各个层面的聚集；较城市而言，农村地区的功能比较明显地体现出"生态"的特征，对维系人与自然之间的合理关系具有更为直接的作用。一个真正发达的国家或文明的社会，不可能建立在城市高度繁荣而乡村衰败落后的基础之上，尤其是中国这样的人口大国。

自 1949 年中华人民共和国成立至今，中国乡村经历了翻天覆地的变化，尤其是改革开放之后，中国乡村变化的广度与深度都是历史上未曾有过的，中国乡村的兴盛景象也超越了任何朝代；但是自 20 世纪 90 年代之后，在快速发展的城市化的比照之下，中国乡村也暴露出若干问题，例如：青壮年劳动力大量离开，农村人口结构情况恶化，带来诸如留守儿童、空巢老人等一系列问题；农村产业结构转换与升级缓慢，农业比较效益逐渐走低；乡村面貌在生态、自然、环境等方面受到破坏，传统乡村面貌中的精华部分没有得到很好的继承；乡村文化中某些历史沉渣泛起，农村在精神文明与思想价值的发展方面没有能够及时跟上物质文明的前进步伐；等等。基于中国的城市化仍将延续较长的一个时期，如果乡村发展相对滞后的现状不能得到有效的改善，乡村衰败一旦蔓延成为一个全国性的现象，将有可能给中国社会发展带来沉重负担。即便到 21 世纪中叶，中国的城镇化率可以达到 80%这样的高水平，也依然有约 3 亿人生活在农村，如此巨大的绝对量，意味着中国乡村不能在整体上衰败[②]，这

---

① 廖彩荣,陈美球.乡村振兴战略的理论逻辑、科学内涵与实现路径[J].农林经济管理学报,2017,16(6):795-802.
② 徐辉冠.乡村振兴战略背后的历史发展规律[J].理论导报,2018(4):29-31.

是理解乡村振兴战略所必须明确的时代背景。

从空间维度理解,乡村振兴战略提出了城乡融合的发展理念,虽然城乡之间在空间布局上可以进行区分,但是在要素交流与产业联系上,二者之间将借助信息化与城镇化的推动而更加密切地联系在一起。农业的产业链已由传统的第一产业延伸到第三产业,不能再将乡村产业狭隘地局限在农村地域范围内,而应在城乡一体的空间系统里考虑乡村发展。乡村并不仅仅是农业生产或农民生活的空间载体,也不是城市的附属物,它与城市并存,具有独立的存在价值,是产业发展与居民生活的空间,虽然在产业形态与居住方式等方面与城市会存在差异,但对于人类而言都是同等重要的生存空间。

同时,从更为广阔的空间视野看,当代中国正越来越深入地参与到全球化的进程当中,中国的农业在事实上已经参与到全球分工体系当中,中国乡村的文化也在事实上已经接受来自西方的文化影响,在其他诸如乡村环境、乡村治理等各个方面,也都直接或间接地受到了来自西方的影响,在个别区域这种影响还表现得非常明显。中国的乡村虽然依然具有强烈而典型的中国特征,但无论是发展乡村产业还是改进乡村治理,都必须考虑全球化的影响,在一定意义上,中国的乡村问题已经是全球化问题的一个部分,乡村振兴战略的实施必须具有全球化的空间视野。

6.1.3 乡村振兴战略的理论理解

1. 乡村振兴战略的路径争论

中央以 20 字表达了乡村振兴战略的主要内容:产业兴旺,生态宜居,乡风文明,治理有效,生活富裕。这五个方面体现了包括物质文明、精神文明、社会文明以及生态文明等在内的现代化发展的基本要求。但是,就推进乡村振兴的基本路径而言,必然要对现有的城乡利益格局进行调整:以什么样的力量来调整已经比较稳定的格局?从哪个领域进行突破?是否乡村规模不应再缩小或者所有乡村都得到发展?等等。此类问题需要在理论上做出解答。就学界研究的情况看,存在不同的思路,概括起来有两种。第一种思路:主张通过将"集合化"与"内置金融"作为支点,让村社共同体得到财权、产权、事权与治权,并承担起发展、建设与治理的基本职能。有研究者将之称为"进取"型道路①。第二种思路：不能将某些政府打造的"示范性"新农村视为样板进行推广，因为这些样板往往依赖于特定的区位优势或者需求群体，农村建设根本上还是要靠保持现有土地制度以及农村组织的稳定②。有研究者将之称为"保底"型道路③。

要理解这两种思路的差异，需要认识当前城乡关系的基本特征是什么。在改革开放初期，农村与农业发展的动力主要来自农村内部生产要素组合方式与分配制度的改变，这一动力源与城市以及工业并没有产生直接联系。随着改革开放进程的推进，城乡之间在产品交换的基础之上有了更加频繁而密切的要素交换的联系，尤其是劳动力要素与资金要素大规模地由农村向城市流动。如果说劳动力与资金在城乡间的流动因市场机制作用而具有某种必然性，那么土地要素在城乡间的单向转移就与政府规制直接相关，最典型的就是政府控制了建设用地这一城乡土地资源的核心部分，无论土地是国家所有还是集体所有，都必须经由政府批准才能进入市场。同时，农村经济也越来越受到农民个体与集体之外的力量驱动：其一，政府以产业规划方式对农村经济进行引导甚至干预，政府扶持什么产业、扶持哪一家"龙头企业"，都直接改变了特定区域的农业经济布局；其二，工商资本以"产业化"方式对一定区域内的传统农业生产方式大规模改造。虽然新农村建设以及城乡统筹发展在一定程度上抑制了城乡发展差距的持续扩大，但是整体而言，当前的城乡关系并不平衡，乡村发展依附城市的特点比较突出，尤其在某些示范性的"新农村"项目中，乡村建设由政府打造并高度依赖城市的特点确实非常突出，而那些区位远离城市、难以获得政策资源倾斜、难以吸引社会资本进入的农村区域，其落后甚至衰败现象显然更加突出。

农村发展对城市的"依附"具有历史阶段的合理性：一方面，从农村的角度看，个体分散经营的小农户如何进入市场？如果缺乏农民集体组织，就只能依靠城市。另一方面，国家如何实现对地域广阔、人数众多的农村社会的治理？政权组织必须从城市一直延伸到农村社会基层。因此，在特定的时期，这种"依附"不仅具有经济上的合理性，也具有政治上的必要性。但问题在于，一旦这种"依附"的格局被固化，就会形成农村发展的一个无法突破的硬壳，为农村

---

① 李昌平. "内置金融"在村社共同体中的作用——郝堂村实验的启示[J]. 银行家，2013(8)：108-112.
　李昌平. 以养老资金互助社为支点重建村社共同体——河南信阳郝堂村的村庄建设实验[J]. 中国乡村发现，2013(1)：16-18.
　李昌平. "养老村"养老模式N种优势[J]. 人民论坛，2013(1)：58.
② 贺雪峰. 小农立场[M]. 北京：中国政法大学出版社，2013.
③ 熊万胜，刘炳辉. 乡村振兴视野下的"李昌平-贺雪峰争论"[J]. 探索与争鸣，2017(12)：77-81.

发展设置一个"上限",纵然国家向"三农"领域进行更多的资源投入,只要"城市"的序号始终排在"农村"的前面,只要农村缺乏能有效利用这些资源的激励与能力,这些资源的很大一部分最终又会以各种途径回到城市。

乡村振兴战略提出城乡融合发展,但是乡村如何去进行融合?以家庭经营为主的农业生产方式会不会在融合过程中被"农业产业化"彻底吞噬?急需社会资金进入的农村如何保留集体资产的独立性而避免最终被金融资本统治?依靠地方政府推进乡村振兴是否会最终演变成为城市对乡村的完全替代?诸如此类的问题都需要改革实践来探索解决。基于对现实合理性的承认以及改革实践可操作性的考虑,某些主张虽然具有学术上的讨论价值,但是很难得到政策的回应,例如,有学者主张以一种超越社区的综合农协制度实现农村的整体自主发展①,但是就中国农村组织发育的实际情况与趋势而言,这种主张实现的可能性极低;而且,在地域广阔、差异巨大的中国农村推行一种"整体性模式"改革,这种思路本身也值得商榷。

2. 乡村振兴路径的一种理论思考

改革的难点在于:中国城乡发展已经形成了农村对城市的依附格局,如果要依靠农村内部的力量来改变这种格局,在农村社会组织化程度必须受控于政权基本框架的大前提下,很难找到可以与城市政府形成制衡的力量;如果依靠农村之外的某些组织与农民集体进行联合,虽然有可能改变既定的利益格局,但是在这个过程中又可能出现农民集体失去主导权而被边缘化的危险。或许具有优化可能性的方案依然是:在维持基本制度的前提下,从各地的实际情况出发,利用并改造农村既有的合法组织以进行改革。

如果承认这一思路的可行性,那么乡村振兴战略的实施所能依赖的主体力量或者来自农民家庭,或者来自农民集体。农村家庭经营生产方式的主体地位得到了从法律到政策无可置疑的肯定,但现行的家庭经营模式无法支持乡村振兴战略的推行,尤其是从产业的角度看,学界主流观点都认为需要对家庭经营生产方式进行创新。家庭经营生产方式创新的方向是什么?在这个问题上,不同的学者有不同的观点,虽然进行土地流转、实现规模经营的主张占据主流地位且获得了政府支持,但是也一直有批评观点认为这实际上会蜕变为"土地私有制",主张继续维持小农生产模式。另外,农村集体组织(无论是集体经济

---

① 仝志辉. 农民合作新路:构建"三位一体"综合合作体系[M]. 北京:中国社会科学出版社,2016.

组织还是农民自治组织)的改造问题一直是农村改革的重要内容。农民集体经济组织被视为解决小农与市场之间交换问题的有效载体,农民或农户依托集体参与市场的产品与要素交易,既能利用市场的资源,又能最大限度地保留交易的利益,从而实现最大程度的利益内部化。进一步展望,农民集体经济组织完全可以超越农业生产经营的范围限制,通过联结更加多元化的资金、技术与管理等要素,在第三产业中进行生产经营,在国内外市场中进行竞争,不仅为农村与农民争取更大的发展空间,甚至为中国经济在全球化的发展中争取空间。但是,这一发展主张将希望寄托于农民集体组织,而农民集体组织能否承担起这样的责任?以什么样的机制确保农民集体组织能代表农民利益?如果要对农民集体组织进行创新改造,能否离开中央政府的顶层设计与地方政府的政策支持?[①]再进一步看,只要承认市场竞争机制的基本作用,就必须承认在市场优胜劣汰的作用下,能够得到发展的集体经济组织只能是广大农村中的一部分而已,在竞争中失败的集体经济组织该如何承担起振兴的责任?如果乡村振兴战略基于社会主义社会共同富裕的目标诉求而要求实现"全范围"的振兴,那么其振兴的路径必然是多元化的,因为成功很难复制。

中国农村的发展已经迎来历史的转折点。20世纪80年代涌现的乡镇集体企业发展是农村内部力量试图平衡城乡关系的一种自发性尝试;进入21世纪之后,以2006年政府推动农村税费改革为标志,开启了城乡关系调整的一个新阶段;现在,中央提出乡村振兴、城乡融合,将再一次定义乡村的地位与价值,这个过程是对城乡原有利益格局的重大调整,土地制度的变革就是一个非常典型的例证。乡村振兴战略如果要成功推进,必须调整农村对城市的单方面依附关系,在党的全面领导下,为乡村振兴寻找一个内部的动力源。在既定的制度框架下,农民家庭与农民集体是农村社会最基本的生产组织形式,但是这两个组织的现状都不足以支持乡村振兴战略的实施,对农民家庭生产经营方式的改进、对集体经济组织的创新,势必成为乡村振兴战略推进过程中的关键问题。

新型家庭经营模式、新型集体经济组织在中国农村的部分区域已经表露出良好的发展势头。首先,中国的市场化改革已经进入深水区域,此前由政府高度掌控的某些资源开始逐渐被释放到社会内部,农村社会同样如此,例如,在集体土地资源的各项利用方面,作为市场微观主体的农民与农民集体已经逐步

---

① 熊万胜,刘炳辉. 乡村振兴视野下的"李昌平-贺雪峰争论"[J]. 探索与争鸣,2017(12):77-81.

拥有了更多的可配置资源以及相应的权利；其次，经过多年的城乡统筹发展，城乡之间的市场体系建设取得了很大的进步，虽然全国范围内城乡统一的市场体系尚未完全成型，但是在一定区域城乡产品与要素的交换已经有了较高的市场化程度；再次，部分地区经过多年市场竞争的磨炼，其集体经济组织在各方面都有了很大的发展，既具有了现代企业的基本特征，也能够满足集体化的基本要求，在一定程度上以创新实践回答了市场化与集体化是否兼容的理论难题。同时，在信息化时代，小农户与大市场的对接问题也出现了一种新的可能性选项，大生产不再被视为进入大市场的唯一途径，区位劣势的制约性也在一定程度上因信息化而得到缓解，创新形式的家庭经营只要能够得到外部服务的支持，也能具有对接市场的可能性途径；并且，产业发展的趋势越来越突破三大产业的传统边界，新的产业形态或业态正在不断涌现，农业作为传统产业也涌现出了诸多新型业态，新型业态对资源的要求并不完全等同于传统农业生产的要求，某些曾经在传统生产过程中因无法利用而被闲置的资源得到了重新配置与组合的契机；等等。所有这些条件都意味着中国乡村确实已经具有了振兴所需的某些内部条件，但是这些内部条件的发育还并不充分；同时，城乡融合不仅使乡村有了新的发展空间，也意味着乡村社会将面临来自城市更为直接的冲击，在统一的城乡市场竞争中，某些乡村的失败将成为市场中的必然现象，对此，无论是制度设计者还是乡村社会内部都必须要有足够的预防与控制。虽然乡村振兴要从根本上解决城乡之间的发展差距问题，从整体上提升乡村社会在中国社会中的地位，但是，只要城市化进程继续推进，就必然会有乡村在这个过程中消亡；只要乡村振兴战略的实施归根到底由乡村内部的动力进行驱动发展，就必然会有乡村在这个竞争过程中失败。

6.2 新一轮农地制度改革的背景分析

实施乡村振兴战略是国家对新时代"三农"工作做出的新的战略部署，是新时代"三农"工作的总抓手。中国的历史经验与改革实践都已经表明，乡村兴则国家兴，建成小康社会和实现"两个一百年"的目标，最艰巨、最繁重的任务在农村，最广泛、最深厚的基础在农村，最大的潜力和后劲也在农村。

6.2.1 十八大以来中国农村土地制度改革取得的成就[①]

党的十八大以来，我国农村土地制度改革不断推进，取得了具有里程碑意义的重要成果：为适应农村生产力发展客观规律而设计的农村承包地"三权分置"改革，为保障农民权益不受损而推行的农村土地征收、集体经营性建设用地入市、宅基地制度改革试点，为增强改革协同性而同步推进的《中华人民共和国土地管理法》修正。

其一，农村承包地"三权分置"改革。2013 年 7 月，习近平总书记在湖北考察时指出：要好好研究土地所有权、承包权、经营权三者之间的关系，首次提出将"三权"分开。2013 年底，中央农村工作会议明确把农民土地承包经营权分为承包权和经营权，实现承包权和经营权分置并行。后来，中央多次发布文件，强调在稳定农村集体所有权的基础上，严格保护农户承包权，加快放活土地经营权。农村承包地"三权分置"改革的目的在于实现公平与效率的统一[②]，将家庭联产承包责任制中农村土地由集体拥有所有权和农户拥有承包经营权的"两权分离"模式变为集体拥有所有权、农户拥有承包权和经营者拥有经营权的"三权"分置模式，使不可市场化的土地所有权和承包权与可市场化的经营权相结合[③]，有利于盘活农村闲置抛荒土地，推进适度规模经营，同时确保包括流动在外的广大农民的土地权益不受损。

其二，农村土地征收、集体经营性建设用地入市、宅基地制度改革试点。2014 年 4 月 30 日，国务院批转国家发展和改革委员会的《关于 2014 年深化经济体制改革重点任务意见》，同意有序推进农村集体经营性建设用地、农村宅基地、征地制度等改革试点。2014 年 12 月 31 日，中共中央办公厅、国务院办公厅联合印发《关于农村土地征收、集体经营性建设用地入市、宅基地制度改革试点工作的意见》，决定在全国选取 33 个试点县(市、区)，分别开展农村土地征收、集体经营性建设用地入市、宅基地制度改革试点。2016 年 9 月，国土资源部提出"联动试点"方式，以最大限度地释放改革潜能。截至 2017 年 4 月底，全国 33 个试点地区累计出台约 500 项制度措施，按新办法实施征地 59 宗，集体经营性建设用地入市 278 宗，宅基地改革试点地区 7 万余

[①] 杜伟，黄敏. 关于乡村振兴战略背景下农村土地制度改革的思考[J]. 四川师范大学学报(社会科学版)，2018(1)：12-16.
[②] 陈锡文，韩俊. 中国特色"三农"发展道路研究[M]. 北京：清华大学出版社，2014：134-135.
[③] 张守夫，张少停. 三权分置下农村土地承包权制度改革的战略思考[J]. 农业经济问题，2017，38(2)：9-15.

户退出宅基地，退出面积约 3.2 万亩[①]。第十二届全国人大常委会第三十次会议通过决议，将"三块地"改革试点延期至 2018 年底结束，同时规定对改革进行通盘考虑和顶层设计[②]。未来应在分类试点的基础上，坚持以市场化和农民权益不受损为大方向，确保农民的土地权益，盘活农村土地资产[③]。

其三，《中华人民共和国土地管理法》修订。党的十八大以来，国家对《中华人民共和国土地管理法》的修订也稳步推进。2017 年 7 月 28 日，《中华人民共和国土地管理法(修正案)》上报国务院审批。在农村集体建设用地方面，删除了现行土地管理法第四十三条，将第四十四条改为第四十三条，并在第二款中将建设占用农地审批权上升至由"国务院批准"，在第六十三条规定中增加了国家建立城乡统一的建设用地市场的具体法律细则。在农村宅基地方面，强化了对宅基地农民居住权益的保障，新增一条作为第四十九条，强调征收宅基地和地上房屋应当按照先补偿后搬迁、居住条件有所改善的原则；在第六十四条中新增第六款，以体现国家集约用地方针，鼓励进城居住的农村居民依法自愿有偿退出宅基地。在农村土地征收制度方面，新增一条作为第四十四条，细化了征收农民集体土地的具体条件；对第四十六条进行了修订，对征收土地的程序作了具体规定，以保证被征地人的知情权和监督权；对第四十七条进行了修订，强调了以保证被征地人原有生活水平不降低、长远生计有保障作为确定征地补偿费用的基本原则；新增一条作为第四十八条，要求以片区综合地价为参考，制定农地征收的补偿费和安置补助费标准。此次《中华人民共和国土地管理法》修订对我国土地制度改革实践中的许多新问题、新情况进行了明确规定，特别是对征地制度的修订较为完善，但农村集体建设用地、宅基地方面的法律修订还存在一定争议[④]。

6.2.2 工业化与城市化发展给土地资源带来巨大压力

21 世纪前半叶对于中国经济社会发展而言是非常重要的战略时期，中国社会需要更多的智慧去解决诸多问题，其中就包括资源环境的约束问题。在资源环境方面，无论是为了实现国家的粮食安全，还是为了确保国家的生态安全，农村土地问题都至关重要。与此同时，城镇化与工业化的持续推进，也不可避

---

① 车娜. 新土改：蹄疾步稳任重道远[N]. 中国国土资源报，2017-8-27.
② 蔡继明. 做好"三块地"的顶层设计[J]. 城乡建设，2016(4)：9-10.
③ 孔祥智，张琛. 十八大以来的农村土地制度改革[J]. 中国延安干部学院学报，2016，9(2)：116-122.
④ 魏莉华. 《中华人民共和国土地管理法》的修订背景和主要特点[J]. 农村经营管理，2017(9)：25-27.

免地对土地资源形成较大的压力,在工业化已经进入中后期的背景下,工业对建设用地的需求在一定时期内依然会维持在一个相对较高的水平上。与此同时,为了实现区域的协调发展,部分地区在基础设施建设方面依然需要得到土地资源的支持。概言之,基于发展的需要,社会对建设用地的需求还将持续一个较长的时期,在土地资源总量有限的情况下,加快转变土地利用模式与方式、优化土地利用结构、提高土地资源配置效率势在必行,但是,这其中涉及复杂的产业结构调整问题与区域布局协调问题,需要予以统筹实行。

无论是从全国看还是从四川看,以劳动力、土地、资本、技术、信息等为主要内容的生产要素在城乡之间自由流动的体制、机制正在建立,工商资本流向乡村的趋势日益明显;城市和工商业对农业农村的带动能力将不断增强,工业反哺农业、城市反哺农村的趋势将更为有力,这为乡村振兴战略的实施提供了良好的外部环境。但是,城乡二元结构下农村人才、土地、资本等要素单向流入城市的整体格局很难在短期内发生根本性改变,农村发展依然面临缺人、缺钱、缺政策的尴尬境地,农村劳动力整体素质不高,优质人才流失严重,城市人才、技术要素流入农村的路径还没有完全打通;集体建设用地中的经营性用地十分稀缺,需要通过土地整理才能将部分土地有效转化为经营性用地,以满足农村建设用地和农业设施用地需求;农村的资金投入不足,金融创新滞后,社会资本进入农村的"弹簧门""玻璃门"还没有完全破除。所有这些问题的解决,都不能离开城乡土地制度改革的进一步深化。

6.2.3　供给侧结构性改革为土地制度改革提出了新的要求

供给侧结构性改革力求推动经济结构的重大调整,重塑中长期增长动力。供给侧有劳动力、土地、资本、创新等生产要素,其中土地领域的供给侧结构性改革涉及土地规划、整治、储备、流转和利用等环节,在制度方面,则涉及土地产权制度、土地规划制度、土地开发利用制度、土地用途管制及其他土地管理制度。作为关键要素的土地资源的配置,其本身就是改革的重要内容,应以改革来纠正土地资源配置中存在的各种低效状况,进一步提高土地资源配置效率,并提高整个经济体系运行效率:发挥市场机制在土地资源配置中的基础性作用,尤其是在供求机制与价格机制这两个基本机制的完善方面需要进一步推进;城市化发展与城乡土地资源配置直接关联,土地制度改革需要在促进城市化发展方面取得更大的进展;土地是产业的空间载体,让用地结构调整服务于产业结构调整是土地制度改革的题中之意。总之，土地领域的供给侧结构改革就是要通过进一步创新制度、完善机制来提高土地资源配置效率并服务于中国经济整体转型升级。

土地供给侧结构性改革需要解决的问题包括：第一，长期以来，土地利用规划权威性不足，朝令夕改或事后再补的情况并不鲜见，上位法对此类现象的处置缺乏具有法律效力的规定；规划编制的科学性较差，现代技术手段运用不够；土地利用规划与相关规划之间没有形成严密的规划体系，出现冲突之后往往依靠部门之间的反复谈判解决。第二，城市建设用地市场供给一直存在缺乏有效竞争的状况，由此引发诸如企业用地成本过高、不同类型用地价格分化严重等问题，而且不少地方政府在土地储备融资方面过度依赖高杠杆，形成沉重债务压力。第三，虽然农村集体经营性建设用地流转已经开始试点改革，但是可以预见的是，集体建设用地流转与城市建设用地流转之间的市场对接不会在短期内完成，这不仅因为集体建设用地的市场化流转牵涉复杂的利益格局调整，还因为流转所需的市场服务机制与政府监管体系都还处于发育与完善的过程当中。第四，农村的农业用地方面，通过经营权流转实现规模化经营的改革思路已经得到肯定，但是相关法律方面依然存在冲突，抵押融资在实际操作中还存在困难。第五，我国已经开展了约二十年的大规模土地整治工作，对耕地保护以及新农村建设起到了积极作用，但是土地整治工作一直限于"增加耕地"这项单一目标，没有充分认识到土地整治能够优化农村空间结构与布局的功能，也没有充分认识到以土地为核心的"山水林田湖"共同体所具有的生态系统性，土地整治的功能受到了很大的限制，加上资金在使用过程中缺乏统筹，比较普遍地存在使用分散、交叉投入的现象，降低了土地整治工作的整体效率[①]。

中国经济发展进入新常态，对土地制度改革固然提出了新的课题，但是也创造了新的条件：长期的粗放经营意味着土地的集约利用还有很大的空间可以开拓；全球范围内的产业结构升级与创新浪潮要求中国转变经济增长方式，在节约资源与可持续发展道路上继续前进；科学发展观逐步落实在国内经济社会发展的各个方面，民主与法治建设取得进展，政府的行政管理行为趋于规范；等等。这些都为土地制度改革提供了一个相对有利的外部环境。

---

① 黄燕芬. 土地领域供给侧结构性改革的关键问题与政策建议[M]//高延利，李宪文. 中国土地政策研究报告. 北京：社会科学文献出版社，2016：200-213.

6.2.4　乡村振兴战略的实施要求农地制度改革深入推进

乡村振兴战略要求在发展的思想上把乡村放在与城市同等甚至优先的地位，注重发挥乡村自身的主动性和内在活力，实现与城市在发展上的互惠共生、空间上的共融、要素上的双向互动、关系上的平等互利，为城乡同发展、共繁荣奠定坚实基础；在发展的路径上，要优先发展农业农村，加快发展深度贫困地区，加大政策、资金、项目等的倾斜力度，引导资源要素大规模流向农村贫困地区，并通过市场机制和改革创新盘活农村资源、激活农村要素、调动农民主体活力。从这个意义上讲，实施乡村振兴战略是助力脱贫攻坚、全方位增加农民收入、加快农业农村现代化的重要举措，是决胜全面建成小康社会的重中之重。

乡村振兴战略内容丰富，但就改革的重点看，首选应是农村产业的振兴。例如，以四川而言，其乡村产业发展已经有了较好的基础，具体表现在以下几个方面。

第一，农业生产经营方式发生重大变化，农业物质技术装备条件得到较大改善，主要农产品供给充足，现代农业的产业体系、生产体系和经营体系初步形成，新型农业经营主体发展壮大，布局区域化、经营规模化、生产专业化水平明显提升，农业转型升级步伐加快。截至2017年，四川已建设国家级现代农业示范区13个、现代农业万亩亿元示范区1100个，认定现代农业重点县59个，正在建设现代农业示范县21个、现代农业重点县33个。全省已培育农民合作社7.4万个、家庭农场3.4万家、新型职业农民10.17万人、龙头企业8873家。

第二，农村产业呈现融合发展态势，新产业、新业态已经不断涌现，形成了许多具有四川特色的产业融合创新模式。农产品加工业加快发展，2016年规模以上农产品加工企业的工业总产值达到11301.78亿元,同比增长10.76%；农村电子商务日益兴起，已建成国家级电子商务进农村综合示范县37个、省级示范县20个；休闲农业与乡村旅游发展势头较好，二者经营性收入共达到1150.00亿元，居全国首位。

第三，农村土地制度改革取得明显成效，农村土地确权颁证全面推进，基本完成了集体土地所有权、集体建设用地使用权、宅基地使用权确权，农村小型水利工程确权颁证率近94.0%，基本建成覆盖全省的农村产权流转交易市场。集体经营性建设用地入市、宅基地制度和农村承包土地经营权、农民住房财产权抵押贷款试点改革有序实施，农村集体资产股份合作制改革稳步推进，试点村达到 3700 个；供销合作社综合改革、集体林权制度改革、农垦改革成效明显。农村资源要素流动性增强，耕地流转总面积达到 2088.7 万亩，流转率为 34.9%，社会资本、技术、人才等的返乡、下乡积极性提高，农村创新创业和投资成为热点。

但是，作为农业和农村大省的四川，依然是全国 6 个扶贫任务最重的省份之一，城乡之间发展不平衡、农村发展不充分的问题非常突出。对于四川而言，实施乡村振兴战略是四川全面建成小康社会、加快由农业大省向农业强省跨越、实现农业农村现代化、促进城乡融合发展、缩小城乡差距的重大历史任务。然而，各类资源要素流动不畅通、流向不合理、分配不均衡、利用不充分，依然是制约四川城乡融合发展、乡村振兴的根本因素，具体包括：第一，农村现代产业发展体系还不健全，产业更多集聚在城镇，乡村产业相对较少，以成都为代表的发达地区产业兴旺，而边远地区产业发展滞后。农村产业结构不合理，产业主要分布在以种养业为主的第一产业，城镇加工、销售、服务等第二、第三产业发展不够。农业生产方式和经营方式相对落后，全省 70% 的耕地以传统经营为主，主要农作物耕播收综合机械化水平不足 55%，农业科技贡献率只有 57%。农村产业融合度不高，农业多功能没有得到充分发挥，全省农产品初加工率不到 50%，尚未形成区域、城乡、产业之间全方位的融合。第二，农村基础设施仍然薄弱，坡耕地面积比重高，土地细碎化严重；有效灌溉率不足 50%，蓄引提水量占水资源总量的比例不到 30%，农业靠天吃饭的局面没有得到根本性改变。部分地区资源环境约束偏紧，土壤污染问题较为突出，局部地区耕地土壤污染点位超标率达 34%，差不多是全国平均水平的 2 倍。

四川城乡差距较大，城乡融合度较低，其关键的原因就是乡村发展滞后，难以有效支撑城乡融合发展，这反过来又制约了乡村的进一步发展，形成了不良循环。长期以来，随着工业化的快速推进和城市化的快速发展，要素资源不断由农业农村向工业城市流动，向发达地区流动，导致农业农村发展不平衡、不充分的问题更为突出，许多乡村空心化现象日益明显。因此，要实现农业农村现代化，首先要解决的就是乡村人才、技术、资本等要素匮乏的问题，探索破解乡村空心化等问题的新方法和新路径。农村产业振兴需要各类生产资料与生产要素供给充分与及时供给，要素进入或者退出产业的机制完善、通道顺畅，不仅在农村与农业领域内部如此，在城乡之间、农业与非农领域之间也同样如此。

对于农村产业而言，土地是最为基本也是最为重要的生产要素，宅基地、集体经营性建设用地以及农用地这"三块地"的改革，都在不同程度上与乡村产业振兴有直接或间接联系，尤其是农用地这一块，是乡村产业振兴中最为基础也最为重要的要素支持。农用地制度改革的一个重要内容是"三权分置"，尤其是承包权的稳定与经营权的放活，在很大程度上决定着乡村产业振兴是否具有充足的动力与持续的活力。在"三权分置"框架下，农村土地制度改革的基本方向可以被理解为：在农村土地集体所有制不变的前提下，寻求产权主体明确、产权权能完善的新型集体所有制实现形式；在家庭联产承包责任制不变的基础上，探求土地资源有效配置方式和有利于农业现代化实现的土地利用方式；基于城乡统筹的思路，盘活土地资源，提高土地资源的集约利用率。

6.3 乡村振兴战略下的农地制度改革任务

乡村振兴战略的实施是我国重塑城乡关系、走城乡融合发展之路，加快形成工农互促、城乡互补、全面融合、共同繁荣的新型工农城乡关系的重大战略部署。农村土地制度改革逐渐深入，在"三权分置"改革推行到位后，农村土地制度将面临更加多样化的主体，涉及的社会关系也会更加复杂。这要求在深化农村土地制度改革时，必须立足国情、农情，着力增强改革的系统性、整体性、协同性，采取审慎稳妥的措施加以推进[①]。2019年中央一号文件《中共中央国务院关于坚持农业农村优先发展做好"三农"工作的若干意见》提出以土地制度改革为牵引推进农村改革，包括：坚持农村土地集体所有、不搞私有化；坚持农地农用、防止非农化；坚持保障农民土地权益，不得以退出承包地和宅基地作为农民进城落户条件；加快推进宅基地使用权确权登记颁证工作，力争2020年宅基地权益更完善；加快推进农村集体经营性资产股份合作制改革，继续扩大试点范围，农民变股民有分红；全面推进农村土地征收制度改革和农村集体经营性建设用地入市改革。文件非常明确地指出了农村土地制度改革的底线：就土地所有制改革而言，不能私有化；就土地管理工作而言，农地不能非农化；就农民的土地权益而言，不能以放弃承包地与宅基地作为农民进城的条件。

---

① 刘艳. 深化农村土地制度改革是乡村振兴的重要支撑[N]. 安徽日报, 2018-1-2.

6.3.1 乡村振兴战略下的耕地保护

乡村振兴战略提出要推进乡村绿色发展,打造人与自然和谐共生发展新格局,建设生态宜居的农村。近年来,政府开展了国土绿化行动,推进荒漠化、石漠化、水土流失综合治理,强化湿地保护和恢复,加强地质灾害防治,完善天然林保护制度,扩大退耕还林还草,严格保护耕地,扩大轮作休耕试点,健全耕地草原森林河流湖泊休养生息制度,建立市场化、多元化生态补偿机制。

1. 耕地保护的政策重心

今后一段时期内,在土地政策方面,坚持耕地保护、坚持集约用地的基本政策不会发生变化,尤其是在耕地保护方面,虽然政策已经执行数年,但仅以保护数量指标而言,尚差强人意,以保护质量细察,则耕地质量下降、生态环境恶化是不争的事实。无论是农村中一直存在的耕地抛荒现象,还是粗放型外延式扩展的城镇化过程中出现的大量用地闲置问题,都直接影响了耕地保护的落实,由此不难预期,今后的耕地保护政策与管理将在数量、质量与生态等方面同时着力,全面提高保护水平。就数量方面,最迫切的问题是严格控制优质耕地流出,尤其是城郊地区或交通沿线地区等建设用地需求增长较快的区域,其基本农田保护都面临较大的压力,耕地保护工作不能松懈。在坚守耕地红线的基础上,要进一步优化土地的空间布局,宜农则农、宜渔则渔、宜林则林。在质量方面,首先,要进一步落实提质改造,无论是调入土地或者调出土地,都要加强质量管控,在"量"与"质"这两个维度上实现占补平衡[1];其次,加强规划管控,尤其是耕地质量与生态的管护,从生态系统完整性角度出发,通过退耕还林、轮作休耕、土地修复等多种途径,维护并强化土地的生态服务功能,为持续提升耕地生产能力奠定基础[2]。

在建设用地方面,土地管理工作的重点任务依然是推进节约集约用地,包括:科学确定建设用地增量,控制用地总规模,加强建设用地空间管制,遏制建设用地无序扩张行为;多种渠道盘活建设用地存量,对低效利用及闲置浪费等不合理现象进行清理,对未利用土地或废弃土地等进行深度开发与拓展建设;等等。

---

[1] 王庆宾,王柏源.2016年耕地保护政策述评[C]//中国土地政策研究报告(2017),社会科学文献出版社,2016:52-57.
[2] 高延利,李宪文.中国土地政策研究报告(2017)[M].北京:社会科学文献出版社,2016:24-25.

2. 乡村振兴战略对耕地保护提出新要求

在乡村振兴的实践中,各地探索了不少振兴产业创新举措,包括建设特色小镇、特色田园,发展乡村旅游、综合农业等,通过打造平台与载体,融合产业、生态、社区以及文化等功能,实现乡村振兴的目标。无论是特色小镇建设还是特色田园等项目开发,都涉及对土地的综合开发与集约利用,能够较为有效地提升零碎地块的利用效率,充分挖掘闲置土地的使用潜力,减少耕地占用,保证耕地数量。但是,部分地方的实践也暴露出若干问题,这些地方为了发展乡村产业,尤其是农旅结合的产业,只要能促进农民增收又不造成突出的环境污染或生态破坏问题,就默许某些占用耕地甚至基本农田的行为,以"改革创新"为名跨越非法与合法的明确边界,这种短视行为以触碰耕地保护红线、牺牲国家粮食安全为代价,虽然一时得利,但长远看势必留下隐患。2018 年 11 月,自然资源部公布了 10 起违法占用永久基本农田案件,其中不少案件都是以农业产业开发为名行占用基本农田之实,如建设生态园、农家乐、庄园、水上乐园等。

在乡村振兴战略下继续严格落实耕地保护政策,科学规划是基础性工作,无论是特色小镇建设还是相关产业项目用地,都必须坚持用地规划,保障用地的科学性,严格限制占用耕地或在基本农田保护区周边布局污染型产业,在源头上遏制对耕地的违规非法占用或破坏性开发利用。更为积极主动的举措是加快建设高标准农田。在"乡村振兴"战略下审视高标准农田建设,首要的意义在于夯实第一产业的发展基础,通过有效增加农地面积、提高农田质量、配套现代化设施,为提高农业产出奠定基础。在此基础上,才能有效延伸现代农业全产业链,并且进行农业新型业态开发,从而带动农民群体增收[①]。高标准农田建设作为一项系统工程,还具有积极的生态意义,有助于环境改善与生态宜居。因此,建设高标准农田及其配套设施与关联服务,以此为基础发展主导产业并培育新型业态,也是乡村振兴战略下有关耕地保护与建设的重要任务。

6.3.2 乡村振兴战略下的征地制度改革

为贯彻落实 2020 年中央一号文件精神,根据《中共中央、国务院关于稳步推进农村集体产权制度改革的意见》有关部署,2020 年的农村集体产权制度改革

---

① 范利利. 乡村振兴战略下建设高标准农田的路径研究——以海门为例[J]. 经贸实践,2018(23):1-3.

试点已全面推开。2019年年底，全国的农村集体账面资产达到了6.5万亿元[①]。此轮改革在期限上得到延长，政府相关管理部门将在继续推进改革的进程中，逐步开展农村土地制度改革试点经验总结评估，提炼经验做法，按照立法与改革同步推进、相向而行的要求，推动相关法律法规修订；同时，改革将更强调统筹协调，加强部门协同合作，强化改革的协同性和耦合性，提高改革的系统性和完整性，形成改革合力[②]。在土地征收制度方面，制定土地征收目录是个有益的探索，降低通过征地实现的土地供给的比例，促进土地供给整体"降成本"的实现；完善对被征地农民的保障机制，严格规范土地征收程序，考虑社会稳定风险评估，健全矛盾纠纷调处机制，全面公开土地征收信息，降低征地过程中的交易成本。

2018年，中共中央、国务院印发了《乡村振兴战略规划（2018—2022年）》（简称《规划》）。《规划》指出，征地拆迁领域长期以来存在各类违法乱纪现象，一个重要原因在于征地拆迁工作缺乏有效监管，就此党建工作首先应该对相关问题进行严肃的查处与惩治，坚决制止各类恶劣的违法违纪行为，并且认真研究、努力解决由于法律法规与现实发展不相适应而产生的矛盾；其次，要加强农村群众性自治组织建设，落实群众的知情权和决策权，避免村民委员会作为基层群众性自治组织、农村集体经济组织代表，无视村民知情权、参与权、申诉权与监督权，以"假自治、真代表"的方式在征地行为中掠夺农民群众土地利益；同时，《规划》还提出，要在总结试点经验的基础上，推进《中华人民共和国土地管理法》的修订，探索征地的公共利益认定机制，完善征地补偿标准，建立被征地农民长远生计的多元保障机制；等等。

2019年中央一号文件提出全面推进农村土地征收制度改革。城乡之间土地增值收益分配问题由来已久，由此引发了城乡群体之间与区域之间的利益矛盾。进一步使土地增值收益分配合理化，兼顾国家、集体与个人之间的利益关系，并不限于征地领域，在集体建设用地流转领域中，同样存在这一改革任务。征地制度改革与集体经营性建设用地流转改革这两项改革任务之间存在紧密的关联，二者需要解决的核心问题之间存在重要的交集，其中包括如何平衡国家和集体的土地利益关系，既要保证城市化与工业化的发展，又要维护农民集体的正当利益，以及如何实现同等入市、同价同权。这对于两项改革而言，都是需要着力解决的关键性问题。

---

① 齐鲁壹点. 农业农村部：2019年全国农村集体账面资产6.5万亿元[EB/OL]. [2020-07-13]. https://baijiahao.baidu.com/s?id=1672070724737177897.
② 高延利，李宪文. 中国土地政策研究报告（2017）[M]. 北京：社会科学文献出版社，2016：28-32.

不可否认的是，有关征地制度改革的理论讨论和地方实践一直都在进行，但是这一改革领域的突破始终存在较大的阻力。究其原因，征地领域的改革并不仅仅是技术程序或标准问题，在实践中它受到多个维度的影响，包括地方政府的行为选择、农村社会的应对以及国家与农村社会之间的互动关系等[①]，征地制度越是深度推进，就越涉及更深层次的治理问题。无论征地制度规则本身的规范程度如何，征地行为都在地方政府与基层组织的实际操作下展开。学术界的共识性观点是，长期以来的征地困境源自征地制度设计不合理、不科学。经过多年改革，征地制度本身已经得到了相对的改善，这是否意味着征地行为将走出困境？或者随着城乡统一的建设用地市场逐步形成，征地困境将会自动消解？如果以"乡村振兴"的战略视角审视这些问题，或许会有更多思考。

乡村振兴战略是一个系统性战略，涵盖了经济、社会、文明以及治理等多方面的内容。征地行为长期以来的困境状况也正是源自它是一个牵涉诸多方面的复杂问题。虽然征地制度的基本规则由中央政府制定，但是具体执行则由具有相当程度自由裁量权的地方政府负责，在庞大的组织架构下，利益也存在各类条块形式的分割。如果地方政府的动力或压力被引导至偏向中央政府预设目标的方向，这些地方政府就有可能做出偏差性的行为，例如，在征地行为中，可能更加偏好有助于实现其经济目标或政绩目标的方面，而对于补偿或安置等问题，则以"稳定"为目标，即便只是一种表面的"稳定"或者这种"稳定"是在一定程度上以牺牲法治为代价实现的。较"地方政府"这样一个概念，"基层工作人员"对于被征地农民而言是更为具象的概念，甚至被视为"政府"的人格化代表，他们的行为是否符合治理体系对他们的要求，也并非毫无疑义。征地行为中的另一行动主体是农民，但是需要指出的是，在征地行为中，很难将"农民"视为一个统一的行动主体，其中存在诸如精英阶层与一般民众的区别、不同家庭收入差距的区别、属于同一集体经济组织而未同时被征地的区别等，他们的诉求与行动存在碎片化的倾向，也会逐渐消耗政策规则的一致性。利益的差异性并不一定导致冲突，双方的有效沟通有助于各方寻求实现利益兼容的途径，各级政府在乡村治理体系中居于什么样的位置、扮演什么样的角色以及行使什么样的功能，对于数千年来一直是农业社会又实行集中治理的传统中国而言，在转向现代化治理模式的过程中，依然需要讨论，"治理有效"是乡村振兴战略中的重要内容，也是征地制度改革中绕不过去的难题。

---

① 冯晓平，江立华. "社会中的国家"理论视角下国家基层治理实践困境分析——以征地中的治理为例[J]. 理论月刊，2019(3)：86-92.

6.3.3　乡村振兴战略下的宅基地制度改革

有关宅基地制度的改革一直受到社会各界的高度关注,近年来的中央一号文件也就宅基地制度改革思路与举措等问题做出了明确阐述。放在乡村振兴战略背景下,宅基地制度改革的意义尤为重要:首先,宅基地制度改革对实现乡村"产业兴旺"具有积极意义,乡村产业发展需要建设用地作为项目载体,在集体经营性建设用地存在总量约束的情况下,大量闲置或低效使用的宅基地有望为建设用地提供新的增量,为产业发展提供用地保证;其次,宅基地制度改革对实现乡村"生态宜居"具有积极意义,长期以来,宅基地利用效率都存在偏低的弊病,各地不同程度地存在居住布局无序、公共设施难以覆盖、生态与环境遭受破坏等现象,宅基地制度将在申请与退出、规划与整治等环节进行改革,以优化乡村居住环境,提升乡村居住质量;再次,宅基地制度改革对实现乡村"有效治理"具有积极意义,它关系到乡村每一个家庭的切身利益,如何落实改革政策,归根到底需要基层治理予以支持和响应,同时,宅基地制度改革释放的土地利益,也会为改善基层治理提供一定的经济支持;最后,宅基地制度改革对实现农民"生活富裕"具有积极意义,有望成为农村集体经济组织与农民新增财产性收入来源[①]。

宅基地制度改革的基本取向是推进"三权分置"。在"三权分置"中,对集体所有制的坚持与完善体现了制度变迁与历史传承的统一关系。乡村振兴战略作为十九大提出的一项全局性与历史性任务,通过坚持和完善农村基本经营制度,走出一条中国特色的社会主义乡村振兴道路,而农村土地集体所有制是农村生产关系的重要方面,是农村基本经营制度的基本构成要素。集体所有制框架下的宅基地制度并不仅仅保障了农民的基本居住权利,在较长的历史时期内,它对稳定农村的社会秩序、抑制农村土地市场投机行为起到了积极作用,也为国家集中力量进行社会主义建设做出了历史贡献。虽然这一制度设计初衷确实深受工业导向与城市优先的逻辑影响,但乡村振兴战略被提出之后,其如何体现社会主义的公平保障?如何平衡城乡差距?如何提升乡村发展效率并尽可能地预控和化解风险?这些问题都需要具体的制度载体,而农村土地集体所有制在解决上述问题上具有明显的制度优势[②]。更进一步地看,虽然改革开

---

① 成立,魏凌. 以宅基地制度改革为抓手推动乡村振兴[J]. 中国房地产,2019(4):37-39.
② 严金明,迪力沙提,夏方舟. 乡村振兴战略实施与宅基地"三权分置"改革的深化[J]. 改革,2019(1):5-18.

放四十多年以来农村经济社会发展已经有了巨大的飞跃,但就生产力与生产关系的辩证关系而言,土地集体所有制在整个社会主义初级阶段都将是最适合农村生产力发展的基本制度,要结合改革经验与乡村振兴战略目标要求,在坚持集体所有制、坚持以社会化占有适应社会化生产的前提下,进一步探索其具体实现形式,通过"资格权"的分离与运行,显化居民的个人财产权利。"三权"中"资格权"的分离在改革中具有创新意义,一直以来宅基地的取得与分配方式都以成员权为逻辑起点,初始分配成为集体成员的一项"福利",但是其财产权利的性质却一直被忽视了。当然,无论是福利或者保障,其最终实现取决于包括宅基地在内的多项条件,从农村社会结构变化的实际情况看,对于不同的农民群体而言,宅基地对其福利保障实现的重要程度确实也出现了差异,部分农民开始关注宅基地的财产权利属性,制度设计应关注不同群体对宅基地的差异性需求,以更加多元的方式提供福利保障功能,而培育使用权市场就是显化宅基地财产权利的重要途径。

当然,在"三权"的权能设置与彼此关系上,还有不少制度性问题需要解决,例如:集体如何行使应有的合法权利,如何分享有关收益?"资格权"在法律上的性质以及其取得与界定的规则等都欠缺明晰性,更多的是依靠"约定俗成"在运行。这其中既涉及对某些基本理论问题的讨论,也涉及如何认识不断出现的新情况并对新趋势进行判断。宅基地制度改革需要解决相关法律法规的调整问题,"资格权"必须与现行法律法规中有关土地权利的规定进行融合,处置宅基地相关行为的法律必须从合法与非法的边缘状态中得到明确。试点政策到正式法律之间依然有较为漫长和复杂的程序需要逐步完成,其间可能出现各地之间政策存在差异或者前后政策互相矛盾的情况,也可能诱发一些社会问题。宅基地制度改革还涉及一系列城乡土地管理问题,例如,流转范围、期限、主体等问题都需要重新考虑相关标准,平台建设、监管体系也都是土地管理中的新问题,并无现成模式可以参考,收益分配、法律纠纷等方面也还存在不少的制度空白需要逐一填补。

6.3.4 乡村振兴战略下的集体经营性建设用地制度改革

农村集体建设用地是我国建设用地的重要组成部分,农村集体经营性建设用地的开发利用对乡村振兴战略的深入推进具有积极意义。长期以来,政府对农村集体经营性建设用地一直缺乏规划意识,用地被动跟随产业项目,用地粗放、利用率低的弊病长期存在。这其中的原因,固然有监管方面的缺位,但一个重要的背景在于,乡村公共产品与服务供给不足,农村集体经济组织承担了为乡村提供公共产品与服务的压力,集体经营性建设用地的开发经营成为获得收入的重要甚至主要途径之一,基于此,乡村缺乏主动进行土地规划或接受项目监管的动力,地下流转市场长期存在且规模日渐扩大[①]。集体经营性建设用地制度改革涉及对城乡既有土地利益关系的调整,农村集体经营性建设用地市场的发展一直比较迟缓,固然有农村集体组织倾向于通过地下市场获利以躲避监管的原因,也因为城市土地流转市场与农村土地流转市场之间的接轨涉及大量的规则调整与利益整合。形成统一有序的城乡建设用地市场体系,不仅涉及制度建设问题,也涉及从中央到地方的各级土地管理权责落实问题,同时还牵涉基层治理问题,导致改革更具有复杂性。

自20世纪90年代至今,集体经营性建设用地制度改革自身也经历了不同阶段。90年代至21世纪初,改革的基本导向是进行严格管制。随着地方试点改革的推进,政策导向也适应新形势出现了变化调整,2015年中央就农村土地征收、集体经营性建设用地入市、宅基地制度改革开展了改革试点工作,从改革试点的进展看,各地举措整体而言都较为审慎。

本轮改革的基本目标是完善农村集体经营性建设用地产权制度,明确农村集体经营性建设用地入市的主体、范围和途径,建立健全市场交易规则和服务监管制度,建立兼顾国家、集体、个人的土地增值收益分配机制,实现与城镇国有建设用地"同等入市、同权同价"。从各地实践看,除了由于农地产权制度有关基础性历史资料不全而带来的各类技术操作上的困难之外,其他难点问题还包括:有关入市范围的确定,其焦点是城镇规划区范围内的集体经营性建设用地能否入市?一旦入市,对城市国有建设用地市场是否会形成冲击?究竟是增加还是降低交易双方的交易成本?对政府的征地行为(以及地方财政)会产生什么样的外溢影响?另外,土地增值收益的分配也是难点问题,其间不仅涉及政府、集体与农民之间的收益分配问题,还关系到不同农村集体之间土地利益的协调问题,以及不同农村集体因为土地区位或用途不同而导致的土地入市收益差异的平衡问题。不仅在法律上需要进一步明确集体经济组织的性质与地位,在其管理机制上也需要进行创新。

据有关数据,截至2018年底,全国33个农村土地改革试点地区的集体经

---

① 杨秀琴. 论乡村振兴战略实施中农村集体建设用地的优化利用[J]. 山西农经,2018(23):34-36.

营性建设用地已入市1万余宗,面积9万余亩,用地总价款约260亿元[①]。就试点改革已经取得的经验看,可以总结为以下几点:首先,农村集体建设用地制度改革必须与乡村振兴战略中的产业发展联系在一起,《中华人民共和国土地管理法(修正案)》(征求意见稿)已经明确了集体经营性建设用地的利用必须符合土地利用总体规划,而且中央文件也明确禁止在乡村振兴过程中出现城市污染工业向农村转移的现象,集体经营性建设用地开发要服从乡村产业转型与升级的需要,避免重蹈先污染、后治理的覆辙。其次,明确的规则制度对激励市场主体参与交易具有正向的作用,尤其是交易主体、利益分配等较为复杂的建设用地流转入市必须解决的前提条件,必须予以明确。同时,在市场交易平台的建设过程中,要逐步完善相关配套举措,包括基础管理、入市管理与配套管理等,确保各项改革举措能够落实到位;在各项配套举措中,有关收益分配的规则尤其关键,在制定收益分配规则的过程中,需要集体经济组织充分代表农民的利益,并以机制确保农民行使知情权与参与权。再者,乡村产业发展除了需要土地作为项目支持,还需要金融支持,建设用地流转为纾解乡村产业金融瓶颈提供了新的途径,土地产权抵押融资也是各地试点的重要内容[②],据有关数据,截至2018年底,试点地区已办理集体经营性建设用地抵押贷款228宗,融资额度约39亿元[①]。

改革实践在审慎地向前推进,相关理论研究依然存在诸多探讨,例如,从近年改革实践看,政府对土地市场发育的干预与影响有逐渐加强的趋势,改革涉及如何认识市场与政府之间的关系。外部性固然是政府进行干预的成因,在中国的国情下,某些情况下由政府组织交易也可能确实较由市场组织交易而言有相对更低的成本[③]。但是,政府对市场机制的替代不应成为一种常态,政府在土地市场中的基本定位应立足于规划、管理、服务以及监管等公共职能方面。在现阶段,必要的鼓励与扶持政策具有现实可行性,但制定并严格执行基础性规则更是政府工作的重中之重。又如,各地在实践中创造了不同类型的交易平台、区别性的交易规则等,是否会导致最终难以形成统一市场?不同性质的建设用地入市有不同的模式,但随着改革的深入,同类性质用地的边际收益在理论上应趋于统一,最终形成城乡统一的建设用地市场,对于这样一场涉及面广、

---

① 赵刚.农村集体经营性建设用地入市的四点经验[N].中国城乡金融报,2019-02-27.
② 例如,成都市郫区出台了相关抵押贷款工作意见和抵押登记办法,明确了抵押贷款办理流程和登记机关,并对开展农村集体经营性建设用地使用权抵押贷款的金融机构实施专项奖励;专门成立了农村产权抵押融资风险基金,将农村集体经营性建设用地使用权抵押贷款纳入保障范围,由市、县两级风险基金按4:6的比例分担贷款风险。常州市武进区政府投入1000万元设立"三权"抵押贷款风险补偿基金,承担70%的贷款风险。
③ 谭荣.集体建设用地市场化进程现实选择与理论思考[J].中国土地科学,2018,32(8):1-8.

难度大的改革而言，在一定时期内不应过分强调地方经验是否具有"可复制性"，而应在经过充分的实践检验之后由市场自身的发育来决定最终的制度选择。某些问题在现阶段表现为改革中的困难，但从动态的发展趋势看，城市化或者工业化进程自身有可能创造出解决问题的条件，例如，关于建设用地流转入市指标多集中在城市近郊区域的现象，有研究者认为现行流转政策带有"强势集团"主导改革进程的倾向，但基于中国城市化在未来依然有相当大的扩展空间这一趋势预判，当前的远郊区域在未来也有可能成为近郊区域，现阶段的利益差距有可能会随着城市化发展而在统一的市场机制下最终得到解决。

6.3.5 乡村振兴战略下的土地管理工作

对于改革而言，顶层设计与基层视野，二者缺一不可：顶层设计的要义在于定性界定改革的趋势方向，明确改革不可突破的红线范围，同时就推动改革核心领域与配套领域之间的联动予以统筹；基层视野的要义在于激发地方与基层的创新积极性，通过区域经验的探索与总结，为正式的制度设计提供丰富的实践依据。在中国社会，土地问题带有全局性与战略性，改革的稳健推进需要顶层设计与基层视野互补，就现阶段而言，在土地管理方面，改革的主要任务包括以下几个方面。

第一，对土地法律框架进行全面系统的检视，修订其中已经明显不适用的条款，并填补法律法规与实践发展之间存在的空白，包括：解决有关农地质押贷款的法律支持问题；解决土地征收领域有关表述过于宽泛的问题；解决集体建设用地法律体系的框架问题；等等。尤其是在集体建设用地方面，实践表明，在缺乏明确规范的法律法规的情况下，改革固然有可能激发出创新，但也存在农民在"被代表"的情况下权利受损的情况；同时，集体建设用地流转，对土地管理部门的服务与监管职能提出了更高要求，包括产权登记、规划统一、市场监管等重要方面，政府行为本身也需要得到法律的支持与限制，以确保政府相关行为的合法性[①]。

第二，土地规划的编制与实施，对提高土地合理利用程度具有基础性作用。无论是耕地保护还是集约建设用地，土地利用规划对土地利用都应起到整体性控制的作用，各层级地方政府必须承担具体职责，并接受严格考核；与土地利

---

① 国务院发展研究中心"中国土地政策改革"课题组. 中国土地政策改革：一个整体性行动框架[J]. 中国发展观察，2006(5)：4-9.

用总体规划相关的其他规划，必须符合土地利用总体规划的要求，不能以"规划冲突"为理由对土地利用总体规划形成倒逼，尤其是上下级政府之间，必须强化自上而下的控制，在上级政府已经明确了相关目标与指标的情况下，下级政府必须在划定范围内落实相应地块，严禁出现超过用地规模或者区划范围的现象，严禁出现下级政府擅自修改土地利用规划的现象，上级政府对土地利用规划的实施过程应予以动态监管，加大监管力度，对违规或违法现象，依规或依法予以处置。

第三，在强化监管与控制的同时，通过利益调节机制调动下级政府与基层单位主动落实土地利用规划的积极性。在耕地保护方面，保护责任与财政补贴挂钩，重点抓好这两个方面；确保农民得到直接补贴；确保补充耕地的资金被投入到耕地保护的使用领域，严禁出现资金挪用现象。在集约用地方面，重点利用价格机制对供求关系形成调节，更充分地发挥价格机制对资源配置的基础性作用，同时，综合运用税费调节机制以及行政命令机制等，提高土地集约利用度。

土地利用规划以及土地服务管理等工作的顺利开展，需要一系列相关的基础制度和工作支持，包括：有关土地规划的立法工作、有关土地规划管理的听证制度、有关土地调查统计和监测评价的体系、有关农用地分等定级与估价的体系、有关土地规划信息服务平台的建设、土地规划技术和管理人才的专业培养等。

参 考 文 献

阿马蒂亚·森.2000.伦理学与经济学[M].北京:商务印书馆.
奥塔·锡克.1984.经济、利益、政治[M].北京:中国社会科学出版社.
埃比尼泽·霍华德.2000.明日的田园城市[M].北京:商务印书馆.
安海燕.2017.农村土地承包经营权抵押贷款试点效果研究[M].北京:中国财经出版社.
北京师范大学中国农民问题研究中心.2005.新农村建设与农民问题调查[M].北京:知识产权出版社.
陈锡文,韩俊.2014.中国特色"三农"发展道路研究[M].北京:清华大学出版社.
陈锡文.2005.中国农村公共财政制度:理论、政策、实证分析[M].北京:中国发展出版社.
陈淑琼.2016.新时期中国农地制度改革研究[M].北京:人民出版社.
陈伟.2014.中国农地转用制度研究[M].北京:社会科学文献出版社.
崔文星.2009.中国农地物权制度论[M].北京:法律出版社.
邓小平文选(第三卷)[C].北京:人民出版社,1993.
杜润生.1996.中国的土地改革[M].北京:中国社会科学出版社.
杜润生.2003.中国农村制度变迁[M].成都:四川人民出版社.
费孝通.1998.乡土中国[M].北京:北京大学出版社.
费正清.2002.中国:传统与变迁[M].北京:世界知识出版社.
傅筑夫.1981.中国古代经济史概论[M].北京:中国社会科学出版社.
盖尔·约翰逊.2004.经济发展中的农业、农村、农民问题[M].北京:商务印书馆.
高延利,李宪文.2016.中国土地政策研究报告(2017)[M].北京:社会科学文献出版社.
高军.2018.中国农地所有权制度的正当性与改革路径[M].北京:法律出版社.
何包钢.2001.寻找民主与权威的平衡[M].武汉:华中师范大学出版社.
何格.2013.同地同权下的征地补偿机制重构研究[M].北京:中国农业出版社.
贺雪峰.2013.小农立场[M].北京:中国政法大学出版社.
胡平.2016.中国农地征收制度变迁及改革展望[M].北京:中国社会科学出版社.
胡美灵.2008.当代中国农民权利的嬗变[M].北京:知识产权出版社.
华生.2015.城市化转型与土地陷阱[M].北京:东方出版社.
黄彤.2015.户籍改革与农地权利联动机制研究[M].杭州:浙江大学出版社.
洪远朋.2006.社会利益关系演进论——我国社会利益关系发展变化的轨迹[M].上海:复旦大学出版社.
洪名勇.2011.马克思土地产权制度理论研究:兼论中国农地产权制度改革与创新[M].北京:人民出版社.
建国以来毛泽东文稿(第九册)[C].北京:中央文献出版社,1996.

兰玲.2017.我国农村土地两权关系演变规律[M].北京：经济管理出版社.

李文.1997.中国土地制度的昨天、今天和明天[M].延吉：延边大学出版社.

厉以宁.1984.西方福利经济学述评[M].北京：商务印书馆.

列宁选集[C].北京：人民出版社，1995.

刘畅.2008.农村社会学[M].武汉：华中科技大学出版社.

刘伟，李风圣.1998.产权通论[M].北京：北京出版社.

刘正山.2015.当代中国土地制度史（上、下）[M].大连：东北财经大学出版社.

刘青峰.1998.90年代中国农村状况：机会与困境[M].香港：香港中文大学出版社.

刘强.2018.农地制度论[M].北京：中国农业出版社.

刘文勇.2013.关于中国农地流转的一个制度分析：范式、实证与反思[M].北京：中国人民大学出版社.

刘云升，任广浩.2004.农民权利及法律保障问题研究[M].北京：中国社会科学出版社.

李强.2002.转型时期的中国社会分层结构[M].哈尔滨：黑龙江人民出版社.

林乐芬.2015.农村土地制度变迁的社会福利效应[M].北京：社会科学文献出版社.

林毅夫.1994.制度、技术与中国农业发展[M].上海：上海三联书店.

林毅夫.2005.制度、技术与中国农业发展[M].上海：上海人民出版社.

马克思恩格斯全集[M].北京：人民出版社，2008.

毛泽东选集[M].北京：人民出版社，1991.

孟海贵.2002.中国当代生产力研究[M].北京：中国环境科学出版社.

孟德拉斯.1991.农民的终结[M].北京：中国社会科学出版社.

聂鑫.2014.农地城市流转中失地农民福利问题研究[M].北京：人民出版社.

农业部经济政策研究中心.1989.中国农村：政策研究备忘录[M].北京：中国农业出版社.

诺思.1997.经济史中的结构与变迁[M].上海：上海三联书店，上海人民出版社.

青木昌彦.2001.比较制度分析[M].上海：上海远东出版社.

宋洪远.2008.中国农村改革三十年[M].北京：中国农业出版社.

孙淑云.2015.成员权视角下农地制度探索研究[M].北京：经济科学出版社.

塞缪尔·亨廷顿.1988.变革社会中的政治秩序[M].北京：华夏出版社.

盛济川.2013.中国农地产权制度对农业经济增长的影响研究[M].北京：科学出版社.

王湃.2012.农地城市流转的选择价值：理论、方法及其运用[M].北京：经济科学出版社.

王广辉.2000.比较宪法学[M].武汉：武汉水利电力大学出版社.

王景新.2005.明日中国——走向城乡一体化[M].北京：中国经济出版社.

王振耀.2000.中国村民自治理论与实践探索[M].北京：宗教文化出版社.

王颜齐.2012.农地流转的制度经济学分析：基于交易费用两分范式[M].北京：中国农业出版社.

王玉贵.2009.共和国领袖的"三农"思想[M].镇江：江苏大学出版社.

吴振坤.1995.中国经济体制改革通论[M].北京：北京工业大学出版社.

谢鹏程.1999.公民的基本权利[M].北京：中国社会科学出版社.

薛军. 2016. 中国农地征收制度研究：基于效率与公平的视角[M]. 北京：经济科学出版社.

叶裕民. 2001. 中国城市化之路：经济支持与制度创新[M]. 北京：商务印书馆.

苑莉. 2013. 土地可持续利用视角下的中国农地产权制度创新研究[M]. 兰州：甘肃文化出版社.

俞可平，李慎明，王伟光. 2006. 农业农民问题与新农村建设[M]. 北京：中央编译出版社.

约翰·伊特韦尔，皮特·纽曼，默里·米尔盖特，等. 1992. 新帕尔格雷夫经济学大辞典[M]. 北京：经济科学出版社.

张红宇，厉以宁. 2014. 中国新型城镇化理论与实践丛书：新型城镇化与农地制度改革[M]. 北京：中国工人出版社.

赵秀玲. 2004. 村民自治通论[M]. 北京：中国社会科学出版社.

郑有贵. 2009. 目标与路径：中国共产党"三农"理论与实践60年[M]. 长沙：湖南人民出版社.

张英洪. 2007. 农民权利论[M]. 北京：中国经济出版社.

曾宪明. 2016. 城市化进程中的农地制度变迁：国际比较研究[M]. 武汉：武汉大学出版社.

曾令秋. 2011. 新中国农地制度研究[M]. 北京：人民出版社.

中国（海南）改革发展研究院. 2004. 中国农民权益保护[M]. 北京：中国经济出版社.

周琳琅. 2005. 统筹城乡发展：理论与实践[M]. 北京：中国经济出版社.

索　引

B

博弈均衡 …………………… 25

F

福利 ………………………… 27

G

耕地 ………………………… 2
国有永佃制 ………………… 17

J

绝对地租 …………………… 19
级差地租 …………………… 19
井田制 ……………………… 30
均田制 ……………………… 34

L

劳役地租 …………………… 32

N

农村建设用地 ……………… 110

R

人本主义 …………………… 21

S

三权分置 …………………… 13
实物地租 …………………… 44

T

土地产权 …………………… 7
土地承包经营权 …………… 89

Y

用益物权 …………………… 88